Le Livre Noir des Secrets d'Entraînement

Édition augmentée

Par Christian Thibaudeau

Préface par Chris Shugart

Éditeur : Tony Schwartz

Photos : Patrick Lemieux, Jean Boutet Jr.

F.Lepine Publishing

ISBN 9780978319434

Publication 2007

Table des matières

CHAPITRE 1: Introduction 5

CHAPITRE 2: Les clés de la force et de la 17

CHAPITRE 3: Évaluation des besoins 27

CHAPITRE 4: Méthodes d'entraînement 45

CHAPITRE 5: Planifier le volume 61

CHAPITRE 6: Variables aiguës d'entraînement 67

CHAPITRE 7: Blocs d'entraînement 87

CHAPITRE 8: Planifier l'intensité 95

CHAPITRE 9: Fréquences d'entraînement 99

CHAPITRE 10: Trucs pour culturistes 119

CHAPITRE 11: Exemples de programmes pour culturistes 125

CHAPITRE 12: Exemple d'un programme de football de 12 semaines 143

CHAPITRE 13: Apprendre les mouvements olympiques 169

CHAPITRE 14: Thèmes brefs 241

CHAPITRE 15: D'autres exemples de programmes 257

CHAPITRE 1
Introduction

Dans ce chapitre...

- À propos de Christian Tibaudeau
- Ce que vous trouverez dans ce livre
- À propos de l'éditeur

À propos de l'auteur
Une entrevue avec Christian Thibaudeau
par Chris Shugart
(originalement publiée sur www.t-mag.com)

T-mag écoute ses lecteurs. Quand nous recevons plusieurs commentaires à propos d'un article en particulier ou à propos d'un rédacteur, nous y portons attention. Après que Christian Thibaudeau eu publié quelques articles chez-nous, le message des lecteurs ne pouvait pas être plus clair : « On veut en savoir plus sur ce gars-là ! »

Thibaudeau est encore un autre phénomène du Canadien-Français dans le domaine de l'entraînement en force et du conditionnement physique. Il a entraîné avec succès un large éventail d'athlètes depuis des haltérophiles et hommes forts en passant par des joueurs de hockey et des patineurs et patineuses de fantaisie. Il est également un haltérophile de compétition, un *coach* de football et est en train de terminer sa maîtrise en science de l'exercice. Si on en juge par ses articles publiés dans T-Mag jusqu'à maintenant, il en connaît également pas mal en matière de gain de masse.

Nous avons donc décidé de nous asseoir avec Thibaudeau et de l'interroger à propos de sujets variés.

Testosterone : Commençons par parler de tes jeunes années. Quel est ton bagage athlétique et en quoi t'a-t-il aidé à devenir toi-même entraîneur?

Christian Thibaudeau : J'étais le genre de p'tit gars que personne ne voulait avoir dans son équipe de ballon-chasseur à l'école primaire. Vous voyez le genre : maigrichon, mais grassouillet à la fois, sans aptitudes athlétiques ni véritables capacités physiques. Ce qui est triste est qu'en fait, j'adorais les sports. Je regardais chaque jour tous les sports possibles à la télé. J'adorais réellement le sport, mais j'étais probablement le pire athlète de la planète!

T : Je t'ai vu à l'entraînement et il est évident que tout a bien changé! Que s'est-il passé?

CT : À l'âge de 11 ans, j'en ai eu ras le bol. J'ai alors commencé à faire des pompes, des redressements assis et autres exercices du genre chaque jour. Bien que ça n'a pas fait de moi un futur Olympien, ce fut tout de même bénéfique pour ma confiance en moi. À partir de là, j'étais accro à l'entraînement!

J'ai réussi à faire l'équipe de football à l'école secondaire en tant que receveur. C'est à ce moment-là que j'ai réellement commencé à me défoncer à l'entraînement. Je devais avoir environ 13 ans et je m'entraînais chaque midi. Avec du recul, je dois dire que j'ai amorcé ma carrière dans ce domaine en faisant exactement le contraire de ce que tout le monde faisait. La plupart des gars commencent l'entraînement en entraînant seulement le haut de leur corps alors que moi, je ne faisais que les jambes. Je me disais qu'en tant que receveur, tout ce dont j'avais besoin était de fortes jambes.

À l'âge de 17 ans, j'étais devenu un vrai maniaque de l'entraînement! J'étais joueur de football et je m'entraînais dès que j'avais une chance. Le matin, j'entraînais mes biceps pour avoir un look à l'école (ouaip, j'ai été ce genre de gars!), le midi j'entraînais mes jambes et le soir j'entraînais le haut du corps. Malheureusement, bien qu'étant absolument accro à l'entraînement, je ne connaissais rien à la nutrition. J'ai donc terminé l'école secondaire à 5' 9'' et pesant 175 livres.

Ce n'est qu'au collège que j'ai commencé à m'entraîner de façon intelligente. Notre équipe était supervisée par un entraîneur vraiment compétent (avec qui je travaille maintenant) et mon poids est passé à 225 livres en deux ans, avec de la force à revendre, enfin, c'était pas mal pour un jeunot de 19 ans.

À la base, je n'ai jamais eu de talent pour quelque sport que ce soit; c'est ce qui a initié mon intérêt pour l'entraînement. C'est ironique, mais il ne se passait pas un jour sans que je ne maudisse mon manque de talent! Aujourd'hui je vois plutôt ceci comme une bénédiction. J'ai réalisé que j'aimais davantage l'entraînement que de jouer au football. Donc, après ma « carrière » je me suis tourné vers l'haltérophilie. J'ai également fait des concours d'hommes forts. Mes performances étaient quand même bonnes, mais c'est difficile de rester compétitif à 5'9''.

T : Que fais-tu en tant que *coach* maintenant? À quoi ressemble une de tes semaines typiques?

CT : Mon horaire varie au cours d'une année. L'été je passe de 5 à 8 heures par jour à entraîner des joueurs de hockey qui sont dans leur période hors saison. Pendant la saison, plusieurs joueurs quittent pour retrouver leur équipe respective. On reste en contact, mais je ne les entraîne pas directement. J'entraîne également des joueurs de football. Certaines journées, j'ai jusqu'à 20 athlètes qui s'entraînent ensemble. Ça fait une ambiance du tonnerre, positive et motivante. L'hiver, ma clientèle est surtout composée de joueurs de football et patineurs artistiques.

Je suis également entraîneur de football et ceci occupe beaucoup de mon temps, mais j'adore travailler avec de jeunes athlètes. Tel que j'ai mentionné, j'ai toujours aimé les athlètes et je considère comme bénie chacune des chances que j'ai de pouvoir travailler avec eux, peu importe leur niveau.

T : À en juger par tes photos d'entraînement, je devine que tu es maintenant un fort et puissant fils de p… ! Quelles sont tes meilleures performances?

CT : Bien, je dois dire que j'ai une bonne force générale, je ne suis pas excessivement fort dans quelques soulevés. Je ne peux pas me comparer aux *powerlifters* élites en ce qui a trait au soulevé de terre, squat ou développé couché et j'ai commencé à faire de l'haltérophilie trop tard pour être de calibre international, mais je n'ai aucune véritable faiblesse.

Je peux faire un épaulé avec 170kg (374 livres) à partir de blocs, épaulé 145kg (319lbs) à partir de la position debout pour quatre répétitions, fait l'épaulé-jeté avec 162,5kg (357 livres), arraché 132.5kg (291lbs) avec courroies pour la prise, arraché 120kg (264lbs), fait des accroupissements complets (*full squats*) avec 255kg (561 livres) sans bandages pour les genoux, des accroupissements avant (*front squats*) avec 200kg (440 livres). Je ne fais le développé couché que pendant 3 mois pendant une année, mais j'ai fait 180 kg (395 livres). J'ai aussi fait du *push press* avec 150kg (330 livres).

Rien pour écrire à sa mère, mais cela démontre tout de même un certain équilibre au point de vue de la force. De plus, je considère que ce n'est pas mal du tout pour quelqu'un possédant la pire génétique de la planète !

T : Ouais, tu n'es peut-être pas de calibre international, mais c'est tout de même très impressionnant pour la plupart des gens ! Autre sujet, tu as déjà mentionné que le conditionnement aérobique était surévalué pour les boxeurs. Qu'en est-il des autres athlètes ?

CT : C'est surévalué pour tout le monde sauf les athlètes d'endurance. Mes athlètes ne font jamais d'entraînement aérobique. Par contre, ils font beaucoup de sprints de 50 à 60 secondes tout en tirant une charge légère, beaucoup de course de 400 mètres avec de courts repos et beaucoup de course à intervalles de haute intensité (HIIT : High Intensity Interval Training).

Je suis d'avis que ces méthodes répondent de façon beaucoup plus spécifique aux exigences de la plupart des sports et beaucoup plus efficaces pour brûler les graisses. Vous devriez voir le physique du joueur de hockey Alex Tremblay, le meilleur marqueur du hockey universitaire canadien. La plupart des culturistes de compétition ressemblent à Fat Albert à côté de lui !

T : Tu as aussi écrit à propos de quelque chose appelé hypertrophie non fonctionnelle. Parle-nous-en un peu.

CT : Je ne suis pas le premier à parler de l'hypertrophie non fonctionnelle. Le Dr. Mel C. Siff est probablement le premier à avoir expliqué ce concept. Brian Haycock a également abordé le sujet récemment.

En gros, l'hypertrophie non fonctionnelle fait référence aux gains en volume musculaire qui ne sont pas accompagnés d'une capacité équivalente à développer une force. Ceci pourrait être causé soit par l'hypertrophie des éléments non contractiles de la structure musculaire (sarcoplasme, collagène, etc.) ou par l'augmentation excessive de la grosseur de la fibre musculaire provoquant une friction interne et réduisant ainsi le potentiel de force concentrique.

T : Et en français, ceci signifie…

CT : L'hypertrophie non fonctionnelle pourrait se comparer au fait d'ajouter du poids à une voiture sans en modifier le moteur. La voiture est plus lourde, mais n'a pas plus de chevaux vapeurs pour supporter l'augmentation de son poids. Ça peut vous donner un beau physique, mais ça ne vous rendra certainement pas efficient ni fonctionnel! Ce serait comme de ressembler à Tarzan, mais de jouer comme Jane!

Les athlètes devraient mettre leurs énergies au développement de l'hypertrophie fonctionnelle. Pour y arriver, il faut utiliser des méthodes amenant à des tensions musculaires élevées. Je fais référence à l'entraînement avec des charges lourdes et à l'entraînement explosif. Les deux meilleurs exemples sont les athlètes du *Westside Barbell Club* et les haltérophiles olympiques.

T : Génial. De plus en plus, les culturistes sont encouragés à incorporer des soulevés olympiques dans leurs entraînements. Pourquoi un culturiste - ou n'importe quel mec voulant avoir un look massif et puissant - devrait-il utiliser des mouvements d'haltérophilie olympique?

CT : Parce que je l'ai dis! Non, sérieusement je crois que tout ceci revient à la variété du stimulus. Les culturistes sont déjà ferrés en ce qui concerne les exercices lents et contrôlés. Ils utilisent surtout des méthodes de tensions modérées et les longs temps sous tension (TST), ce qui n'est pas nécessairement mauvais, mais j'ai toujours cru que si vous attaquez un ennemi sur plusieurs fronts vous aurez plus de chance de gagner. C'est aussi vrai avec l'entraînement!

L'entraînement explosif, pas seulement les levés olympiques, créent une tension musculaire très brève, mais aussi très élevée. Il s'agit là d'un stimulus puissant favorisant la croissance musculaire et qui ne devrait pas être oublié. F = ma (Force égale la masse fois l'accélération). En utilisant des exercices à accélération élevée, vous augmentez la production de force, ce qui augmente les tensions intramusculaires qui en retour augmentent le stimulus de croissance musculaire.

Mais pour être tout à fait franc, les culturistes n'ont pas à utiliser les soulevés olympiques. Incorporer des exercices exécutés de façon explosive est un bon début.

T : Peux-tu nous donner un exemple ?

CT : Les gars de *Westside Barbell* utilisent le développé couché et les accroupissements (*squats*), car il s'agit de leurs principaux mouvements de compétition, mais un athlète ou un culturiste peut utiliser les mêmes méthodes avec d'autres exercices. Je recommande de n'utiliser que les exercices impliquant plusieurs articulations pour ce faire par contre. Je dirais que les mouvements olympiques sont supérieurs pour développer la puissance de tout le corps, mais pour ceux qui n'ont pas accès à un *coach* d'haltérophilie, cette dernière option est acceptable.

T : OK, ceci peut sembler totalement cinglé, mais puisque l'on parle de soulever des charges de façon explosive, j'ai déjà lu quelque part à propos d'une méthode au développé couché qui consistait à pousser la barre et de la lâcher en fin de course, puis de la rattraper. S'agit-il d'une véritable technique ou simplement d'une façon spectaculaire de se suicider?

CT : Ah, c'est drôle que tu en parles! J'ai vu une sorte de méthode de lancement de barre exécuté par plusieurs athlètes. En fait, Alexeyev lui-même utilisait ce qu'il appelait des « lancers d'arraché » pendant lesquels il lançait la barre aussi haut que possible, un peu comme le font les hommes forts et athlètes des *Highland Games* qui lancent des objets le plus haut possible.

J'ai aussi vu Adam Archuletta faire du développé couché de cette façon, mais il utilisait un appareil semblable à une Smith Machine. Je déteste la Smith Machine, mais je crois qu'il s'agit d'un de ces cas dans lequel elle peut être utile. Je l'ai utilisée moi-même. Je la compare aux accroupissements sautés (*jump squats*) pour le haut du corps et donc je recommande d'utiliser entre 20 et 30 % de votre charge maximale.

T : Très intéressant! En fait, je crois que TC a écrit à propos d'un usage semblable de la Smith Machine dans les premiers jours de T-Mag. Je crois qu'il les appelait « Katzenjammers ». Peu importe, changeons de sujet. Quelle est ton opinion à propos des stéroïdes?

CT : C'est une question épineuse compte tenu de ma position, compte tenu du fait que je compétitionne encore dans un sport testé et compte tenu du fait que je travaille avec plusieurs jeunes athlètes, mais je crois qu'ils ne sont pas aussi néfastes que la plupart des gens le pensent. Je n'en donnerais certainement pas à mes athlètes, mais je sais que pour 90 % des athlètes, les stéroïdes sont nécessaires pour atteindre le sommet. Dans certains sports, il n'y a simplement aucune façon de gagner sans eux. Dommage, mais c'est vrai.

Je crois qu'avec un bon protocole de supplémentation et de nutrition il soit possible de s'approcher des performances que procurent les stéroïdes, du moins en ce qui concerne la force et la puissance. Je déteste généraliser, mais un bon cycle de supplémentation pourrait procurer 50% des résultats d'un cycle de stéroïdes à la plupart des gens. Je sais que ça semble très douteux de dire ceci, mais je l'ai vu de mes propres yeux! Plusieurs de mes athlètes ont déjà gagné 20 livres de masse musculaire et augmenté leurs charges de 10 à 15 % sur tous les principaux exercices en trois mois d'entraînement intense et de supplémentation optimale. Par contre, pour les athlètes qui décident d'utiliser des stéroïdes, je crois que la meilleure approche consiste en des cycles de courte durée. Évidemment, pour les culturistes c'est une autre histoire.

T : Considères-tu certains suppléments comme essentiels?

CT : Eh bien, ça dépend des besoins (et du budget) de l'athlète, mais pour vous donner une idée, ma propre armoire à suppléments contient de l'huile de lin en quantité industrielle, du *Tribex-500*, *M*, des enzymes digestifs pour les protéines, *Grow!,* des multivitamines, du ZMA et du *Power Drive*. Je suis également en train d'expérimenter avec le *Myostat* et j'utilise la créatine, mais de façon intermittente seulement. Je crois qu'il s'agit là d'une bonne liste pour tous les athlètes. Selon les objectifs, j'en ajouterais peut-être quelques autres.

T : Je suis souvent surpris de constater jusqu'à quel point les athlètes professionnels en savent peu en matière de nutrition et d'entraînement. Pourtant, ils semblent tout de même avoir du succès malgré leur manque de connaissances. Est-ce là le résultat d'une génétique supérieure, de bons entraîneurs ou quoi?

CT : Jusqu'à l'an dernier, j'aurais répondu que c'est grâce à une génétique supérieure, mais maintenant je suis d'avis qu'il s'agit plutôt d'un contrôle moteur supérieur. Les plus grands athlètes sont des génies en matière de contrôle moteur. Quoique cette qualité soit quelque peu prédéterminée, le potentiel peut être grandement amélioré pendant l'enfance. À mon avis, c'est la période décisive pour un futur athlète d'élite.

Une grande erreur commise par les parents est la spécialisation prématurée. Ici au Canada un parent peut décider de faire de son rejeton de cinq ans le prochain Mario Lemieux! À partir de là, il ne pratiquera que le hockey. Erreur! Je crois qu'il est important de développer toutes les capacités motrices pendant l'enfance et ceci requiert un large éventail de stimulations. Un enfant devrait participer à un grand nombre d'activités. Entre autres, je crois que la gymnastique est un sport d'introduction génial pour la plupart des enfants.

T : Passons maintenant aux choses déplaisantes. Quelles choses ou personnes dans ton domaine d'activité te déplaisent vraiment?

CT : Deux choses me rendent fou. D'abord les entraîneurs en sports. La plupart des sports ont leur « tradition d'entraînement », par exemple, les joueurs de hockey font beaucoup d'entraînement en aérobie, on décourage les patineurs artistiques de faire de l'entraînement en force par peur de devenir trop massifs, etc. Alors lorsqu'on leur présente de nouvelles approches d'entraînement, ces entraîneurs sont souvent sceptiques et certains sont carrément contre ce que vous essayez de faire. Ceci rend le travail compliqué parce qu'en fin de compte, ce sont eux qui ont le gros bout du bâton.

L'autre chose qui me rend malade est le besoin incessant de « vendre ». Tu dois toujours être plus innovateur que les autres, mieux paraître, être plus grand que nature. La réalité est que pratiquement tout a déjà été fait! Du moins, tout ce qui est vraiment efficace. Par contre, plusieurs entraîneurs – qui tentent de mieux paraître qu'ils ne sont en réalité – vont toujours présenter le matériel de façon différente au nom de la nouveauté. Innover est une bonne chose, mais pas au détriment de l'efficacité.

T : Tu as déjà écrit, « La complexité est le langage des esprits simples. Méfiez-vous du gars qui impressionne par sa façon de parler. » Est-ce que c'était là une pointe lancée à certains dans le domaine de l'entraînement?

CT : Tu n'as pas idée ! Je crois que plusieurs entraîneurs tentent de faire leur marque en tenant un discours pompeux et rempli de mots et de concepts complexes. Je ne pointerai personne du doigt, mais habituellement ce sont ceux qui manquent de confiance en eux. Ces gens sont également réputés pour se tenir avec des entraîneurs plus connus pour mousser leur propre progression et ont l'habitude de dénigrer les autres entraîneurs.

T : Pas surprenant dans cette industrie complètement folle! Autre sujet, j'aime bien utiliser l'expression « ingrédient manquant ». Quel est l'ingrédient manquant selon toi pour les athlètes et les culturistes? En d'autres mots, qu'est-ce qu'ils oublient qui pourrait réellement les aider?

CT : Si vous lisez mon article sur les ischiojambiers dans T-Mag vous aurez votre réponse : ils ont besoin de meilleurs ischios! La plupart des athlètes vont immédiatement bénéficier de travail supplémentaire à ce niveau.

Je crois aussi que les athlètes n'utilisent pas les suppléments de façon sage. J'ai remarqué seulement deux approches en ce qui concerne la supplémentation : ou bien les athlètes l'ignorent totalement, ou bien ils prennent tout sans réfléchir ! Ceux qui consomment des suppléments ne savent pas ce qu'ils prennent ni pourquoi la moitié du temps. De plus, plusieurs en prennent beaucoup plus qu'ils ne devraient. L'équilibre et la synchronicité sont plus importants que la quantité.

T : Bien d'accord. Simplement par curiosité, dis-moi un exercice qui, selon toi, devrait être fait par tous les athlètes, mais que peu d'entre eux font.

CT : Pour les athlètes, je dirais l'arraché à partir de blocs. Pour Monsieur Toutlemonde et pour les culturistes, je dirais le *push press* et le soulevé de terre avec prise d'arraché.

T : Quel est l'exercice le plus inutile que les gens incluent habituellement dans leurs programmes?

CT : Il n'y a pas vraiment de « mauvais » exercice. N'importe quel exercice est déjà mieux qu'aucun exercice du tout, mais certains ne sont pas beaucoup mieux que de ne rien faire du tout justement ! Personnellement, je ne porte pas en haute estime tout ce qui se termine par « sur la Smith Machine ».

T : En tant qu'haltérophile olympique, que penses-tu du *squat*?

CT : Évidemment, je crois que le *squat* est le meilleur exercice pour développer la force du bas du corps. Rien ne s'y compare. Cependant, je crois que de négliger les ischios tout en augmentant son *squat* est une excellente façon de se blesser. Tous les exercices sont bons, mais trop d'une bonne chose, c'est comme pas assez.

La chose qui m'agace royalement à propos du *squat* est que c'est devenu un exercice de macho. Le mec charge sa barre de plaques, grogne, gueule et fait un huitième d'une répétition! Je crois qu'en matière de *squat*, la chose la plus importante est la bonne technique ainsi que l'amplitude complète; n'ajoutez du poids que si vous pouvez faire vos répétitions à pleine amplitude!

T : Et le *leg press* ? Les opinions sont variées selon les entraîneurs.

CT : J'utilise rarement le *leg press* avec mes athlètes. La seule exception fut avec un athlète qui avait un problème d'épaule et qui ne pouvait même pas y placer la barre – l'amplitude permise par son épaule à l'époque ne lui permettait pas! Alors pendant que nous travaillons sur la réhabilitation de son épaule, je l'ai fait s'entraîner sur le *leg press* et le *hack squat*.

Je crois aussi que le *leg press* peut être un troisième exercice acceptable dans un programme, après le squat et les fentes. Lorsqu'exécuté correctement, il n'est pas plus dangereux que n'importe quel autre exercice, il n'est simplement pas vraiment efficace.

T : Tu entraînes des athlètes de combats, des haltérophiles et des hommes forts, mais tu entraînes aussi des patineuses de fantaisie. C'est un peu surprenant! Que fais-tu avec elles exactement?

CT : [Rires] eh bien! je ne te promets de ne pas te dire ce que j'aimerais faire avec quelques-unes d'entre elles!

T : Mmm, Michelle Kwan ne portent rien d'autre que de la crème fouettée... Oh, désolé, vas-y.

CT : Il y a trois ans, un de mes amis nommé Martin Gervais est venu me voir pour avoir un coup de main. Il était assez brillant et ouvert d'esprit pour voir la valeur des soulevés olympiques dans un entraînement de patinage artistique. Au début, on a fait appel à moi pour que je lui enseigne les mouvements olympiques et de fil en aiguille j'ai commencé à travailler avec lui à temps plein. Rapidement, deux autres clubs élites de patinage se sont joints à notre liste.

T : Et leurs performances?

CT : Je vous jure, ne sous-estimez pas ces filles! Elles peuvent avoir l'air de petites princesses, mais au gym, elles travaillent! J'ai même eu une patineuse faisant des concours d'haltérophilie où elle a remporté 3 médailles de bronze aux Jeux du Québec. À 14 ans et à un poids corporel de 128 livres, elle a épaulé-jeté avec 60kg (135 lb) et arraché 45kg (100 lb). À l'entraînement, elle a même fait une série d'arrachés de 5 répétitions avec 45kg (100 lb) après moins de trois mois d'entraînement!

C'est réellement plaisant de travailler avec les patineuses. À partir du moment où on oublie les jolies petites robes, elles sont exactement comme n'importe quel athlète.

T : Il semble que les athlètes provenant de tous sports font de l'entraînement en salle de nos jours. Pourtant, à l'époque, les golfeurs ne soulevaient pas de poids, ils ne faisaient que jouer au golf. Maintenant, les meilleurs font de l'entraînement en résistance. J'ai également lu quelque part que les pilotes de NASCAR en faisaient autant. Qu'en penses-tu ?

CT : Je crois que toute activité requérant une capacité physique quelconque peut être améliorée avec l'entraînement. Il suffit de trouver les bons exercices.

Justement, en parlant de NASCAR, j'ai travaillé avec un pilote des séries Panoz pendant tout un été. Son entraînement incluait plusieurs exercices étranges, mais aussi des exercices plus connus comme l'épaulé et autres mouvements du genre. Nous faisions également pas mal de travail pour le cou et les abdominaux.

T : Qu'en est-il de la portion mentale ou psychologique de l'entraînement ? As-tu quelques trucs intéressants à nous refiler pour nos entraînements ?

CT : Je dois admettre que mes deux parents étaient psychologues. En fait, mon père a déjà travaillé en tant que psychologue sportif. Mais pour être honnête, je ne crois pas que des techniques psychologiques spéciales devraient être utilisées. La chose la plus importante pour l'athlète est d'atteindre un niveau optimal de stimulation.

Trop peu de stimulation et l'intensité en souffrira, trop de stimulation et on court le risque de se brûler prématurément en se sur motivant mentalement. Je vois des gars se frapper la tête et gueuler avant un levé éprouvant. Ça ne peut pas être bon! Ils peuvent en retirer des bénéfices à court terme, mais avec le temps ça risque d'être nuisible. Je préfère de beaucoup une approche imbue de détermination et de point de mire.

Ainsi, je ne suis pas un amateur du combo éphédrine et caféine comme je crois qu'il puisse mener à cette sur motivation. Je crois par contre que le *Power Drive* peut vous aider à atteindre cette zone de focalisation optimale.

T : Lorsque je discute de surentraînement avec les meilleurs entraîneurs au monde, j'ai remarqué que certains d'entre eux prennent le sujet très au sérieux. Leur priorité numéro un est de l'éviter. D'autres encore estiment que c'est surévalué et que les gens y accordent trop d'attention. Quelle est ta position à ce sujet ?

CT : Je considère le surentraînement comme un facteur important. En fait, j'ai déjà renvoyé certains de mes athlètes après un seul exercice en me rendant compte qu'ils étaient à plat. Que le plan d'entraînement soit excellent importe peu. Un entraîneur doit constamment évaluer l'état de son athlète. On ne sait jamais ce qui peut mener au surentraînement : un boulot stressant, une relation difficile, peu importe.

Je considère que la prise de la fréquence cardiaque est un bon indicateur de l'état physique général chez un athlète. Si la fréquence cardiaque du matin est de 3 à 5 battements par minutes plus élevée qu'à l'habitude, une légère réduction du volume d'entraînement est peut-être indiquée. Si on a affaire à une augmentation de 5 à 10 battements par minutes, alors une diminution du volume ET de l'intensité sont à considérer.

T : Bon truc! Crois-tu qu'on aura droit à voir une nouvelle méthode révolutionnaire en matière d'entraînement ou est-ce que tout à déjà été dit ? Existerait-il selon toi un système qui pourrait être considéré comme tel ou si les nouvelles approches sont conçues d'avantages pour « vendre » ?

CT : Je crois que les nouveautés ont surtout été réfléchies pour « vendre ». De plus, ce qui est triste est que toutes les nouvelles approches d'aujourd'hui datent déjà! Elles ont simplement été oubliées et redécouvertes.

Certaines choses semblent tout de même prometteuses cependant, comme l'entraînement par vibrations, mais je n'appellerais pas ça une révolution. À mon avis, la prochaine grande percée découlera du raffinement de ce qui existe déjà. Nous avons déjà tous les outils, je crois simplement que nous ne savons pas encore exactement comment les utiliser parfaitement encore. Je crois également que nous verrons certaines méthodes innovatrices, mais qu'elles seront en réalité des dérivés de ce que nous connaissons déjà.

Le problème est que nous avons peut-être déjà la prochaine révolution sans même nous en rendre compte. Tu vois, il y a tellement de ragots merdiques dans cette industrie qu'il est tout à fait possible que la prochaine révolution soit introduite exactement de la même façon, passant sous nos yeux de façon inaperçue. Mais je garde l'œil ouvert et je vous tiendrai informé!

T : Attends attends… Qu'est-ce que l'entraînement par vibrations?

CT : Ça a été développé par Carmelo Bosco, un scientifique sportif mieux connu pour son travail dans le domaine de la puissance et des tests sur les sauts verticaux. Cette méthode relativement nouvelle consiste à se tenir sur une plate-forme spéciale qui vibre selon différents rythmes et amplitudes. Cette vibration intense aurait fait ses preuves en matière de puissance, d'amplitude de saut vertical et de force.

De plus, un athlète pourrait faire de l'entraînement en flexibilité pendant qu'il se trouve sur cette plate-forme, augmentant de beaucoup l'effet des étirements. La production d'hormone de croissance serait aussi influencée et ceci contribuerait à une activation intense du système nerveux central (SNC). Le stimulus d'entraînement avec vibration est si intense dû au fait que le stimulus change tellement rapidement. Ceci force une demande d'activation musculaire accrue. Pour ceux qui désirent en apprendre davantage, visitez Power-Plate.com.

T : Merci pour cet entretien, Christian. Nous espérons pouvoir lire davantage de tes articles dans T-Mag.

CT : Ce fut un plaisir Chris.

Je crois sincèrement que ce livre renferme de l'information extraordinaire qui concilie l'entraînement pour athlète ainsi que l'entraînement pour développer un bon physique. Chaque type d'athlète y trouvera quelque chose d'utile et pourra y apprendre quelque chose. Les athlètes apprécieront particulièrement les chapitres 2, 3, 4, 5, 6, 7, 8, 11 et 12 alors que les culturistes retireront davantage des chapitres 2, 3, 5, 6, 7, 8, 9 et 10. Cela dit, cela ne veut pas dire que vous ne devriez pas lire le livre en entier, car vous ne savez jamais ce que vous pourriez y trouver qui pourrait embrayer vos gains en cinquième vitesse.

À propos de l'éditeur

Tony Schwartz est un entraîneur établi dans le Midwest des États-Unis. Tony se spécialise dans l'élaboration de programmes pour les athlètes de force. Ses méthodes pour augmenter la force et la puissance ont été qualifiées comme peu orthodoxes et plus qu'efficaces. Il travaille actuellement à perfectionner des systèmes synergiques d'entraînement, de nutrition et de supplémentation pouvant être utilisés par les athlètes aussi bien élites qu'amateurs.

En plus de son travail dans le domaine du conditionnement et de la force, Tony Schwartz est également assistant de recherche en biomécanique, se concentrant principalement sur l'analyse de marche.

Tony Schwartz est disponible pour faire de l'entraînement privé dans la région de Chicago, Illinois, ainsi que dans la région de Bloomington, Indiana. De plus, Tony conçoit en ligne des programmes personnalisés d'entraînement, de nutrition et de supplémentation. Si vous désirez obtenir davantage d'information sur les méthodes et programmes de Tony, contactez-le à tony@hardcorepersonaltraining.com .

CHAPITRE 2
Les clés de la force et de la masse

Dans ce chapitre ...

- Les deux variables clés nécessaires pour augmenter la force et la masse
- L'importance de la tension maximale
- Temps Sous Tension
- Le role du système nerveux dans le développement de la force et de la puissance

« Qu'est-ce qui rend un programme d'entraînement efficace? »

Les deux clés pour les gains en hypertrophie et en force

Au cours des quelques dernières années, les adeptes de l'entraînement en force et de l'entraînement pour des raisons d'esthétiques ont été gâtés. Maintenant plus que jamais, il existe toute une panoplie de programmes d'entraînement efficaces et disponibles à quiconque désirant améliorer son physique ou ses capacités. Je suis probablement tout aussi coupable que n'importe quel autre entraîneur, ayant moi-même inondé la communauté de l'entraînement avec plus d'un programme d'entraînement.

Quoique d'avoir un classeur rempli des plus récents et meilleurs programmes d'entraînement soit une bonne chose, cela vous laisse avec plusieurs choix. J'ai toujours été d'avis qu'il est préférable de comprendre le « pourquoi » plutôt que de simplement savoir « comment ». Si vous savez pourquoi une certaine approche fonctionne bien, cela vous permettra de bâtir des programmes qui seront tout aussi efficaces que tous ces autres programmes déjà publiés! Évidemment, la plupart des autorités dans le domaine de l'entraînement ne vous dévoileront jamais ces « pourquoi » afin de demeurer indispensables! Mais comme vous le savez probablement déjà, je ne suis pas de ce camp là. Tout d'abord, je n'ai pas d'égo démesuré, et je suis d'avis que l'éducation est préférable à la dictature. C'est donc en compagnie de mon prof que je vais vous parler aujourd'hui des deux secrets en lien avec les gains en hypertrophie et en force.

Clé n° 1 : Tension intramusculaire

La tension intramusculaire fait référence à l'effort nécessaire qu'un muscle doit produire pour développer une certaine force. Nous savons déjà que la force est égale à la masse X l'accélération, il devrait donc être évident que la tension intramusculaire sera influencée par la magnitude de la charge ainsi que par l'accélération transmise à la résistance. En termes simples, vous pouvez augmenter la tension intramusculaire en augmentant la charge ou l'accélération (ou les deux).

Le premier facteur (l'importance de la tension dans le muscle) est le facteur principal pour la qualité des gains qui en découleront : plus la tension intramusculaire est grande, plus l'hypertrophie qui en résultera sera fonctionnelle. De plus, une grande tension intramusculaire augmente le taux de dégradation de la protéine, et de l'absorption subséquente des acides aminés par le muscle.

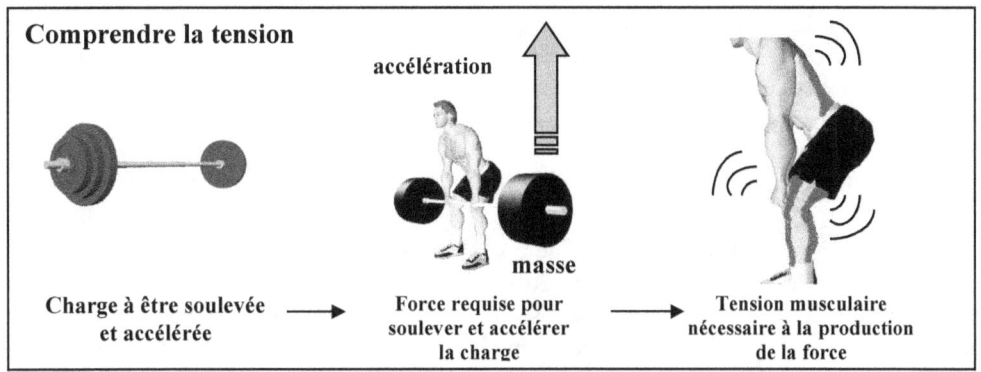

Il est important de comprendre que la tension musculaire n'est pas la même chose que la sensation de brûlure ou de fatigue. Bien des gens croient qu'une contraction lente produit une plus grande tension sur le muscle simplement parce qu'ils peuvent « sentir » la brûlure ou une sensation de tension, mais ce n'est pas le cas!

Dans chaque contraction concentrique (soulèvement de la charge), soulever un certain poids avec une plus grande accélération produira invariablement une plus grande tension intramusculaire.

Dans une contraction eccentrique, (rabaissement de la charge), l'opposé est vrai, plus vous <u>limitez</u> l'accélération, plus la tension intramusculaire sera grande.

Pourquoi cette différence? Eh bien, pour soulever une charge plus rapidement, vous devez produire plus de force. Mais pour la ramener à son point de départ plus rapidement n'implique pas que vous produisiez plus de force, mais plutôt moins (laisser la barre redescendre ne requiert aucune force). Pendant une contraction eccentrique vous allez avoir besoin d'une production de force plus grande pour redescendre la barre lentement, d'où la tension plus grande.

Alors, qu'est-ce que cela nous donne de façon *concrète*?

<u>Pour la portion concentrique</u>

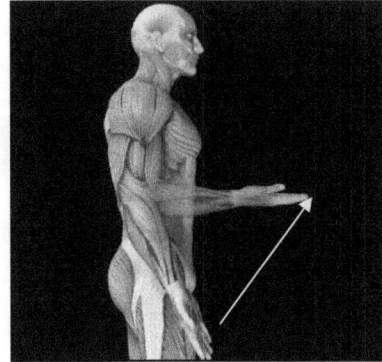

La tension intramusculaire est augmentée si la *résistance est plus grande* et que *l'accélération est maintenue*.

La tension intramusculaire est augmentée si *l'accélération est plus grande* et que *la résistance est maintenue*.

La tension intramusculaire est augmentée si *l'accélération et la résistance sont plus grandes*

L'élément à garder en tête est que, peu importe la charge utilisée, vous devriez tenter de soulever la barre avec la plus grande vitesse possible durant la portion concentrique d'un exercice.

Pour la portion eccentrique

La tension intramusculaire est augmentée quand vous descendez la barre plus lentement. En fait, il a été démontré que les meilleurs « *bench presseurs* » au monde ramènent la barre à la poitrine plus lentement que les « *bench presseurs* » de moindre calibre. Ceci veut évidemment dire que de s'assurer d'avoir une tension adéquate pendant la portion eccentrique d'un mouvement (descente lente) et de la soulever aussi rapidement que possible mènera à de meilleurs gains. Évidemment, il y a une limite à ceci, si vous descendez la barre trop lentement vos muscles vont se fatiguer plus vite et vous allez diminuer votre potentiel de force pour les portions concentriques subséquentes. En général, redescendre la barre en 3-5 secondes est idéal dans la plupart des cas.

Ceci est efficace également avec les mouvements olympiques. Les haltérophiles de l'époque, qui n'avaient pas de plaques en caoutchouc, avaient de bien meilleurs physiques que ceux d'aujourd'hui, en grande partie grâce au fait qu'ils devaient contrôler la descente de la barre. Alexeyev lui-même était réputé pour toujours contrôler la barre lors de la descente, même une fois que les plaques en caoutchouc furent introduites dans le circuit.

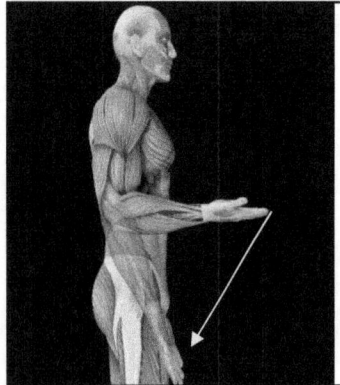

La tension intramusculaire est augmentée si la *résistance est plus grande* et *l'accélération est maintenue*.

La tension intramusculaire est augmentée si *l'accélération est moindre* et la *résistance est maintenue*.

La tension intramusculaire est augmentée si *l'accélération est diminuée et que la charge est augmentée*.

Clé no.2 : Temps total Sous Tention (TST)

Le deuxième facteur (TST) est le principal facteur responsable de la *quantité* de stimulation de l'hypertrophie. Un plus grand volume de travail stimulera d'avantage d'hypertrophie (pourvu que la stimulation ne dépasse pas la capacité de récupération). Plus de travail mènera à une plus grande dégradation totale de protéine (alors que la tension n'influence que la vitesse de dégradation) et amènera une plus grande adaptation structurelle pourvu que l'athlète ait assez de temps et de nutriments pour récupérer.

Notez que j'ai mentionné le Temps "total" Sous Tension. Entendez par là que le TST *cumulatif* pour toutes les séries d'un exercice sera bien plus déterminant que le TUT *par série*. Ceci explique pourquoi vous devriez faire plus de séries lorsque vous travaillez avec des charges lourdes et moins de répétitions; le TST pour chaque série est faible, donc pour maximiser vos gains vous devez augmenter le TST total en faisant plus de séries.

Que peut-on tirer de tout ceci?

1. Si la tension est trop faible pendant un exercice, même si le volume est élevé, les gains en masse et en force ne seront pas très grands.

2. Si le volume est trop faible, même si la tension est très grande, les gains en force et en masse ne seront pas très grands non plus.

3. L'idéal est de maximiser la tension soit en utilisant une charge lourde, ou en soulevant la charge rapidement et en la descendant lentement.

4. Si vous utilisez une charge vous permettant de faire 1 à 5 répétitions, vous devez faire davantage de série pour obtenir un fort stimulus de croissance.

« Pour l'amélioration de la performance, le système nerveux est la clé »

Très souvent, c'est le système nerveux, et non pas la machine musculaire, qui est le facteur limitant dans la production de force. Tsatsouline a mentionné que « *Vos muscles ont déjà la force de soulever une voiture, mais ils ne le savent pas encore.* » (Tsatsouline, 2000). Je suis d'accord avec cette déclaration et je trouve que c'est un bel exemple pour faciliter la compréhension du concept que le potentiel d'amélioration de production de force passe par le développement du système nerveux.

Utilisons l'exemple de Tsatsouline. Des exploits de force réalisés par des gringalets (en apparence) sont communs. On pense ici à la petite dame âgée qui s'est soudainement découverte une force surhumaine quand son enfant fut coincé sous une voiture ou autre truc lourd du genre. Il existe plusieurs cas de ce genre documentés. Jamais en d'autres circonstances cette femme n'aurait pu réaliser cet exploit. Évidemment que sa force a été stimulée par l'adrénaline et d'autres hormones, mais les muscles qui ont soulevé la voiture étaient les mêmes qu'elle a toujours eu. De nouveaux muscles n'ont pas soudainement poussé de nulle part pour l'aider à soulever la voiture ! Le stress et la stimulation extrême, provoquée par la situation, ont augmenté ses capacités de déploiement de force au moyen des muscles qu'elle avait déjà ! La transmission neuronale a été maximisée, les mécanismes de protection ont été mis hors circuit, la rétroaction sensorielle a été ignorée… et tout ceci lui a permis de déployer son potentiel maximal, ce qui n'aurait jamais été possible en temps normal.

Maintenant il devrait être clair pour vous que la limite au niveau de la production de force est le système nerveux. Plus un athlète peut utiliser une grande *proportion* de son potentiel maximal, meilleur il sera. La différence entre la force absolue (le plein potentiel de production de force) et la force limite (la force maximale pouvant être développée volontairement par un individu) est appelée le déficit de force.

Force absolue – Force limite = Déficit de force

Dans le chapitre 3, je présente une façon d'estimer le déficit de force d'un athlète au moyen du *squat* et du *bench press*.

« Qu'est-ce qui me rend fort? »

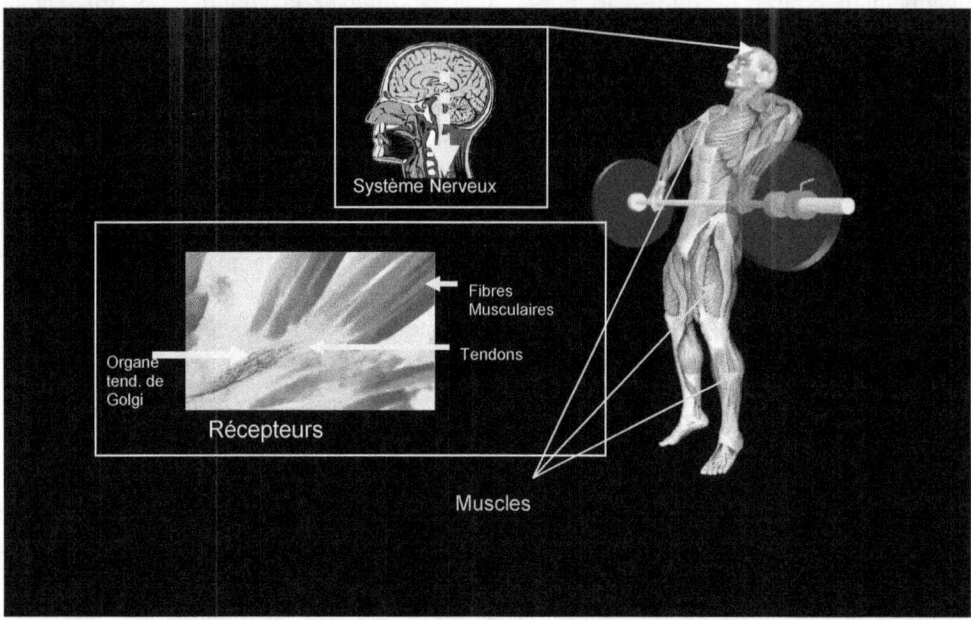

Les structures suivantes sont celles ayant le plus grand impact sur la production de force :

a) **Les muscles :** Un muscle plus gros est potentiellement plus fort. Les capacités contractiles des fibres musculaires et le ratio des fibres rapides/glycolytiques par rapport aux fibres lentes/oxydatives ont aussi une influence.

b) **Les récepteurs musculaires :** Certains récepteurs vont agir en tant qu'inhibiteurs dans la production de force. Nommément, l'organe tendineux de Golgi agit en tant que mécanisme de protection et « désactive » le muscle en quelque sorte si la tension est trop élevée. D'autres récepteurs, comme les fuseaux neuromusculaires, augmenteront la production de force en provoquant un effet élastique (le réflexe myotatique) quand le muscle est étiré.

c) **Le système nerveux :** L'efficacité du système nerveux influence la production de force en signalant l'activation des unités motrices (fibres musculaires), leur synchronisation et leur fréquence de contraction. En termes plus simples, plus votre système nerveux est efficient, plus vous pouvez retirer des muscles que vous avez déjà!

d) **Autres facteurs :** La motivation, l'environnement, le stress, la fatigue, les blessures, etc.

Ce graphique montre que si vous êtes un athlète, entraînez un athlète ou êtes intéressé par le développement maximal de la force, vous devez concentrer vos efforts sur plusieurs facteurs, et non seulement sur le muscle. Vous devrez développer vos muscles, l'efficacité de votre système nerveux, la capacité à utiliser les réflexes utiles (réflexe d'étirement) et à inhiber les réflexes négatifs.

Si votre seul intérêt est le volume musculaire, vous pouvez tout de même bénéficier en vous concentrant sur ces quatre facteurs puisque le fait de devenir plus fort vous aidera à stimuler vos muscles d'avantage et votre croissance sera d'autant plus rapide.

De plus, l'expérience m'a enseigné quelque chose que j'appelle maintenant « **enclencher la facilitation à l'hypertrophie** ». Ceci veut dire qu'après une phase d'entraînement en force et en puissance, votre corps répondra beaucoup plus facilement au stimulus d'hypertrophie subséquent.

Je vais m'utiliser comme exemple. Au cours des quatre dernières années, je me suis concentré surtout sur les mouvements d'haltérophilie olympique, et même avant cela, je m'entraînais pour la force, non pas pour le volume. Cependant, durant mes 2 dernières années d'haltérophilie olympique, j'incluais une ou deux phases de 4 à 6 semaines d'entraînement de type culturiste par année. Étrangement, je constatais que pendant ces 4 à 6 semaines, je pouvais prendre plus de volume musculaire que la plupart des gars qui ne faisaient qu'exclusivement de l'entraînement de culturisme à longueur d'année pouvaient prendre en 4 à 6 mois!

Récemment, j'ai modifié mon entraînement pour une approche plus proche des méthodes culturistes et j'ai gagné beaucoup de masse musculaire naturellement. J'ai gagné de la masse musculaire pendant une diète de sèche, ce qui est tout de même surprenant. Je crois réellement que sans ma fondation en entraînement olympique, en force et en puissance, mes gains auraient été bien plus lents.

Bien qu'il n'y ait pas d'études sur le sujet, j'avance la théorie que la demande d'adaptation en force et en puissance oblige le corps à développer sa capacité d'adaptation, ce qui lui permet de s'adapter au stress de l'entraînement. Donc, quand vous changez votre entraînement pour des méthodes culturistes, ce qui n'exige pas d'adaptation aussi complexe, le corps peut alors faire des gains beaucoup plus rapidement.

Ceci ne veut pas dire d'arrêter l'entraînement de type culturiste, mais plutôt que quiconque désirant plus de volume musculaire devrait inclure des phases de force et de puissance dans son entraînement.

CHAPITRE 3
Évaluation des besoins

Dans ce chapitre…

— Façons simples de déterminer les fibres musculaires d'un athlète
— Évaluer l'efficacité du système nerveux
— Détecter les problèmes de flexibilité par des tests musculaires
— Analyse posturale

« Connais tes athlètes »

Si vous désirez concevoir un programme d'entraînement qui donnera les meilleurs résultats possible, vous devez connaître les besoins et capacités du client (ou de vous-même). Les programmes préconçus peuvent être assez problématiques pour certains individus. Quoiqu'ils puissent être convenables (hey, je donne moi-même quelques exemples de programmes dans ce livre!) lorsque vient le temps de faire ses meilleures performances, le programme doit être taillé sur mesure et doit convenir parfaitement à votre client (ou vous-même).

Pour y arriver, vous devez connaître ses faiblesses, forces, objectifs et sa configuration physiologique.

Forces et faiblesses

Connaître les forces et faiblesses propres à un athlète vous permettra de choisir la méthode d'entraînement la mieux adaptée à ses besoins. Par exemple, un individu possédant un système nerveux qui n'est pas très efficient profitera davantage d'un entraînement visant à développer son potentiel à ce niveau. Un autre athlète peut au contraire avoir un système nerveux très efficace, mais peu de masse musculaire. Cet athlète bénéficiera davantage d'un entraînement lui permettant d'augmenter la « grosseur de son moteur. »

De plus, certains individus ont ce que j'appelle des déséquilibres musculaires. Si les muscles agonistes et antagonistes agissant sur la même articulation sont très déséquilibrés, cela augmente de beaucoup le risque de blessures. Savoir quels muscles sont trop faibles comparativement à leurs antagonistes vous permettra de choisir des exercices qui vont non seulement améliorer la performance, mais aussi diminuer le risque de blessures.

Objectifs

Un individu désirant développer de beaucoup sa masse musculaire ne s'entraînera pas de la même façon qu'un sprinter! Il est important de connaître le ou les objectif (s) ultime (s) de l'athlète (ou les vôtres) et de planifier l'entraînement en conséquence. Plusieurs personnes sont séduites par la nouvelle mode en entraînement et vont constamment passer d'une mode à l'autre sans vraiment se demander si elle est adaptée à leurs objectifs ou non.

Vous améliorerez ce que vous entraînez. Choisissez donc la méthode qui vous donnera les meilleurs résultats dans votre champ de spécialisation.

Configuration physiologique

Connaître le ratio de fibres musculaires d'un individu peut vous aider à concevoir un programme d'entraînement plus efficace. Les individus qui possèdent davantage de fibres lentes bénéficieront d'entraînements à plus hauts volumes, alors que ceux possédant davantage de fibres rapides progresseront mieux avec un volume plus faible, des intensités plus élevées et des entraînements mettant l'emphase sur l'accélération.

Il est aussi important d'analyser la posture d'un athlète. Voyez votre posture comme les roues d'une voiture, si un pneu est légèrement mal aligné, la performance de la voiture sera diminuée et il en résultera également une usure prématurée. Si vous conduisez seulement 20-30 km par jour, les chances que ce soit un véritable problème sont minces, mais si vous roulez 300-400 km par jour, alors les problèmes s'accumuleront rapidement.

Le même principe s'applique aux athlètes. Le même mauvais alignement de posture est décuplé puisque l'athlète en demande davantage à son corps. Quoique d'atteindre la posture parfaite ne soit pas toujours possible, réduire les mauvais alignements au minimum prolongera la carrière de l'athlète et la rendra plus productive.

Pour les individus désirant uniquement développer un physique harmonieux, une bonne posture à un impact réellement positif sur le look. Vous aurez l'air d'un con si vous avez une posture relâchée, même si vous avez une bonne masse musculaire et que votre gras corporel est bas.

Tests simples pour estimer le ratio de fibres d'un athlète

Il est impossible de connaître le ratio exact de fibres dans un muscle à moins d'utiliser la très douloureuse et pour le moins envahissante biopsie musculaire. Cependant, certains tests peuvent nous donner une bonne idée, à savoir si les fibres d'un athlète sont à dominante rapide ou lente. Bien que nous ne saurons pas si un individu possède 65.786 % de fibres rapides, nous pourrons tout de même avoir une idée générale de la configuration de ses fibres. En fait, c'est tout ce dont nous avons besoin pour établir un programme d'entraînement optimal.

Test no.1 : Le test du 80 %

Ce test n'est pas nouveau, mais vaut son pesant d'or. Il s'agit probablement de la façon la plus facile et la plus objective de déterminer la dominance des fibres musculaires. La procédure est simple, après un échauffement adéquat, chargez la barre avec 80 % du maximum et faites autant de répétition que possible sans tricher. Le tableau ci-dessous vous aidera à interpréter votre résultat.

Nombre de répétitions avec 80 %	Dominance de fibres musculaires	Entraînement le plus bénéfique
1-3	Fibres rapides extrêmement dominantes	Volume très faible Accélération élevée Charges élevées
4-6	Fibres rapides très dominantes	Volume faible Accélération élevée Charges élevées
7-10	Fibres rapides dominantes	Volume faible Accélération élevée Charges élevées
11-13	Ratio égal	Volume modéré Accélération élevée et vitesse lente Charges modérées
14-17	Fibres lentes dominantes	Volume élevé Longues séries Eccentriques lents
18-21	Fibres lentes très dominantes	Volume élevé Longues séries Eccentriques lents
+21	Fibres lentes extrêmement dominantes	Volume très élevé Longues séries Eccentriques lents

Pour de meilleurs résultats avec ce test, vous devriez utiliser des exercices pour toutes les parties du corps avec le moins de chevauchement possible. Les différents muscles d'un individu peuvent avoir une différente composition de fibres, je suggère donc les exercices suivants :

Exercice	Muscle (s) testé (s)
Accroupissements (*Full back squat*)	Quadriceps, fessiers
Flexion des jambes (*Leg curl*)	Ischios jambier
Développé couché avec haltères	Pectoraux, triceps
Presse à épaules avec haltères	Épaules, triceps
Tirage vertical buste penché	Haut du dos, biceps
Mollets assis	Mollets

Ceci devrait vous donner une idée générale tout à fait adéquate de votre dominante de fibres musculaires. Ce n'est pas parfait, mais vous aurez un bon point de départ pour orienter votre programme d'entraînement.

Test n° 2 : Test du saut vertical

Ce test est difficile à auto-administrer puisque vous savez quelle variable est testée et que ceci peut influencer le résultat. Cependant, c'est un bon test subjectif à faire passer à quelqu'un d'autre. Testez le saut vertical d'un athlète. Dites-lui qu'il peut descendre aussi bas qu'il le veut avant de sauter, le but est de sauter aussi haut que possible. L'athlète croira que vous testez son saut vertical alors qu'en fait vous voulez savoir jusqu'où il peut *descendre*.

Le résultat du saut n'est pas vraiment important dans ce test. Ce que vous voulez connaître est le degré de flexion du genou tout à fait en bas avant le saut. Plus l'athlète descend bas, ou lentement, plus l'athlète est à dominante lente. Plus la descente est courte ou rapide, plus l'athlète est à dominante rapide.

Utilisez le tableau suivant pour vous donner une idée de la configuration des fibres d'un individu :

Caractéristiques de la descente	*Dominance*
Descente très longue (passé la parallèle) **+ Descente lente** **+ Transition lente entre la descente et le saut**	Fibres lentes très dominantes
Descente longue (genoux et hanche à égalité) **+ Descente lente** **+ Transition lente**	Fibres lentes dominantes
Descente modérée **+ Vitesse de descente modérée** **+ Transition relativement rapide**	Ratio égal
Descente courte (flexion 45 degrés) **+ Descente rapide** **+ Transition rapide**	Fibres rapides dominantes
Descente très courte (moins de 45 degrés) **+ Descente très rapide** **+ Transition très rapide**	Fibres rapides très dominantes

Évidemment, ce test n'est pas parfait puisqu'il ne teste que le bas du corps. Mais les études ont démontré qu'il existe une corrélation très forte entre la dominante de fibres générales (moyenne pour tout le corps) et les résultats de ce test. Ça ne nuira certainement pas de le considérer en plus du test de 80 % cité plus haut pour avoir une encore meilleure idée de la dominance de fibres d'un athlète.

Efficacité du système nerveux

Évaluer l'efficacité du système nerveux est beaucoup plus ardu puisqu'il est impossible pour un *coach* de quantifier le potentiel nerveux qui atteint le muscle. Cependant, nous pouvons estimer l'efficacité du système nerveux indirectement en utilisant le déficit de force.

J'ai déjà expliqué que le déficit de force est la différence entre le potentiel maximum de production de force de vos muscles et leur capacité de production volontaire de force. De quelle façon est-ce que ceci peut nous donner des indices sur l'efficacité du système nerveux? C'est assez simple. Un déficit de force élevé signifie que vous ne pouvez pas utiliser une grande partie de votre potentiel réel. Ceci signifie que votre système nerveux n'a pas la capacité d'activer plusieurs unités motrices, et donc est moins efficient. Un petit déficit de force signifie que vous pouvez utiliser une grande portion de votre potentiel musculaire réel, donc que votre système nerveux est efficient.

Le tableau suivant présente une manière possible d'évaluer le déficit de force d'un individu. Déterminez le 1RM de l'athlète au *squat* et au *bench press*, évaluez sa constitution et son type corporel, divisez ensuite le total (*bench* + *squat*) par le poids en livres de l'athlète et voyez où il se trouve.

Évaluation du déficit de force au moyen du développé couché et du *squat*					
Taille	**Type***	**Déficit de force très important**	**Déficit de force important**	**Déficit de force modéré**	**Petit déficit de force**
Petit (- 5' 7")	*Ectomorphe*	Sous 3 lb/lb de poids	3 à 4 lb/lb de poids	4 à 5 lb/lb de poids	5 à 6 lb/lb de poids
	Endormorphe	Sous 3.5 lb/lb de poids	3.5 à 4.5 lb/lb de poids	4.5 à 5.5 lb/lb de poids	5.5 à 6.5 lb/lb de poids
	Mésomorphe	Sous 4 lb/ lb de poids	4 à 5 lb/ lb de poids	5 à 6 lb/lb de poids	6 à 7 lb/lb de poids
Moyen (5' 7" – 6')	*Ectomorphe*	Sous 2.5 lb/lb de poids	2.5 à 3.5 lb/lb de poids	3.5 à 4.5 lb/lb de poids	4.5 à 5.5 lb/lb de poids
	Endormorphe	Sous 3 lb/ lb de poids	3 à 4 lb/ lb de poids	4 à 5 lb/lb de poids	5 à 6 lb/lb de poids
	Mésomorphe	Sous 3.5 lb/ lb de poids	3.5 à 4.5 lb/lb de poids	4.5 à 5.5 lb/lb de poids	5.5 à 6.5 lb/lb de poids
Grand (6'1" +)	*Ectomorphe*	Sous 2 lb/lb de poids	2 à 3 lb/lb de poids	3 à 4 lb/lb de poids	4 à 5 lb/lb de poids
	Endormorphe	Sous 2.5 lb/ lb de poids	2.5 à 3.5 lb/lb de poids	3.5 à 4.5 lb/lb de poids	4.5 à 5.5 lb/lb de poids
	Mésomorphe	Sous 3 lb/lb de poids	3 à 4 lb/lb de poids	4 à 5 lb/lb de poids	5 à 6 lb/lb de poids

* **Ectomorphe** = petits os, maigre, longiligne, peu de masse musculaire (mot clé : os)
  Endomorphe = gros os, gras excessif, masse musculaire modérée à élevée (mot clé : gras)
  Mésomorphe = grande masse musculaire, gras faible à modéré, gros os (mot clé : muscle)

Un individu ayant un déficit de force important bénéficiera davantage de techniques d'entraînement mettant l'accent sur l'amélioration de la portion nerveuse de la production de force, (volume plus faible, charges élevées et/ou plus grande accélération), alors qu'un individu ayant un faible déficit de force profitera d'une augmentation de sa masse musculaire, jusqu'à un certain point. Cela dit, peu importe le déficit de force, les méthodes d'entraînement visant à développer les facteurs neuromusculaires devraient constituer la plus grande partie des entraînements athlétiques.

Comme pour tous les tests de terrain, celui-ci n'est pas parfait. D'autres variables extérieures à l'efficacité du système nerveux peuvent entrer en ligne de compte, mais nous ne sommes pas dans un labo. Pour monter un programme d'entraînement efficace, tout ce dont nous avons réellement besoin sont des indices, et ce test vous donnera des indices très solides en ce qui a trait au système nerveux.

Test d'analyse posturale et d'amplitude de mouvement

Une grande partie de l'information présentée ici vient du Dr Martin Normet Ph.D, DC, qui est professeur de biomécanique au Département des Sciences de l'Exercice à l'Université du Québec. Il est également chiropraticien.

Analyser la posture d'un athlète et la flexibilité relative des différentes structures musculaires peut vous aider grandement dans votre sélection d'exercices. Un muscle hypoflexible (ou hypertonique) présente un risque élevé de blessure, surtout lors de mouvements à haute vélocité. D'un autre côté, l'hyperextensibilité (ou hypotonicité) peut également mener à des blessures à cause de la laxité de l'instabilité de l'articulation.

Rien n'est plus important pour le progrès continu d'un athlète ou d'un culturiste que d'éviter le plus possible les blessures. Lorsque blessé, un athlète ou culturiste ne peut pas prendre de volume, de force, de puissance ni ne peut améliorer ses habiletés. La prévention des blessures devrait donc être une priorité tant pour les entraîneurs que pour les athlètes.

Un problème commun relié à l'entraînement en flexibilité est que soit nous y consacrons beaucoup trop de temps, soit nous n'en faisons tout simplement pas ; il n'y a pas de juste milieu. S'étirer pour le simple fait de s'étirer peut être contre-productif. Recommander un programme de flexibilité générique peut mener à certains problèmes, par exemple d'étirer des muscles qui n'en ont pas besoin et d'en négliger d'autres qui auraient besoin d'une plus grande amplitude. C'est là que l'analyse posturale est utile. En faisant passer une brève série de tests d'amplitude de mouvement pour les groupes musculaires principaux vous pourrez vous rendre compte des muscles qui sont hypo-extensibles (qui manquent d'amplitude) hyperextensibles (trop grande amplitude), ou adéquats. Ceci permettra au *coach* de sélectionner les exercices d'étirements appropriés.

Le but est d'étirer les muscles trop raides, qui sont tendus de façon excessive, et de renforcer les muscles qui sont trop faibles/flexibles. Alors que des exercices de renforcement devraient être inclus pour tous les groupes musculaires principaux, une attention spéciale devrait être placée sur les muscles qui sont hyperextensibles. Cette emphase spéciale aidera à réduire l'instabilité articulaire et ainsi réduira le risque de blessures. Un muscle déjà trop flexible ne devrait jamais être étiré, à moins que l'activité choisie ne le requière (acrobates, gymnastes, etc.).

Ce qu'il faut retenir est que pour une performance optimale, l'amplitude de mouvement de chaque muscle devrait être optimale, non pas excessive ou insuffisante.

La plupart des muscles travaillent en paires. Quand un agoniste est hyperextensible, il y a de très fortes chances que l'antagoniste soit hypo-extensible/hypertonique. Par exemple, quand les fléchisseurs de la hanche (psoas et droit fémoral) sont courts et raides, les extenseurs de la hanche (fessiers et ischiojambiers) sont souvent longs et faibles (du moins en proportion avec les fléchisseurs de la hanche). Plusieurs choses ont déjà été dites à propos du ratio de force idéal entre deux groupes musculaires d'une même paire. Cependant, je crois qu'un équilibre de flexibilité soit plus important qu'un équilibre de force, du moins en ce qui a trait à la prévention des blessures. Si les deux groupes musculaires sont équivalents en terme de flexibilité et de tension, le risque de blessures est grandement diminué.

Évaluation musculaire

L'évaluation musculaire consiste à faire passer une batterie de tests sur le terrain pour déterminer l'amplitude de mouvement des groupes musculaires majeurs. Afin de tester adéquatement la flexibilité d'un muscle, il faut manuellement déplacer le membre de la position fléchie à la position d'extension, en arrêtant le mouvement quand vous sentez une tension musculaire significative. Notez l'angle à ce point.

Je suggère le protocole suivant :

1. Psoas iliaque

Comme ce muscle est un fléchisseur de la hanche, nous testerons son extensibilité lors d'une extension passive de la hanche. Pour bien faire passer ce test, la jambe testée (sur la table) est étendue à partir du genou de manière à ce que le droit fémoral (qui est aussi un fléchisseur de la hanche et un extenseur du genou) soit raccourci, minimisant son effet sur le résultat du test.

Test : Le sujet est sur le dos et tire lentement sur la jambe non testée (si vous testez le psoas droit, le sujet tire sur la jambe gauche) pour l'amener vers lui et provoquer ainsi une flexion amenant à une extension de la jambe testée (Test de Thomas).

Résultats : Si la flexibilité du psoas est normale, la jambe testée restera appuyée sur la table quand le sujet tire son autre jambe vers lui.

Si la jambe testée se soulève de la table nous avons une hypo-extensibilité. Pour tester une hyperextensibilité, faites le même test, mais avec la jambe testée pendant au bout de la table. Si la jambe se trouve sous le niveau de la table quand l'autre jambe est ramenée vers le sujet, vous avez une hyperextensibilité.

Attention ! Vous pouvez avoir un résultat positif faux avec ce test. Si le bas du dos quitte la table (si la lordose s'accentue), ceci peut vous donner un faux résultat d'hypo-extensibilité. Le bas du dos doit demeurer en contact avec la table en tout temps. Pour vous en assurer, la jambe non testée ne devrait être soulevée qu'au point où le bas du dos peut rester à plat.

Flexibilité normale du psoas

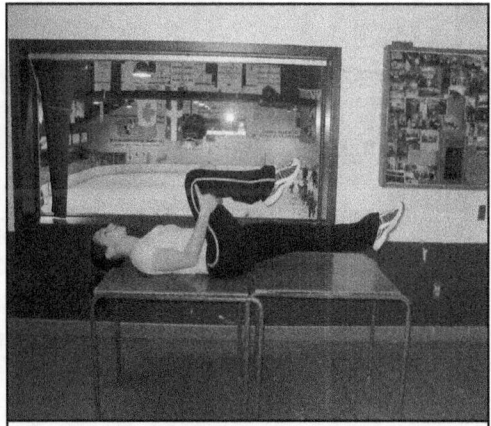

Hypo-extensibilité du psoas (jambe quitte la table)

2. Droit fémoral

Le droit fémoral est un fléchisseur de la hanche et un extenseur du genou. Sa flexibilité est donc testée pendant une extension de la hanche et une flexion du genou.

Test : Le test est une version modifiée du test de Thomas. Il s'agit de la même procédure que pour le test du psoas iliaque, sauf que seule la portion supérieure repose sur la table ; le mollet pend librement au bout de la table, ce qui donnera automatiquement une flexion passive du genou.

Résultats : Si le droit fémoral possède une flexibilité normale, l'angle du genou sera d'environ 80 degrés. Si nous sommes en présence d'une hypo-extensibilité, le bas de la jambe se soulèvera quelque peu (légère extension du genou) et si nous avons hyperextensibilité, le bas de la jambe sera relâché et vous pourrez même augmenter la flexion passive du genou sans augmenter la tension musculaire.

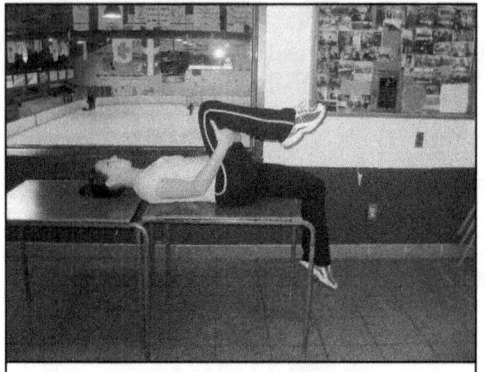
Flexibilité normale du droit fémoral

Hypo-extensibilité du droit fémoral

3. Biceps fémoral

Le biceps fémoral (chef court) est un fléchisseur du genou, sa flexibilité devrait donc être testée lors d'une extension du genou.

Test : Le sujet est sur le ventre afin de placer la hanche en position neutre, diminuant ainsi l'implication de la portion bi-articulaire de l'ischiojambier. La position de départ implique la flexion complète du genou et le *coach* fait une extension lente de la jambe. Il est important que cette manipulation soit passive. Dans tout test de flexibilité, le sujet ne devrait jamais contracter quelque muscle que ce soit.

Résultats : Un athlète ayant une flexibilité normale pourra étendre sa jambe complètement sans aucun problème. Il y a hypo-extensibilité si l'extension du genou est incomplète et hyperextensibilité s'il y a une hyperextension du genou.

Position de depart pour le test du biceps fémoral.

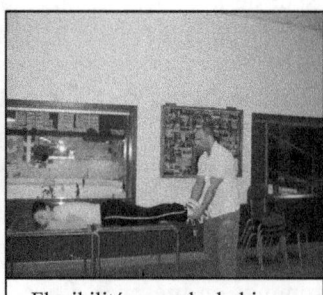
Flexibilité normale du biceps fémoral

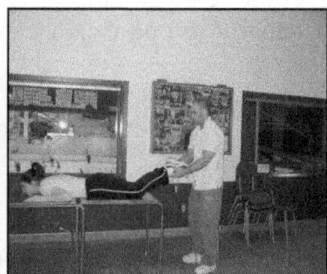
Hypo-extensibilité du biceps fémoral

4. Portion bi-articulaire de l'ischiojambier

Le biceps fémoral (chef long), le semi-tendineux et le semi-membraneux sont des extenseurs de la hanche et des fléchisseurs du genou. Nous allons donc les tester en faisant une flexion passive de la hanche avec la jambe en extension.

Test : Le sujet est couché sur le dos, les deux jambes reposant sur la table et le bas du dos en contact avec la table en tout temps. Tout en gardant la jambe en pleine extension, le *coach* soulève la jambe testée (faisant une flexion de la hanche passive). Il est important que le bas du dos demeure en contact avec la table en tout temps et que la hanche demeure stable.

Résultats : Une flexibilité normale est caractérisée par un angle de 80-90 degrés entre la jambe et la table. Un angle de plus de 100 degrés signifierait une hyperextensibilitée et moins de 70-80 degrés une hypo-extensibilité.

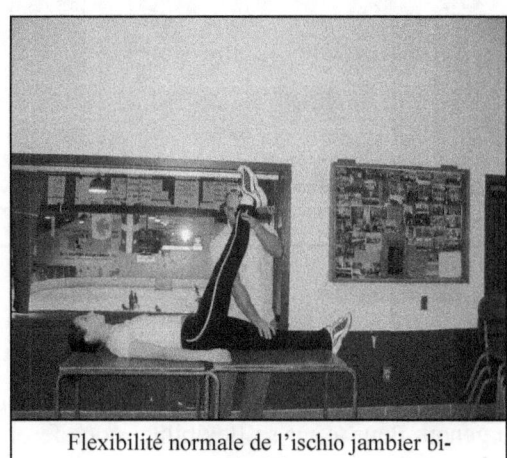

Flexibilité normale de l'ischio jambier bi-articulaire.

5. Érecteurs spinaux et ischiojambiers

Les érecteurs spinaux sont des extenseurs du tronc. Ainsi, ils doivent être testés pendant une flexion du tronc.

Test : Position assise, jambes en pleine extension, orteils pointant vers le haut. Le sujet tente de toucher ses orteils avec ses doigts.

Résultats : Si...

a. la région lombaire ne fléchie pas beaucoup vers l'avant, mais que le haut du tronc fléchis vers l'avant (dos arrondis) et que le sujet ne peut pas toucher ses orteils, nous avons une hypo-extensibilité des extenseurs lombaires.

b. le bas du dos fléchi vers l'avant, mais le haut du dos demeure plat (ne penche pas vers l'avant) nous avons une hypo-extensibilité des extenseurs thoraciques.

c. les jambes fléchissent aux genoux, nous avons une hypo-extensibilité des ischiojambiers.

d. l'athlète peut toucher ses orteils, nous avons une flexibilité normale.

e. l'athlète peut dépasser ses orteils, nous avons une hyperextensibilité.

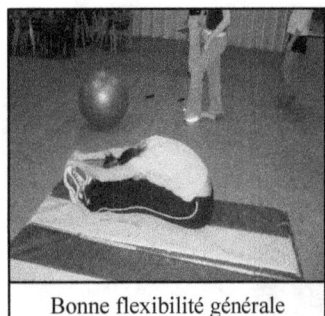
Bonne flexibilité générale

Hpo-extensibility des extenseurs thoraciques

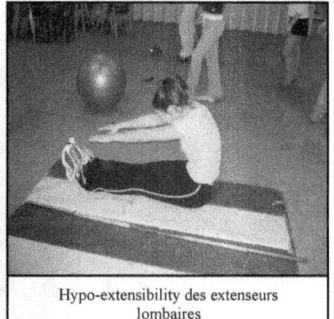
Hypo-extensibility des extenseurs lombaires

6. Tenseur du fascia lata (TFL)

Le tenseur du fascia lata est un abducteur de la hanche, rotateur interne, fléchisseur de la hanche et extenseur du genou. Pour tester sa flexibilité, nous ferons une adduction de la hanche passive, ainsi qu'une rotation externe.

Test : Le sujet est couché sur le côté (jambe testée sur le dessus). La jambe testée est fléchie à 90 degrés et ramenée légèrement (extension de la hanche), l'autre jambe est en pleine extension et en contact avec la table. Le *coach* soulève la jambe testée et la dépose lentement.

Résultats : Si la flexibilité est adéquate, le genou de la jambe testée touchera la table. Sinon, il y a hypo-extensibilité du TFL. S'il y a hyperextensibilité du TFL, la jambe pourrait aller plus bas que la table.

Position de départ pour le test du TFL

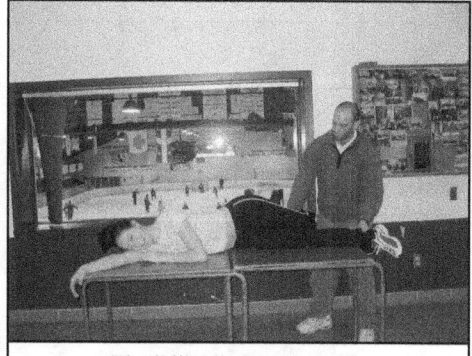
Flexibilité limite acceptable

7. Rotateur externe de la hanche

Pour tester ce groupe de muscles responsables de la rotation externe de la hanche, nous devons faire une rotation interne passive de la hanche.

Test : Le sujet est couché sur le dos. La jambe testée est fléchie à 90 degrés à la hanche et au genou. Le *coach* se tient du côté de la jambe testée et ramène le pied de la jambe testée vers lui, tout en gardant la cuisse perpendiculaire au sol en tout temps.

Résultats : Une flexibilité normale des rotateurs de la hanche est de 45 degrés. Un angle de moins de 45 degrés signifie une hypo-extensibilité et un angle de plus de 50-60 degrés démontre une hyperextensibilité.

8. Rotateurs internes de la hanche

Pour tester ce groupe de muscles qui est responsable de la rotation interne de la hanche, nous devons faire une rotation externe passive de la hanche.

Test : Le sujet est couché sur le dos. La jambe testée est fléchie à 90 degrés à la hanche et au genou. Le *coach* se tient du côté de la jambe testée et ramène le pied de la jambe testée vers l'intérieur (faisant une rotation externe passive de la hanche) tout en gardant la cuisse perpendiculaire au sol en tout temps.

Résultats : Une flexibilité normale des rotateurs internes de la hanche permet une amplitude de mouvement de 45 degrés. Moins de 45 degrés signifient une hypo-extensibilité et plus de 50-60 degrés signifient une hyperextensibilité.

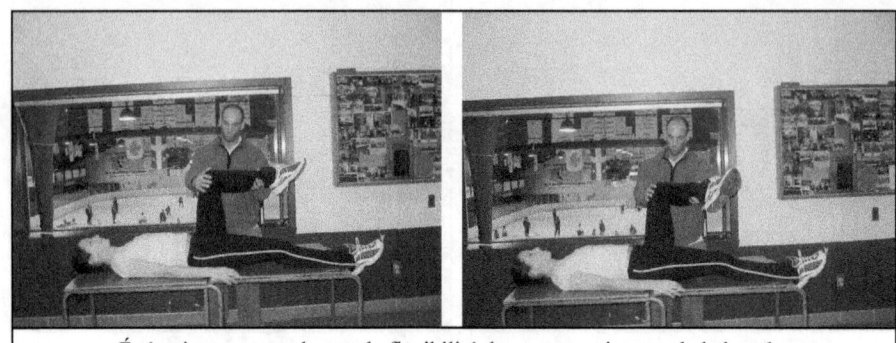

Éxécution correcte du test de flexibilité des rotateurs interne de la hanche

9. Rotateurs internes de l'épaule

Le groupe de muscles permettant la rotation interne de l'épaule (sous-scapulaire, grand rond, deltoïde antérieur, grand pectoral et grand dorsal) est testé en faisant une rotation externe passive de l'épaule.

Test : Le sujet est sur le dos, le bras testé est aligné avec l'épaule et le coude est fléchi à 90 degrés, pointant vers le plafond. Le *coach* exécute lentement une rotation externe passive de l'épaule (ramenant l'avant-bras près du niveau de la tête).

Résultat : Une flexibilité normale se caractérise par une amplitude de mouvement de 90 degrés. Ceci veut dire que le *coach* devrait pouvoir ramener l'avant-bras jusqu'à la table. Moins que cela démontre une hypo-extensibilité et davantage (bras plus bas que la table) démontre une hyperextensibilité.

Flexibilité normale des rotateurs externes

10. Rotateurs externes de l'épaule

Le groupe de muscles impliqués dans la rotation externe de l'épaule (sous-épineux, petit rond, deltoïde postérieur) est testé en faisant une rotation interne passive de l'épaule.

Test : Le sujet est sur le dos, le bras testé est aligné avec l'épaule et le coude est fléchi à 90 degrés, pointant vers le plafond. Le *coach* exécute lentement une rotation interne passive de l'épaule (ramenant l'avant-bras près du niveau du tronc).

Résultat : Une flexibilité normale se caractérise par une amplitude de mouvement de 90 degrés. Ceci veut dire que le *coach* devrait pouvoir ramener l'avant-bras jusqu'à la table. Moins que cela démontre une hypo-extensibilité et davantage (bras plus bas que la table) démontre une hyperextensibilité.

Extensibilité normale des rotateurs externes

Ce sont les 10 tests de base que je recommande. Comme vous pouvez le constater, l'emphase est placée sur les membres inférieurs et les épaules, qui sont les endroits les plus problématiques, mais vous pouvez créer vos propres tests, tout ce qu'il vous faut connaître est le mouvement dans lequel un muscle est impliqué.

Faire un test pour la flexibilité des pectoraux est également une bonne idée, car la plupart des athlètes sont hypo-extensibles. Cependant, pour diagnostiquer une raideur au niveau des pectoraux tout ce qu'il faut faire est de regarder la posture. Si ses pectoraux sont raides et courts, ses épaules seront arrondies vers l'avant au lieu d'être alignées avec ses hanches.

Faire ces 10 tests prendra environ 10 à 15 minutes. Quand vous serez familier avec la technique, les informations que vous en retirerez seront précieuses pour planifier l'entraînement.

Un mot bref à propos de l'extensibilité/flexibilité

Une explication complète des méthodes adéquates d'étirement exigerait un livre entier et ceci déborde du cadre de celui-ci. Cependant, la figure suivante démontre les différents facteurs ayant un rôle à jouer dans l'amplitude de mouvement optimale.

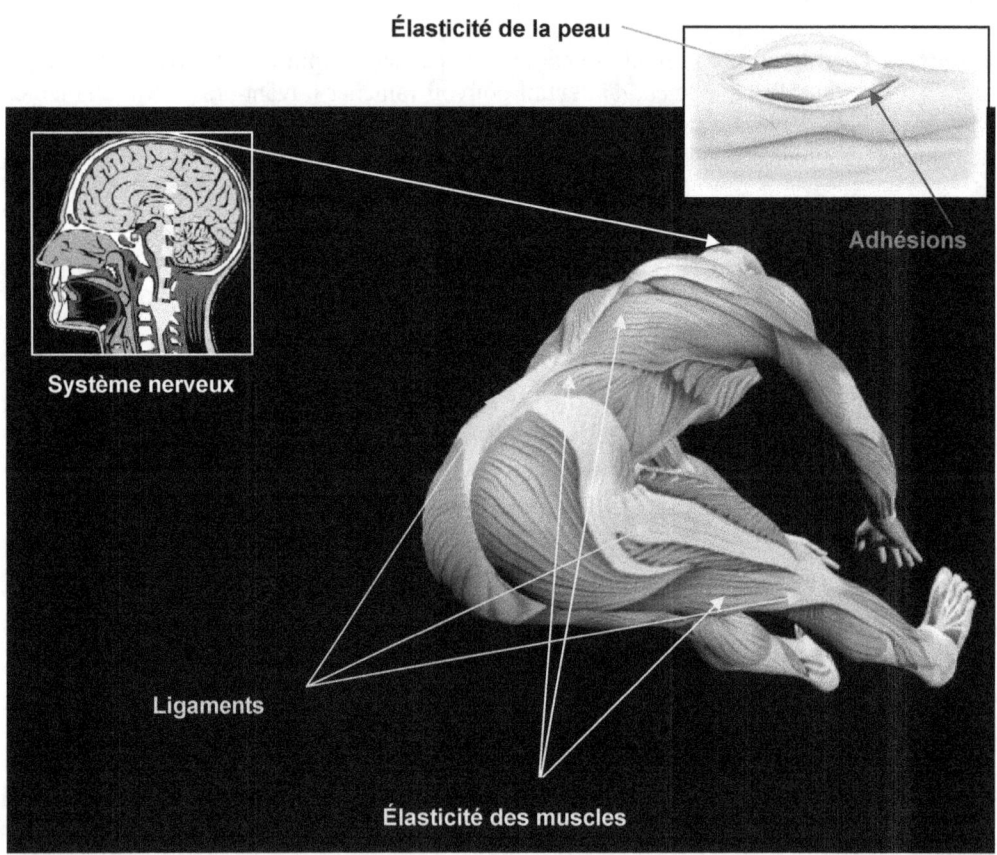

Les structures suivantes peuvent influencer l'amplitude de mouvement :

a) <u>Structures musculaires</u> : Un muscle ayant une flexibilité adéquate est habituellement associé à une amplitude de mouvement optimale.

b) <u>Structures des articulations et des ligaments</u> : Les ligaments peuvent limiter l'amplitude de mouvement de par leur rôle de stabilisateurs. D'un autre côté, des ligaments trop relâchés peuvent aussi provoquer des problèmes par l'instabilité des articulations.

c) <u>Le système nerveux</u> : Il arrive parfois que le membre ne puisse pas bouger dans toute l'amplitude possible, et ce, malgré une extensibilité adéquate des muscles et des ligaments. Dans ce cas, le système nerveux peut être la cause du manque d'amplitude, celui-ci ne permettant pas aux muscles de travailler adéquatement.

d) <u>Autres facteurs</u> : L'élasticité de la peau, les adhésions entre les fibres musculaires et les adhésions entre le muscle et le fascia.

Tout ceci met en évidence que plusieurs techniques d'assouplissement devraient être utilisées. Si le problème est structural, les étirements statiques sont préférables. Par contre, des techniques plus avancées comme la FNP ou étirements balistiques deviennent nécessaires dans les cas de problèmes d'amplitude reliés à des facteurs neuraux. Si des adhésions sont la cause du problème, un traitement d'ART demeure la meilleure solution.

Évaluation du client

1. Données physiques a) Taille : _____ Poids : _____

b) **Flexibilité musculaire** (cochez la case appropriée) :

	Droite			Gauche		
	-	Normal	+	-	Normal	+
Psoas Illiaque						
Droit fémoral						
Ischio uni articulaire (court chef du biceps fémoral)						
Ischio bi articulaire						
Érecteurs spinaux						
TFL						
Rotateurs externes de la hanche						
Rotateurs internes de la hanche						
Rotateurs externes de l'épaule						
Rotateurs internes de l'épaule						

c) **Déficit de force** (cochez le déficit le plus approprié) :

Très important : ___ Important : ___ Modéré : ___ Faible : ___

2. Données morphologiques

a) **Type corporel** (cochez la case la plus appropriée) :

Mésomorphe (très peu de gras et beaucoup de muscles)	
Meso-endo (musculaire, mais beaucoup de gras)	
Meso-ecto (musculaire, mais petites articulations et longs os)	
Ectomorphe (mince et longiligne)	
Endomorphe (massif et gras)	

b) **Pourcentage de gras** (cochez la case appropriée) :

Strié (3-5%homme ; 9-11 % femme)	
Défini (6-8 % homme ; 12-15 % femme)	
Maigre (9-11 % homme ; 16-21 % femme)	
Moyen (12-15 % homme ; 22-25 % femme)	
Gras (16-18 % homme ; 26-28 % femme)	
Très gras (19-23 % homme ; 29-35 % femme)	
Obèse (24 %+ hommes ; 36 %+ femmes)	

c) **Dominante de fibres musculaires** (cochez la case la plus appropriée) :

Groupes de muscles	Rapide très dominant	Rapide dominant	Ratio mixte	Lent dominant	Lent très dominant
Pectoraux					
Haut du dos					
Fléchisseurs des bras					
Extenseurs des bras					
Fléchisseurs des jambes					
Extenseurs des jambes					
Épaules					

3. Objectif(s)

Perte de gras : ___ Gain de muscle : ___ Performance sportive : ___ Santé/Conditionnement/Bien-être général : ___

CHAPITRE 4
Méthodes d'entraînement

Dans ce chapitre…

— Présentation et description des méthodes d'entraînement à charges lourdes

— « Pour, contre et quand » pour chacune des méthodes décrites

— Bien planifier l'utilisation de ces méthodes dans l'entraînement d'un athlète

« *L'importance de la force* »

La production de force est la base de la plupart des mouvements sportifs. Sans production de force il n'y aurait pas de mouvement. Il est important de distinguer la *force* de *la force maximale* puisque les deux concepts sont souvent confondus. La *force maximale* est la capacité de développer une tension pendant une contraction musculaire (Bouchard et coll. 1975). La *force*, dans le sens où nous l'entendons ici, est le résultat d'une tension générée par le muscle et qui permet de combattre l'inertie, déplacer ou accélérer une masse. Sans production de force, un individu ne pourrait se déplacer, ne pourrait pas vaincre un adversaire, ne pourrait pas accélérer, en fait, il ne pourrait rien faire qui implique un mouvement.

Il est donc capital de développer la capacité de créer de la tension musculaire qui produira de la force pour avoir du succès en tant qu'athlète. La capacité de produire de la force est souvent associée à de gros muscles. Quoi qu'il soit vrai que le potentiel d'un muscle de produire de la force est proportionnel à sa grosseur, il ne faut pas sous-estimer l'importance des facteurs neuromusculaires impliqués dans la production de force.

La formule **F = ma** est capitale dans une planification adéquate de l'entraînement. Voici comment vous devriez la comprendre.

« *La quantité de force produite par un muscle ou un groupe de muscles est égale à la force requise pour <u>déplacer une masse</u> et la force requise pour <u>l'accélérer</u>.* »

En d'autres mots, vous devez appliquer un certain niveau de force pour combattre l'inertie d'une résistance (qui est habituellement légèrement supérieur au poids qui doit être soulevé). Ensuite, plus vous voulez appliquer d'accélération à la résistance, plus vous devrez générer de force additionnelle. Voilà pourquoi il n'est pas toujours nécessaire ou adéquat d'ajouter du poids pour augmenter la force.

Le graphique ci-dessous classifie les méthodes d'entraînement selon leur relation aux facteurs de masse et d'accélération. Les méthodes plus à gauche sont à dominante d'accélération et deviennent graduellement à dominante de masse vers la droite de la figure.

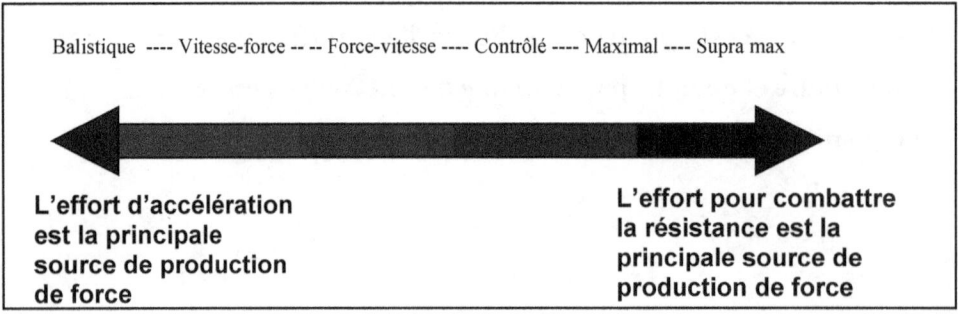

La table suivante extrapole à partir du graphique ci-dessus et démontre le grand nombre de méthodes d'entraînement possibles.

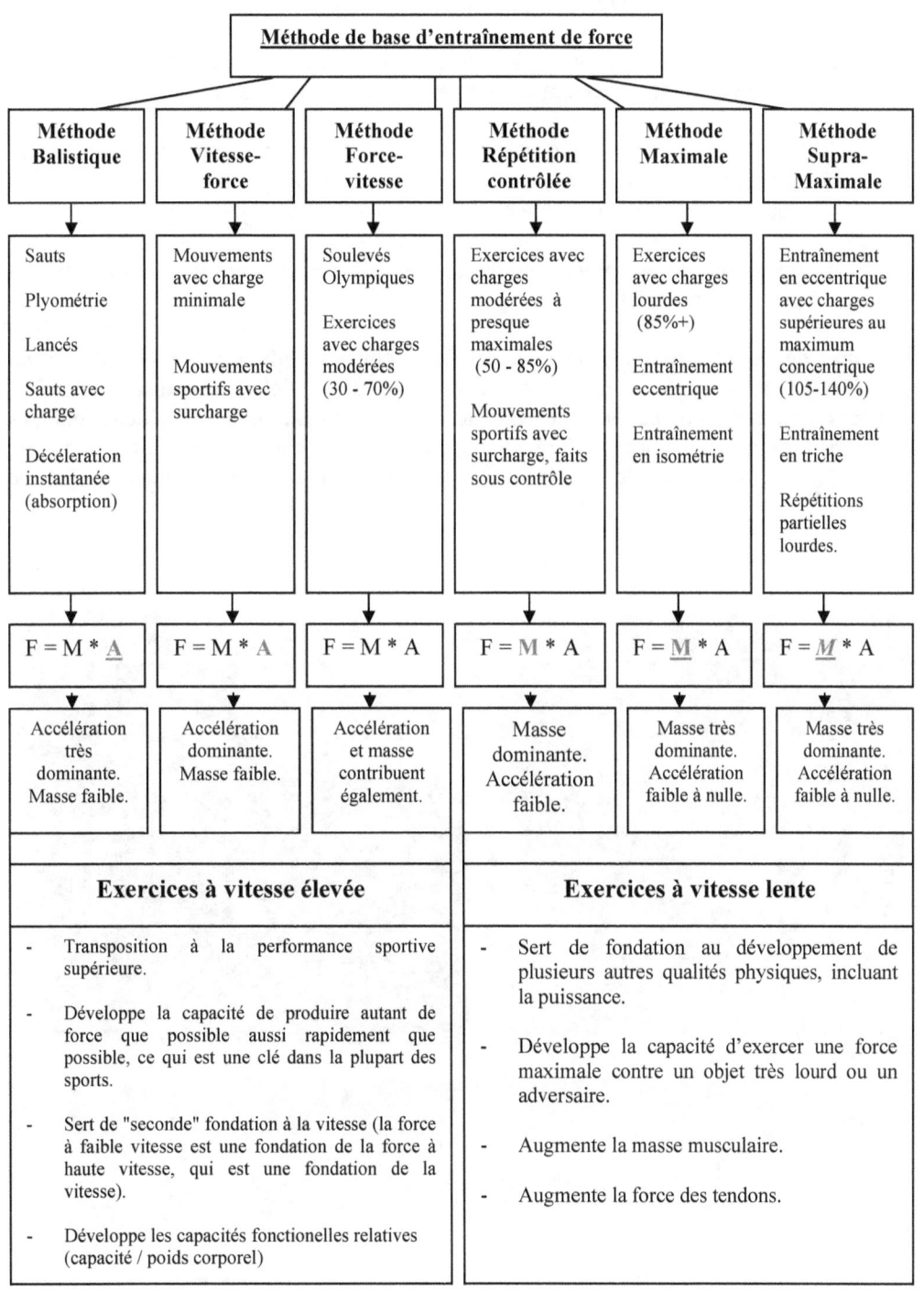

Comprendre l'effet de l'équation **F=MA** est très important pour plusieurs raisons :

1. Cela permet à quelqu'un de varier la méthode d'entraînement utilisée pour **maximiser la capacité de produire de la force.**

2. Permets à l'entraîneur d'éviter de choisir des exercices redondants (plusieurs exercices qui développent les mêmes capacités physiques).

3. Rends la progression plus sécuritaire. Il n'est pas nécessaire de constamment augmenter la charge pour améliorer la capacité de produire de la force; vous pouvez progresser simplement en accélérant la charge davantage.

4. Favorise la compréhension de ce que chacun des exercices apporte à la préparation de l'athlète.

Chacune de ces 6 méthodes et leurs dérivés ont leur place dans le cadre d'un entraînement pour le sport. Mais ceci ne veut pas dire qu'elles devraient toutes être utilisées simultanément par tous les athlètes. Souvenez-vous que les athlètes ont des capacités limitées à supporter et à récupérer du stress de l'entraînement, c'est donc une erreur de tenter d'inventer le « meilleur programme au monde » en incluant un peu de tout ce qui est efficace.

Méthode balistique

La méthode balistique consiste à projeter la source de résistance. Cette source peut être externe (ex. : ballon médical) ou peut être le corps de l'athlète. L'intensité de ces exercices varie de très basse (exercices sans charge) à très élevée (exercices d'absorption avec charges, plyométrie à impact élevé, etc.).

Ces exercices sont ceux dans lesquels le facteur d'accélération est le plus important en relation avec la production totale de force. Ces exercices ont un grand impact sur le système nerveux à cause de la grande demande d'accélération.

Quoique les exercices balistiques de faible intensité (entraînement au saut, lancer du ballon médical léger, etc.) ne soumettent pas le corps à des stress très grands (et peuvent donc être utilisés passablement souvent, surtout comme échauffement spécifique) les exercices balistiques d'intensité élevée (sauts en hauteur, sauts avec charge, lancer du ballon médical lourd, entraînement en absorption avec charges, etc.) ne devraient être faits qu'occasionnellement (une fois ou deux par semaine) pour une période de temps limité (4-6 semaines). Ces exercices d'intensité élevée ont le potentiel d'améliorer de beaucoup la puissance, mais ils posent un énorme stress aux tendons et au système nerveux. Il est aussi important de comprendre que l'effet d'entraînement d'exercices balistiques à intensité élevée se fait sentir à retardement, c'est-à-dire que l'amélioration en puissance est plus apparente 2 à 3 semaines après la dernière stimulation.

Pour : Excellente façon d'améliorer la puissance de certains muscles/mouvements spécifiques, apporte de bons résultats très rapidement, les exercices sont stimulants à faire. Les exercices de plus faible intensité sont une excellente façon de commencer un entraînement efficacement.

Contre : Les exercices de haute intensité sont très exigeants pour le système nerveux, l'adaptation est rapide (les exercices produisent des résultats rapidement, mais ne produisent pas longtemps), risque de blessures plus élevé qu'avec les autres méthodes.

Quand utiliser la méthode : Les exercices de faible intensité peuvent être utilisés comme échauffement avant la plupart des entraînements, bien que le *coach* devrait éviter le volume excessif (5-10 minutes sont suffisantes, davantage serait excessif). Les exercices de plus haute intensité devraient être utilisés de façon intermittente pendant l'année, pour des cycles de 4 à 6 semaines. La fréquence devrait être maintenue à 1 à 2 fois par semaine avec un volume de travail relativement bas (davantage de lancés et sauts avec surcharge n'apportent pas davantage de résultats que moins de travail… le principal effet se produit sur le système nerveux, qui ne requiert pas un volume élevé pour être stimulé). N'UTILISEZ PAS ces exercices d'intensité élevée à l'approche d'un match, à moins que l'athlète y soit habitué depuis longtemps.

Le lancer du ballon médical est un exercice balistique de faible intensité qui convient comme échauffement spécifique pour les joueurs de hockey. En incluant différentes sortes de lancers, vous pouvez préparer tous vos muscles au travail tout en développant votre puissance.

Méthode Vitesse-Force

Cette méthode est très similaire à la méthode balistique, excepté qu'elle ne comporte pas de projection de la source de résistance. L'importance de l'effort d'accélération est presque aussi grande qu'avec la méthode balistique.

Le meilleur exemple de cette forme d'entraînement est l'entraînement des mouvements sportifs avec surcharge. Par exemple, patiner avec une semelle plus lourde (pas trop lourdes tout de même les semelles intérieures… même plutôt légères), patiner/courir en tirant une charge légère ou un parachute sportif, faire du « tir à la carabine » avec un bâton lourd, etc.

Cette forme d'entraînement était jadis très populaire auprès des athlètes, mais elle est moins utilisée depuis quelques années. Le principal inconvénient de ce genre d'entraînement est qu'il peut altérer la coordination du mouvement sportif si la charge mène à une modification (même minime) de la technique. Lorsqu'utilisé correctement, cet entraînement peut être une bonne façon de renforcer certains patrons moteurs spécifiques ainsi que les muscles impliqués dans le mouvement.

Une autre variante de cette méthode est le soulèvement explosif de charges minimales (10-20 % du 1RM). Généralement, le meilleur moment pour utiliser cette variante est pendant l'échauffement à un entraînement en force. Pour être efficace, l'athlète doit tenter d'accélérer la charge le plus possible.

Pour : Les mouvements sportifs avec surcharge peuvent renforcer les muscles de façon très spécifique. Ils peuvent également aider à la coordination à cause de la rétroaction accrue (vous pouvez mieux sentir le mouvement lorsqu'il y a une légère résistance et vous pouvez plus facilement identifier vos faiblesses).

Contre : Très facile d'en abuser et même les plus petites erreurs de surcharge peuvent apporter des effets négatifs sur la performance sportive.

Quand utiliser la méthode : Les mouvements sportifs avec surcharge ne devraient être utilisés que par des entraîneurs très expérimentés qui peuvent apercevoir même les plus petites erreurs techniques et par des athlètes très avancés qui ont une solide et stable maîtrise de la technique. Cette méthode, si utilisée, ne devrait être utilisée que tôt pendant la période de préparation pendant une période de 4 semaines tout au plus, une fois ou deux par semaine (idéalement, une fois).

Méthode Force-Vitesse

La méthode force-vitesse inclue des exercices dans lesquels la génération de force résulte d'une accélération élevée, ainsi que du déplacement d'une masse de modérée à élevée. Les meilleurs exemples de cette méthode sont les mouvements olympiques et leurs variantes. Récemment, une autre façon d'utiliser cette méthode a été popularisée par le *coach* de dynamophilie Louis Simmons. Simmons recommande d'utiliser la méthode dynamique en utilisant 55-60 % de la charge maximale pour des exercices comme le développé couché et le *squat*, tout en soulevant la charge aussi rapidement que possible. Il utilise un nombre de répétitions faible afin de maximiser l'accélération à chacune d'elle. J'aimerais faire remarquer deux choses ici :

1. Simmons utilise la méthode de l'effort dynamique avec le développé couché et le squat parce que ce sont les mouvements qui sont mesurés dans son sport (*powerlifting*), un athlète pourrait utiliser d'autres exercices.

2. D'autres experts qui ont déjà recommandé des contractions explosives ont aussi recommandé d'autres paramètres de surcharge que Simmons. Hatfield recommande des charges aussi élevées que 70-80 % pour la force explosive.

Je dois souligner qu'avec les exercices de force-vitesse vous n'utilisez pas réellement un pourcentage coulé dans le béton. Jugez de la charge selon la vitesse d'exécution. Augmentez la charge dans la mesure où l'accélération rapide et l'efficacité technique peuvent être maintenues.

« 30 % de votre volume d'entraînement en force et en puissance devrait comporter des exercices utilisant cette méthode. »

Cette forme d'entraînement est très stimulante pour le système nerveux à cause du haut niveau de développement de force, l'accélération rapide et la coordination requise. Le volume d'entraînement devrait lui être minime et l'emphase devrait être placée sur l'accélération, ainsi que la qualité d'exécution. Lorsqu'utilisé à faible volume, ce type d'entraînement peut être utilisé très fréquemment compte tenu de l'effet minime sur le système musculosquelettique (peu de dégradation de protéine à cause du faible temps sous tension). De plus, une fréquence d'entraînement plus élevée avec ces exercices améliore grandement la coordination.

Pour : Il s'agit de la méthode d'entraînement ayant la plus grande production de force et de puissance. C'est donc l'une des meilleures façons d'améliorer la performance sportive par le biais de l'entraînement. Les bénéfices ne sont pas limités qu'aux parties entraînées puisqu'elle a un effet généralisé sur le système nerveux, rendant le corps entier d'autant plus efficace.

Contre : Quelques-uns de ces exercices exigent une plus grande maîtrise de la technique et peuvent requérir un temps d'apprentissage plus important, surtout si l'entraîneur n'est pas très expérimenté dans l'enseignement de ces exercices. Il est facile de faire un volume trop grand en une séance et ainsi surcharger le système nerveux. Les exercices plus complexes posent un risque plus grand de blessures.

Les variantes des mouvements olympiques sont les meilleurs exemples d'exercices en force-vitesse puisqu'il faut accélérer une charge relativement élevée pour compléter le mouvement.

Les exercices « normaux », comme le *squat* et le développé couché, peuvent également devenir des exercices de force-vitesse si la charge est diminuée afin de permettre une accélération maximale de la barre.

Quand utiliser la méthode : La force-vitesse devrait constituer la base de votre programme d'entraînement. Elle devrait être incorporée tôt en phase de préparation et se poursuivre pendant toute l'année. Tôt dans l'année, mettez l'accent sur l'apprentissage de la technique des mouvements olympiques en utilisant un plus grand volume (2-3 mouvements olympiques par entraînement, 20-30 répétitions totales par exercice), une plus grande fréquence (2-4 fois par semaine), et une intensité très faible (60-70 % des mouvements olympiques). Ce travail devrait être sous-maximal. Au fur et à mesure que l'année progresse et que l'athlète est passablement habile, réduisez le volume (1-2 mouvement (s) olympique (s) par entraînement, 10-20 répétitions totales par exercice) et la fréquence (1-2 fois par semaine), mais augmentez l'intensité (80-90 % sur les mouvements olympiques). <u>Souvenez-vous qu'il est crucial que l'athlète maîtrise la technique avant d'augmenter l'intensité.</u>

Méthode des répétitions contrôlées

Cette forme d'entraînement inclut l'entraînement en hypertrophie classique (c'est-à-dire la méthode culturiste) ainsi que les mouvements sportifs exécutés à une vitesse contrôlée (souvent avec une charge). Les meilleurs exemples de mouvements sportifs à vitesse contrôlée sont le tirage du traîneau lourd ainsi que les mouvements sportifs en portant une veste lourde. Ceci mène à une hypertrophie des muscles spécifiquement impliqués dans le mouvement ainsi qu'un conditionnement spécifique (amélioration de l'efficacité du système d'énergie).

L'entraînement en résistance en utilisant une approche culturiste (volume élevé, faible vitesse d'exécution, davantage d'exercices d'isolation) n'améliore pas directement les performances de l'athlète. Cependant, elle peut aider à renforcer les tendons, ce qui peut diminuer les risques de blessures. Souvenez-vous toutefois que d'augmenter la masse musculaire peut être nuisible pour la performance, et ce, pour deux raisons :

1. L'hypertrophie non fonctionnelle (hypertrophie sarcoplasmique) ne mène pas à une amélioration dans la capacité de produire de la force, mais ajoute tout de même du poids corporel (vous transportez donc plus de poids, mais n'êtes pas plus fort).

2. L'hypertrophie musculaire excessive comprime le système vasculaire, spécialement les vaisseaux sanguins et capillaires dans les muscles. Ceci rend l'évacuation des déchets intramusculaires et la récupération plus difficile.

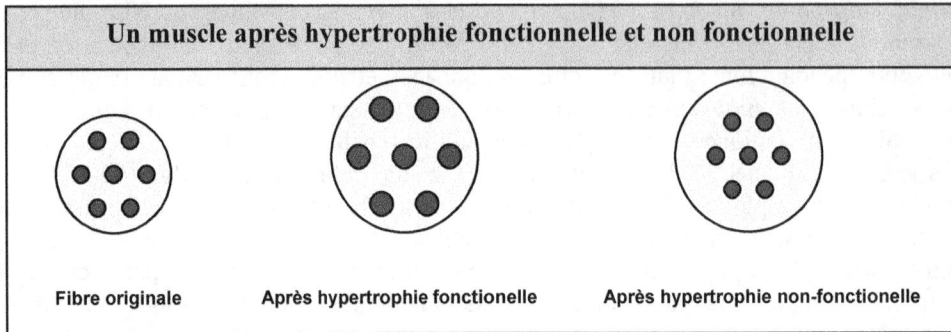

L'hypertrophie non fonctionnelle est une augmentation des éléments non contractiles d'une fibre musculaire et il a été démontré qu'elle se produisait avec des entraînements de type culturiste (Zatsiorsky, 1996). L'hypertrophie non fonctionnelle est l'équivalent d'augmenter le poids d'une voiture, mais pas la force de son moteur (ou d'ajouter des wagons à un train). Il est donc facile de comprendre que ce n'est pas souhaitable en fin de compte.

Pour être franc, l'entraînement en culturisme ne stimule pas uniquement l'hypertrophie non fonctionnelle. Tel qu'expliqué plus tôt, toutes les méthodes d'entraînement mènent à de l'hypertrophie fonctionnelle et non fonctionnelle, mais à des degrés différents et dans différentes proportions. Dans cette optique, l'entraînement contrôlé peut avoir sa place dans la routine d'entraînement d'un athlète, mais seulement comme méthode d'assistance à la base du reste de son entraînement. Je crois que cette méthode devrait être utilisée pour renforcer les muscles qui sont sujets aux blessures (épaules, coiffe des rotateurs, bas du dos, abdominaux).

Pour : Peut augmenter la force des tendons. Peut entraîner une augmentation de la masse musculaire. Sécuritaire. Peu de stress sur le système nerveux donc les chances de le surcharger sont minimes.

Contre : La majorité des gains en hypertrophie sont non fonctionnels et peuvent mener à une diminution de la performance. Exige beaucoup d'énergie pour très peu de résultats.

Quand utiliser la méthode : Je crois que pour la performance de haut niveau, un individu devrait s'entraîner pour être fonctionnel, et le reste suivra. Cependant, un individu peut ajouter plusieurs exercices pour augmenter l'hypertrophie dans des groupes musculaires relativement faibles et/ou fragiles (ex. ischiojambiers, épaules). Je crois que quelqu'un peut mettre d'avantage d'emphase sur les gains en masse musculaire tôt dans l'année, mais même pendant cette période où l'entraînement en culturisme est augmenté l'entraînement du système nerveux devrait demeurer une priorité.

Méthode maximale

Cette méthode d'entraînement inclut tous les exercices dans lesquels vous devez produire beaucoup de tension musculaire (près de votre force limite).

1. <u>Entraînement lourd</u> : Utiliser une charge de 85-100 % dans les mouvements de force classiques (*squat*, développé couché, soulevé de terre, *squat* avant, développé couché incliné, *push press*, tirage vertical buste penché, etc.)

2. <u>Entraînement eccentrique</u> : Retenir une charge près de votre 1RM (90-100 %) lors d'un exercice. La descente devrait être faite sous contrôle (2-4 secondes). Ceci est fait pour environ 3-6 répétitions. Un ou deux partenaires d'entraînement sont nécessaires pour appliquer cette méthode (ils doivent soulever le poids pour vous afin de le ramener à sa position de départ).

3. <u>Entraînement isométrique</u> : Appliquer une force contre un objet fixe. Généralement exécuté pour quelques séries (2-5) de quelques secondes (6-12) en générant autant de force que possible contre la résistance fixe.

Bien que ces méthodes soient dans la même catégorie, elles ont des effets très variés sur le corps.

Entraînement lourd (85-100 %)

L'entraînement de haute intensité est la meilleure façon d'augmenter la force musculaire. Il agit également beaucoup sur le système nerveux. Plus vous vous approchez de votre maximum, plus l'impact sur le système nerveux est important. C'est pourquoi l'entraînement lourd est un excellent outil pour l'athlète. Lorsque combiné avec des exercices de force-vitesse, il procure le meilleur stimulus pour les gains en force et en puissance.

Cependant, puisque l'entraînement lourd est très exigeant au niveau du système nerveux (et sur les tendons), le volume et la fréquence doivent être soigneusement planifiés. Il est facile d'en faire trop, surtout quand un athlète est en bonne condition physique et se sent très motivé à battre son record.

Comprenez qu'il n'est pas nécessaire (ni désirable) de constamment soulever des charges limites à l'entraînement pour stimuler les gains en force. N'oubliez pas que les niveaux de force peuvent fluctuer et n'augmentent pas de façon linéaire au cours d'une saison d'entraînement.

De plus, la capacité de soulever des charges plus lourdes à l'entraînement ne veut pas nécessairement dire que les muscles deviennent plus forts et plus efficaces. Souvenez-vous que la performance au gym est liée de près au niveau de stimulation, de motivation, de fatigue, etc.

Donc, observer les modulations de la performance au gym n'est pas une bonne façon d'estimer les progrès réels dans la force d'un athlète. Ainsi, tenter de constamment soulever des poids limites est une erreur. Quand vous tentez de battre votre record dans un mouvement en particulier, vous ne développez pas votre force, vous démontrez votre force dans cet exercice précis.

Aussi, ne faites pas l'erreur de planifier des entraînements lourds hors contexte. La capacité de produire de la force sera grandement diminuée si le volume de travail avec les autres méthodes est élevé. Planifiez en conséquence.

L'entraînement lourd fait référence à la grande difficulté de soulever un poids. Un athlète doit tenter de soulever des charges presque maximales afin de développer sa force limite.

Toujours utiliser des exercices s'appliquant à plusieurs articulations avec cette méthode.

Pour : La meilleure façon d'augmenter sa force limite. Important impact au niveau du système nerveux qui se répercute sur tout le corps. Augmente la force et la masse musculaire via l'hypertrophie fonctionnelle.

Contre : Peut retarder un athlète pour quelques jours lorsqu'utilisé hors contexte. Il est facile de soumettre le système nerveux à un trop grand stress si surutilisé. Peut être dur pour les tendons.

Quand utiliser la méthode : Cette méthode devrait être utilisée tout au long de l'année à des degrés variables. Il est important de soulever de lourdes charges tôt dans la période préparatoire et cette importance augmente jusqu'au milieu de la préparation à la saison compétitive. Elle diminue radicalement à partir de ce moment pour arriver à un niveau de maintien afin de permettre à l'athlète de donner son maximum lors de ses concours.

Même pendant les périodes de haut volume en entraînement lourd je préfère utiliser une approche minimaliste (2-3 exercices par entraînement, 15-30 répétitions <u>au total</u> par exercice, 2-4 fois par semaine). Seuls les exercices de base s'appliquant à plusieurs articulations (accroupissement, développé couché, soulevé de terre, etc.) devraient être utilisés avec cette méthode.

Prenez note que si vous planifiez faire un entraînement en utilisant des charges de 90-95 % de votre 1RM avant un match ou un test, vous devez planifier un nivellement de 9-12 jours entre cet entraînement et le match/test. Si vous planifiez aller aussi haut que 100 % (ou de tenter un nouveau max), vous aurez besoin d'un nivellement de 12-18 jours. Un autre facteur important à considérer est que plus un athlète est fort, moins il est nécessaire d'utiliser les entraînements à 95-100 %. Ces athlètes bénéficieront davantage d'un volume plus élevé à environ 85-90 % de leurs max.

La table suivante (adaptée de R.A. Roman et A.S. Prilepin) illustre comment vous devriez planifier une séance d'entraînement.

1. Sélectionnez le niveau d'intensité approprié selon les capacités de l'athlète à ce moment (quelle quantité de stress nerveux peut-il tolérer ?)

2. Une fois que l'intensité est déterminée, décidez du volume total de répétitions que votre athlète peut exécuter. Ceci dépend du volume d'entraînement déjà effectué au cours de la semaine.

3. Décidez comment vous allez diviser le nombre total de répétitions (par exemple, allez-vous faire 3X6, ou 3X5 + 3X1?).

Niveau d'intensité, importance du système nerveux (SNC), et volume optimal dans les exercices de haute intensité

Pourcentage	Intensité/ importance SNC	Répétitions par série	Répétitions totales optimales	Volume acceptable
60-69.9 %	Peu	4-8	20	18-26
70-79.9%	Moyen	3-6	18	12-24
80-89.9%	Grand	2-4	15	10-20
90-97.5%	Près du max	1-2	5-10	2-12
98-100 %	Max	1	2-4	1-6
+100%	Surcharge	1	1-2	1-4

Entraînement eccentrique (90-100 %)

Il est possible de générer plus de force lorsque soumis à un entraînement eccentrique (négatif, descente de la barre). Quoi que la différence entre la force concentrique (positif, soulèvement de la barre) et eccentrique varie d'un athlète à l'autre, on la dit généralement supérieure de 20 à 40 %. Ceci est facile à constater puisque vous êtes capable de descendre sous contrôle une barre beaucoup plus lourde que vous ne pouvez soulever.

Il est ainsi possible de soumettre les muscles à un très grand stimulus en descendant une charge max ou supra max sous contrôle, et ce, pour plusieurs répétitions. Les effets de cette méthode sont très prononcés.

Elle peut amener une amélioration très importante de la force des tendons, de la force limite ainsi que de la capacité du système nerveux à activer les muscles. Cependant, cette méthode est très exigeante sur le système nerveux et les tendons.

Avec la méthode eccentrique vous abaissez une charge max ou presque max sous contrôle et la soulevez ensuite avec l'assistance d'un partenaire.

Pour : Peut apporter d'importants progrès en force pour les muscles et les tendons lorsque bien utilisée. Améliore la capacité nerveuse.

Contre : L'une des méthodes d'entraînement les plus stressantes, à la fois pour le système nerveux et le système musculo-squelettique. Si utilisée trop fréquemment, elle peut surcharger le système nerveux, blesser les tendons et mener au surentraînement. Amène des courbatures importantes après la séance d'entraînement.

Quand utiliser la méthode : L'entraînement eccentrique maximal ou presque du maximal devrait être utilisé rarement et habituellement au milieu de la période préparatoire, et ce, seulement si elle est utilisée. Seuls les athlètes avancés devraient utiliser cette méthode et ne devraient l'utiliser que pour des cycles très courts (2-4 semaines) avec au moins 2 semaines entre les cycles. Le volume devrait être très faible (6 répétitions totales par entraînement, une fois par semaine).

Entraînement isométrique

Cette méthode a déjà été très populaire dans les années 60 et 70, mais ne retiens plus beaucoup l'attention aujourd'hui. Elle consiste à exercer une force contre une résistance immobile. La logique sous-jacente est que la force isométrique est légèrement plus élevée que la force concentrique. Cette méthode amène bel et bien des gains en force, mais uniquement dans l'angle utilisé pendant la contraction. Il est possible d'augmenter sa force sur toute l'amplitude en faisant des contractions isométriques à tous les 15°, mais ces gains ne sont pas vraiment transférables à des mouvements dynamiques.

Pour : Peut amener à des gains en force dans un angle spécifique.

Contre : Pas de transfert aux mouvements dynamiques. Peut augmenter la tension artérielle. Difficile de quantifier les progrès et ainsi planifier le volume. Difficile de varier l'intensité.

Quand utiliser la méthode : L'entraînement isométrique peut-être utilisé pour renforcer un point faible spécifique dans un exercice et pendant la phase de réhabilitation. Quelques séries de 6-12 secondes sont généralement utilisées.

Méthode supra maximale

Ces méthodes doivent être utilisées avec prudence. Elles comportent de grands risques de blessures et peuvent facilement mener à une surcharge nerveuse. Elles consistent à utiliser des exercices dans lesquels vous soulevez des poids plus grands que ce que vous êtes capables, soit en :

1. Faisant de l'entraînement eccentrique très lourd (120-140 %)
2. Trichant pour passer l'angle faible
3. Faisant seulement des répétitions partielles (ex. : quarts de squats)

Ces exercices soumettent le système nerveux à un stimulus énorme (ainsi, ils peuvent produire d'excellents résultats ou alors stopper brutalement vos progrès… la ligne est très mince dans ce cas), même chose au niveau des tendons (la modération les renforcera, l'excès les blessera). Cette méthode peut amener d'excellents progrès en force. Cependant, tout comme l'entraînement isométrique, les gains ne sont pas toujours directement transférables.

Pour : Peut amener d'importants gains en force. Peut aider à briser un plateau. Aide à vous habituer à manipuler de grosses charges.

Contre : C'est la méthode la plus facile à surutiliser. Les progrès ne sont pas toujours transférables. Mène à des courbatures importantes.

Quand utiliser la méthode : Très, très rarement ! Peut être utilisée comme partie d'un micro cycle « choc ». Je recommande de n'utiliser aucune de ces méthodes pour une période de plus de deux semaines consécutives. Le volume devrait être minimal.

Conclusions en ce qui a trait aux différentes méthodes d'entraînement

Il existe plusieurs méthodes d'entraînement, mais elles ne devraient pas être toutes utilisées par tous les athlètes pendant toute la saison. Avant d'être victime des supposés bénéfices d'une méthode d'entraînement, soyez certains que vous en comprenez les Pours et les Contres (elles en ont toutes). Voici un tableau qui devrait vous aider à placer le tout en contexte.

	Tôt dans la préparation	Tard dans la préparation	Concours	En saison
Athlète débutant (13-15 ans)	Balistique faib. Int. + Vitesse-Force ++++ Contrôlé +	Balistique faib. Int. + Force-Vitesse ++++ Contrôlé + Maximal ++	Balistique faib. Int. + Force-Vitesse +++ Maximal ++	Balistique faib. Int. + Force-Vitesse ++ maximal +
Athlète intermédiaire (16-17 ans)	Balistique faib. Int. + Force-Vitesse ++++ Contrôlé + Maximal ++	Balistique faib. Int. + Force-Vitesse ++++ Maximal ++	Balistique faib. Int. + Balistique haut. Int. + Force-Vitesse +++ Maximal +	Balistique faib. Int. + Force-Vitesse ++ Maximal +
Athlète avancé (18-20 ans)	Balistique faib. Int. + Vitesse-Force + Force-Vitesse ++++ Maximal ++	Balistique faib. Int. + Balistique haut. Int. + Force-Vitesse ++++ Maximal ++ Surpramax +	Balistique faib. Int. + Balistique haut. Int. + Force-Vitesse +++ Maximal+	Balistique faib. Int. + Force-Vitesse ++ Maximal +
Athlète élite (Pro)	Balistique faib. Int. + Vitesse-Force + Force-Vitesse ++++ Maximal ++	Balistique faib. Int. + Balistique haut. Int. + Force-Vitesse ++++ Maximal ++ Surpramax +	Balistique faib. Int. + Balistique haut. Int. + Force-Vitesse +++ Maximal+	Balistique faib. Int. + Force-Vitesse + Maximal +

Cette table illustre le moment où chaque méthode **peut** être utilisée pendant l'année (et non pas quand elle **doit** être utilisée). Pour clarifier le tout :

++++ = Emphase très forte
+++ = Emphase forte
++ = Emphase significative
+ = Emphase modérée/introduction/maintien

La division des périodes se veut comme suit :

1. **Tôt dans la préparation** : De la fin de la saison jusqu'au 1/3 de la période hors saison.
2. **Tard dans la préparation** : De 1/3 dans la période hors saison jusqu'au 2/3 dans la période hors saison.
3. **Compétitif** : 2/3 dans la période hors saison jusqu'au début de la saison compétitive.
4. **En saison** : La saison elle-même.

CHAPITRE 5
Planifier le volume

Dans ce chapitre...

- La relation correcte entre répétitions et séries pour les gains en masse
- La relation correcte entre répétitions et séries pour les gains en force
- La relation correcte entre répétitions et séries pour les gains en puissance

Il n'existe pas de patron parfait pour les répétitions et les séries. Selon la distribution des fibres d'un individu, son expérience et ses besoins, ceci peut varier grandement. Il faut garder à l'esprit que selon le type de fibres dominant, le volume d'entraînement adéquat varie grandement. Quelqu'un ayant davantage de fibres rapides bénéficiera davantage de volumes faibles et sera sûrement en état de surentraînement avec une approche à haut volume (les gens sont parfois surpris du fait que certains de mes athlètes s'entraînent pendant seulement 30 minutes et sont pourtant plus forts, plus puissants et ont un meilleur physique que 99 % des gens). D'un autre côté, un individu ayant principalement des fibres lentes aura besoin d'un plus grand volume de travail pour obtenir des gains en masse et est moins sujet au surentraînement et leur capacité de travail est habituellement plus grande. Cependant, une règle s'applique toujours, le nombre de répétitions et le nombre de séries est inversement proportionnel. Ceci signifie que si les répétitions sont basses, le nombre de séries devrait être plus élevé et vice-versa. Les graphiques suivants vous donneront un bon point de départ lorsque vous planifiez le nombre de répétitions et de séries.

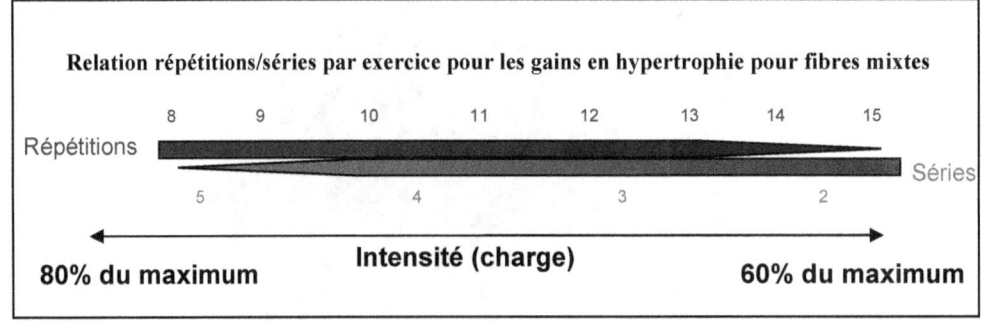

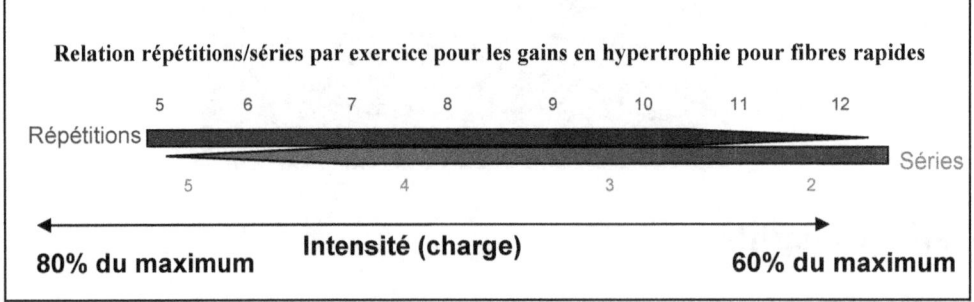

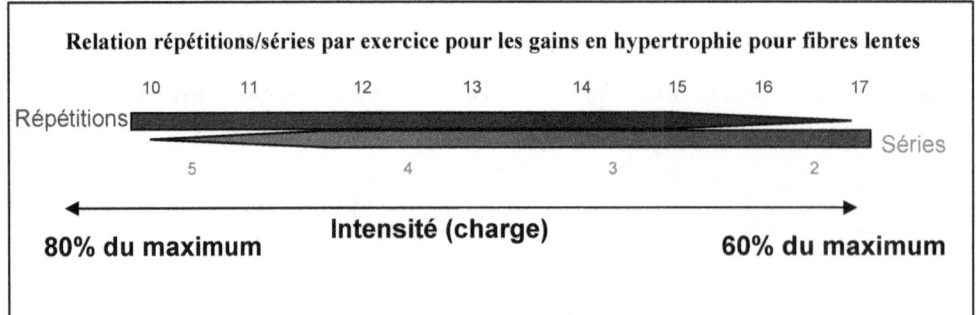

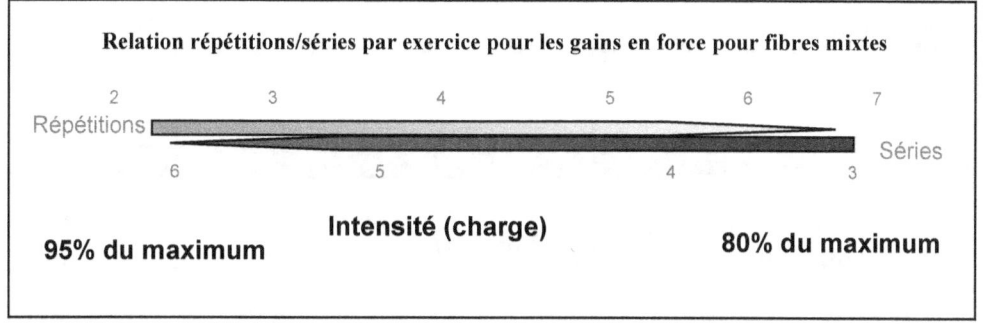

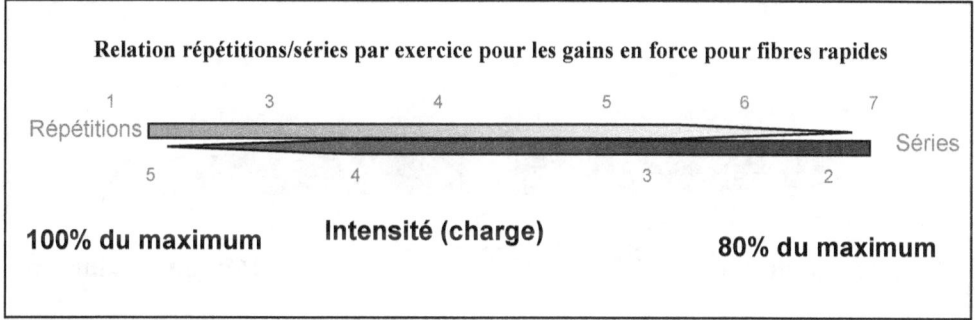

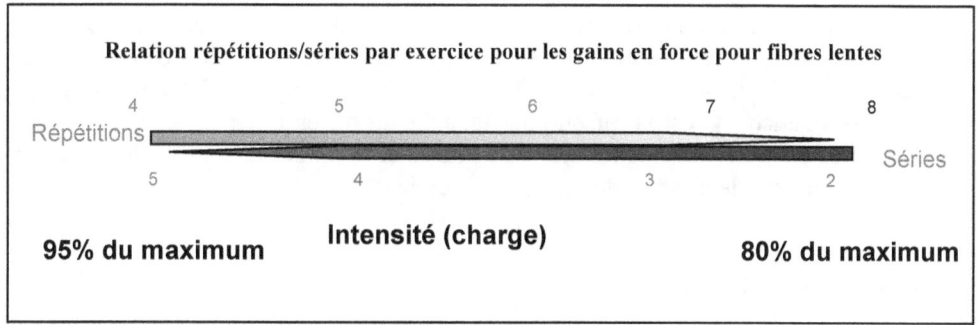

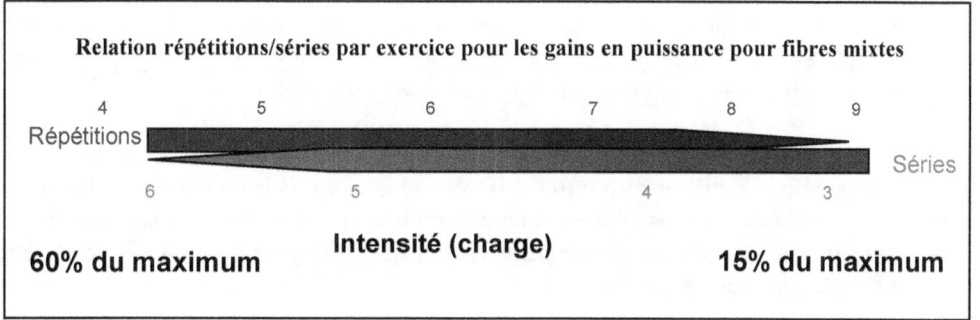

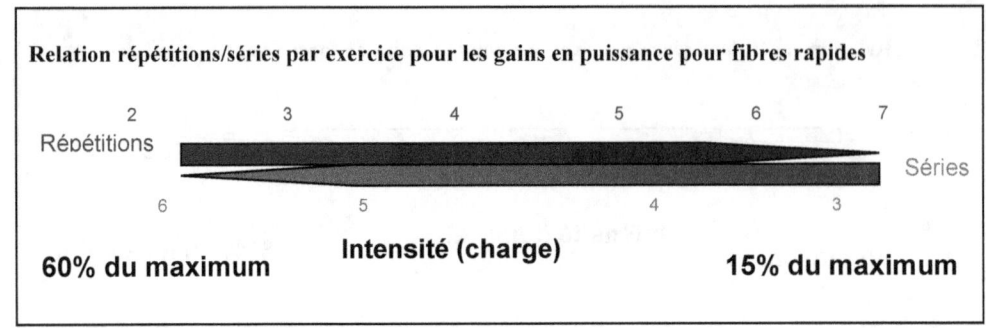

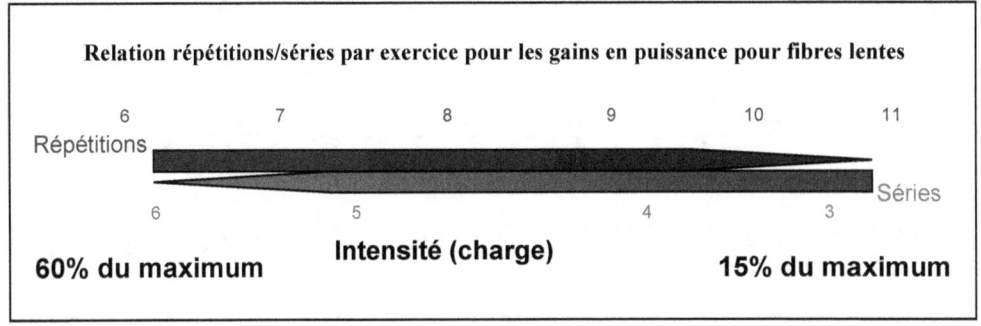

Une chose importante à comprendre est que plus un athlète est expérimenté, moins il bénéficiera des patrons de répétitions et de séries qui se trouvent à la droite de chacun des graphiques et meilleurs seront les résultats lorsque les méthodes utiliseront les chiffres qui sont plus à gauche. C'est la raison pour laquelle au fur et à mesure que vous prenez de l'expérience vous devriez augmenter votre intensité, diminuer le nombre de répétitions par série et augmenter le nombre de séries par exercice.

Nombre d'exercices

Le volume d'entraînement, ou la charge d'entraînement totale, sera également affectée par le nombre d'exercices par séance d'entraînement. Les athlètes et les culturistes suivent différentes règles : les athlètes doivent entraîner les systèmes énergétiques et les mouvements alors que les culturistes doivent entraîner les muscles.

Ceci signifie que les entraînements suivis par chacun des deux camps ainsi que le nombre (et type) d'exercices à utiliser seront très différents. Les culturistes devraient diviser leurs entraînements en groupes musculaires et entraîner chacun des groupes musculaires une à deux fois par semaine. Pour les culturistes, chaque groupe musculaire devrait être travaillé avec 3-5 exercices.

Les athlètes doivent diviser leurs séances en classes plus larges. Je préfère diviser les entraînements en haut du corps/bas du corps pour les athlètes. Dans ce cas, la plupart des exercices devraient être des exercices s'appliquant à plusieurs articulations.
2-4 exercices sont utilisés par entraînement et 1 ou 2 exercices d'isolation peuvent être ajoutés à la fin de chaque séance d'entraînement.

La façon de diviser l'entraînement sera expliquée plus en détail dans le prochain chapitre.

CHAPITRE 6
Variables aiguës d'entraînement

Dans ce chapitre...
- Fréquence d'entraînement par groupe musculaire
- Nombre total de séances d'entraînement hebdomadaires
- Zone d'intensité/nombre de répétitions par série
- Nombre de séries par groupe musculaire
- Patron de surcharge pour un exercice
- Vitesse d'un exercice
- Périodes de repos
- Sélection d'exercices

Variables aiguës d'entraînement

Les variables aiguës d'entraînement sont aussi appelées « paramètres d'entraînement » et ni plus ni moins indiquent votre façon de vous entraîner. Elles incluent :

- Fréquence d'entraînement par groupe musculaire
- Nombre total de séances d'entraînement hebdomadaires
- Zone d'intensité/nombre de répétitions par série
- Nombre de séries par groupe musculaire
- Patron de surcharge pour un exercice
- Vitesse d'un exercice
- Périodes de repos
- Sélection d'exercices

1. Fréquence d'entraînement par groupe musculaire

Le graphique suivant est adapté d'une étude menée par Rhea et coll. (2003) qui consistait à analyser des tas d'études faites sur l'entraînement en force. La conclusion était que les débutants devraient entraîner chaque groupe musculaire 3 fois par semaine pour obtenir les meilleurs résultats, alors que les athlètes intermédiaires devraient se limiter à 2 fois par semaine.

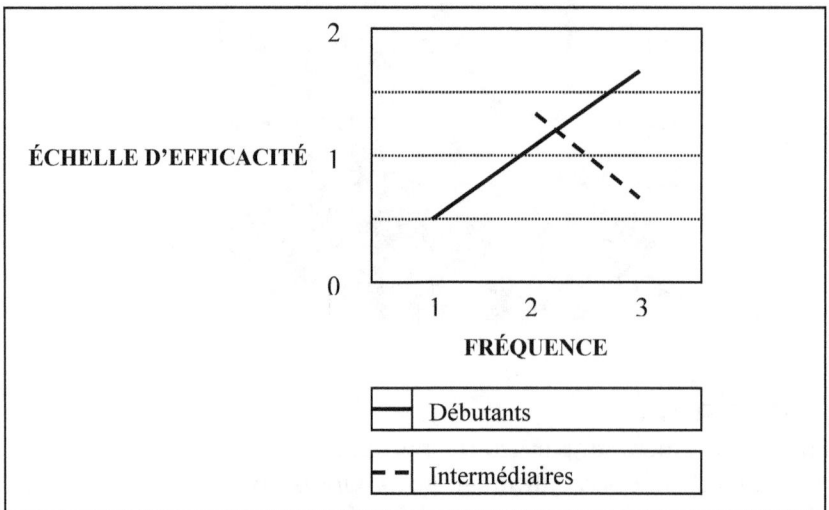

Bien que l'étude ne se soit pas penchée sur le cas des athlètes avancés, nous pouvons penser que pour eux, une séance d'entraînement par semaine par groupe musculaire est l'idéal.

Évidemment, ceci est vrai pour les gains en masse musculaire, période durant laquelle le volume d'entraînement est relativement élevé comparativement à l'entraînement en force et puissance. Les recommandations faites ici ne s'appliquent donc pas nécessairement aux athlètes de force (dynamophiles, haltérophiles, hommes forts, etc.)

Voici quelques exemples d'entraînements divisés :

Débutant

Jour	Muscles visés
Lundi	Tout le corps, mouvements de base
Mardi	REPOS
Mercredi	Tout le corps, isolation
Jeudi	REPOS
Vendredi	Tout le corps, mouvements de base
Samedi	REPOS
Dimanche	REPOS

Intermédiaire 1

Jour	Muscles visés
Lundi	Pecs/Épaules/Triceps/Quadriceps
Mardi	REPOS
Mercredi	Dos/Biceps/Abdominaux/Ischios
Jeudi	REPOS
Vendredi	Pecs/Épaules/Triceps/Quadriceps
Samedi	Dos/Biceps/Abdominaux/Ischios
Dimanche	REPOS

Intermédiaire 2

Jour	Muscles visés
Lundi	Pecs (pousse)/Ischios/Biceps
Mardi	Dos (tir vertical)/Triceps/Abdominaux
Mercredi	REPOS
Jeudi	Quadriceps/Ischios
Vendredi	Pecs (adduction)/Épaules
Samedi	Dos (tir horizontal)/Quadriceps/Abdominaux
Dimanche	REPOS

Intermédiaire 3

Jour	Muscles visés
Lundi	Dos (tir horizontal)/Biceps/Abdominaux
Mardi	Quadriceps/Ischios
Mercredi	Pecs (pousse)/Épaules (pousse)/Triceps
Jeudi	Dos (tir vertical)/Abdominaux
Vendredi	Pecs (adduction)/Épaules (élévation)/Triceps
Samedi	Quadriceps/Ischios
Dimanche	REPOS

Avancé

Jour	Muscles visés
Jour 1	Dos/Biceps
Jour 2	Quadriceps/Ischios
Jour 3	REPOS
Jour 4	Pecs/Triceps/Épaules
Jour 5	Abdominaux/Lombaires
Jour 6	Répéter

2. Zone d'intensité/répétitions par série

Le tableau suivant illustre comment l'athlète avancé devrait faire ses répétitions par séries, avec moins de répétitions que le débutant.

	Débutant	Intermédiaire	Avancé
Force	5	3	1
	6	4	2
	7	5	3
	8	6	4
	9	7	5
Hypertrophie fonctionnelle	10	8	6
	11	9	7
	12	10	8
Hypertrophie totale	13	11	9
	14	12	10
	15	13	11
	16	14	12
	Débutant	**Intermédiaire**	**Avancé**
Force-endurance	17	15	13
	18	16	14
	19	17	15
	20	18	16
	21	19	17
	22	20	18
	23	21	19
	24+	22+	20+

Pour une croissance musculaire maximale, un athlète devrait passer le plus clair de son temps dans les zones d'hypertrophie fonctionnelle et totale. Le volume d'entraînement devrait être divisé environ 50/50 entre ces deux zones (habituellement la zone d'hypertrophie fonctionnelle pour les exercices de base et la zone d'hypertrophie totale pour les exercices d'isolation).

De temps à autre, il est aussi sage de passer un peu de temps dans la zone de force puisque ceci augmentera le tonus musculaire, créant ainsi un look plus dense et plus dur. Cela augmentera également la capacité du système nerveux à activer les fibres musculaires ce qui augmentera l'effet des entraînements en hypertrophie subséquents.

Le travail en force-endurance (surtout lorsqu'utilisé avec de courtes périodes de repos) peut aider à la perte de gras, à la vascularisation et même servir de récupération active si les charges utilisées sont très faibles.

3. Nombre de séries par groupe musculaire

La recherche semble indiquer que 3-4 séries par exercice soit le protocole idéal pour produire des résultats maximaux. Les athlètes avancés peuvent même voir des bénéfices en allant jusqu'à 5-6 séries par exercices. Lorsque l'athlète s'entraîne en hypertrophie, il devrait viser un total de 9 à 12 séries par groupe musculaire (certains pouvant même tolérer jusqu'à 16). Donc si vous choisissez de faire 304 séries par exercices vous devriez faire 3-4 exercices par groupe musculaire. Si vous préférez utiliser 5-6 séries, alors 2-3 exercices seraient plus appropriés.

Gardez à l'esprit qu'il devrait y avoir une relation inverse entre le nombre de répétitions par série et le nombre de séries : si vous faites moins de répétitions par série, vous devrez faire moins de séries pour cet exercice.

4. Patron de surcharge de l'exercice

Le patron de surcharge fait référence à la façon dont les séries sont faites pour un exercice donné. Par exemple, vous utiliserez des séries normales (même charge et même nombre de répétitions) pour chacune de vos séries alors que les séries en vagues, pyramidales ou en plateaux (*wave loading, pyramidal loading* ou *plateau loading*) varieront en charge et en nombre de répétition avec chacune des séries.

Séries normales

Lorsque vous faites des séries normales, vous faites une ou deux séries d'échauffement pour ensuite utiliser vos charges régulières de travail, que vous conservez pour cet exercice. Par exemple, supposons que votre programme exige 4 X 6-8, vous ferez :

1 x 8 @ 90lbs (échauffement)
1 x 8 @ 135lbs (échauffement)
4 x 8 @ 185lbs (série de travail)

Il est possible que la fatigue vous empêche de compléter les 8 répétitions de votre dernière série, ou de vos deux dernières séries. C'est pourquoi la prescription demande 6-8 répétitions. Je suis de ceux qui donnent un jeu de 2 répétitions lorsque je conçois un programme. Si vous êtes en excellente forme et que le programme demande 6 répétitions, mais que vous pouvez en faire 8, n'est-il pas préférable de faire 8 répétitions ? Évidemment ! Qu'en est-il de celui qui est fatigué et qui ne peut pas compléter les 8 répétitions prescrites, est-ce que cela veut dire que son entraînement est foutu ? Non, dans la mesure où vous vous trouvez dans cette zone de 2 répétitions « flottantes », vous êtes sur la bonne voie.

Une série normale pourrait être représentée comme suit (gardons notre exemple de 4X6-8 répétitions).

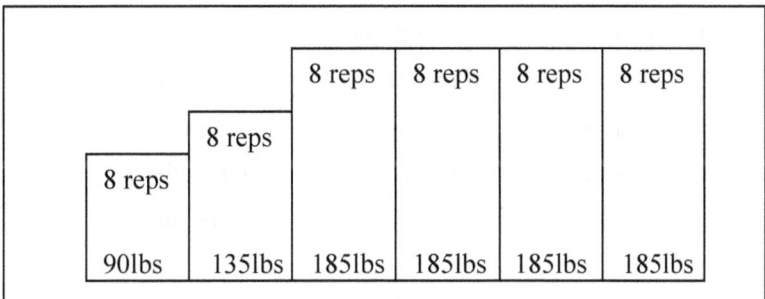

Chargement en vague (*wave loading*)

Le chargement en vague fait référence à un patron de surcharge où la charge et les répétitions changent à chaque série, en vague. Une vague est un groupe de 2-3 séries. Habituellement, 2 vagues sont exécutées pour les entraînements en masse et 2-4 vagues sont utilisées pour les entraînements en force. Vous devriez essayer des charges plus lourdes à chaque vague.

Lorsque vous planifiez une vague d'hypertrophie, vous devriez inclure un des deux patrons suivants :

Vague d'hypertrophie avec des gains en force

Série 1 – Zone d'hypertrophie totale
Série 2 – Zone d'hypertrophie fonctionnelle
Série 3 – Zone de force

Vague d'hypertrophie/Force			
Série	Débutant	Intermédiaire	Avancé
Série 1	15 répétitions	12 répétitions	10 répétitions
Série 2	12 répétitions	8 répétitions	6 répétitions
Série 3	8 répétitions	6 répétitions	4 répétitions
Série 4	15 répétitions	12 répétitions	10 répétitions
Série 5	12 répétitions	8 répétitions	6 répétitions
Série 6	8 répétitions	6 répétitions	4 répétitions

Vague d'hypertrophie avec des gains en force-endurance

Série 1 – Zone force-endurance
Série 2 – Zone d'hypertrophie totale
Série 3 – Zone d'hypertrophie fonctionnelle

Vague d'hypertrophie/force-endurance			
Série	Débutant	Intermédiaire	Avancé
Série 1	20 répétitions	18 répétitions	15 répétitions
Série 2	15 répétitions	12 répétitions	10 répétitions
Série 3	12 répétitions	10 répétitions	8 répétitions
Série 4	20 répétitions	18 répétitions	15 répétitions
Série 5	15 répétitions	12 répétitions	10 répétitions
Série 6	12 répétitions	10 répétitions	8 répétitions

Si vous vous entraînez pour la force, une des vagues suivantes peut être utilisée :

Vague de force/hypertrophie fonctionnelle

Série 1 – Zone d'hypertrophie fonctionnelle
Série 2 – Zone de force, hautes répétitions
Série 3 – Zone de force, basses répétitions

Vague de force/hypertrophie fonctionnelle			
Série	**Débutant**	**Intermédiaire**	**Avancé**
Série 1	10 répétitions	8 répétitions	6 répétitions
Série 2	8 répétitions	6 répétitions	4 répétitions
Série 3	6 répétitions	4 répétitions	2 répétitions
Série 4	10 répétitions	8 répétitions	6 répétitions
Série 5	8 répétitions	6 répétitions	4 répétitions
Série 6	6 répétitions	4 répétitions	2 répétitions

Vague de force relative/force limite

Série 1 – Zone de force, hautes répétitions
Série 2 – Zone de force, moyennes répétitions
Série 3 – Zone de force, basses répétitions

Vague de force relative/force limite			
Série	**Débutant**	**Intermédiaire**	**Avancé**
Série 1	9 répétitions	7 répétitions	5 répétitions
Série 2	7 répétitions	5 répétitions	3 répétitions
Série 3	5 répétitions	3 répétitions	2 répétitions
Série 4	9 répétitions	7 répétitions	5 répétitions
Série 5	7 répétitions	5 répétitions	3 répétitions
Série 6	5 répétitions	3 répétitions	2 répétitions

Vague de force relative

Série 1 – Zone de force, moyennes répétitions
Série 2 – Zone de force, basses répétitions
Série 3 – Zone de force, basses répétitions

Vague de force relative			
Série	Débutant	Intermédiaire	Avancé
Série 1	7 répétitions	5 répétitions	3 répétitions
Série 2	6 répétitions	4 répétitions	2 répétitions
Série 3	4 répétitions	2 répétitions	1 répétition
Série 4	7 répétitions	5 répétitions	3 répétitions
Série 5	6 répétitions	4 répétitions	2 répétitions
Série 6	4 répétitions	2 répétitions	1 répétition

Surcharge pyramidale

Les patrons pyramidaux sont quelque peu dépassés, mais ils peuvent encore être utilisés si vous vous entraînez en hypertrophie (moins si vous vous entraînez en force). Dans une pyramide régulière, vous débutez avec un nombre de répétitions plus élevées et une charge moindre et augmentez la charge à chacune des séries tout en diminuant le nombre de répétitions. Dans une pyramide inversée, vous faites le contraire : vous commencez avec des charges lourdes pour quelques répétitions et diminuez la charge tout en augmentant le nombre de répétitions. Dans une pyramide double, vous débutez comme lors d'une pyramide régulière : vous commencez avec des répétitions plus élevées pour ensuite les diminuer pour les 2-3 prochaines séries pour ensuite les augmenter de nouveau pour la dernière ou les deux dernières répétitions.

Voici quelques illustrations pour démontrer ce à quoi peut ressembler le patron pyramidal :

Surcharge pyramidale

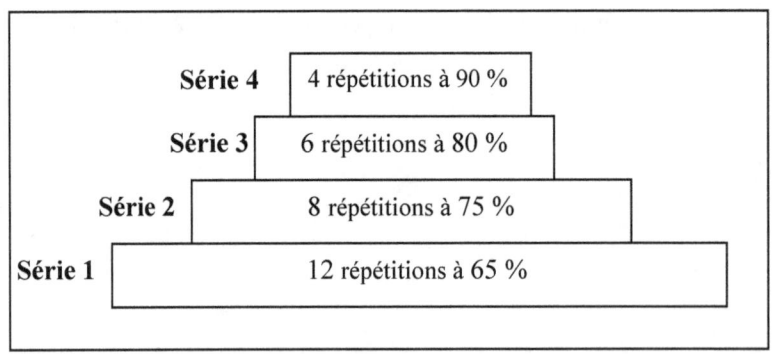

Surcharge pyramidale inversée

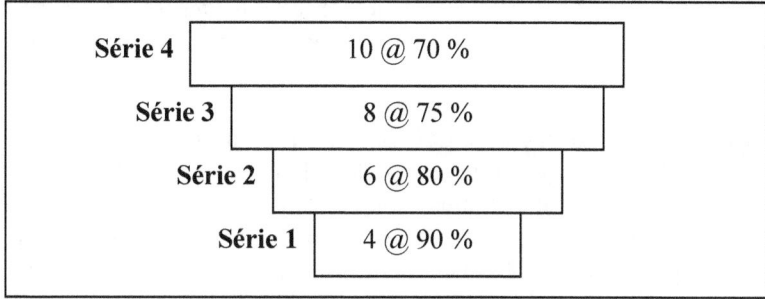

Surcharge pyramidale double

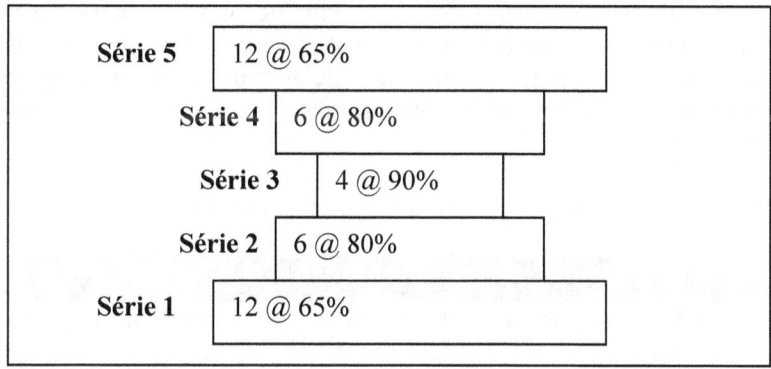

Les patrons de surcharge en pyramide présentent deux problèmes :

- Provoquent une fatigue trop importante pour que les séries lourdes soient efficaces (patron pyramidal normal)

- Débutent trop lourds, alors que le SNC n'est pas encore assez activé (pyramide inversée)

La pyramide double, qui ressemble à la surcharge en vague, est moins problématique et devrait être le type de pyramide à privilégier

Surcharge en plateau

Cette méthode ressemble au patron de la pyramide régulière en ce sens que la charge est augmentée progressivement avec chaque série. Cependant, le nombre de répétitions demeure le même.

Ceci signifie que seule (s) la ou les deux dernières séries sont réellement des séries travaillées, alors que les 2 ou 3 premières sont des séries d'échauffement (quoiqu'elles aient tout de même un effet). C'est le modèle de surcharge utilisé par Dorian Yates entre autres.

Plusieurs croient que Yates s'entraînait en utilisant un type de programme HIT (*High Intensity Training*) ou *Heavy Duty* (prôné par Mike Mentzer) qui ne demande qu'une seule série par exercice jusqu'à l'échec musculaire. Ce n'est pas le cas, puisque Yates faisait souvent jusqu'à 5 séries par exercices, mais seule la dernière était poussée jusqu'à la toute limite. Cette méthode est intéressante lorsque l'on s'entraîne en zone d'hypertrophie fonctionnelle puisqu'elle permet au système nerveux et aux muscles de se préparer graduellement à un effort maximal sans provoquer trop de fatigue (ce qui limiterait l'effort maximal). Cependant, la plupart du temps, le volume efficace, le nombre de répétitions qui sont assez difficiles pour provoquer une adaptation, est trop faible. C'est une stratégie tout indiquée après s'être entraîné en haut volume par contre. Par exemple, si un athlète s'est entraîné avec un volume élevé pendant 6-8 semaines, incorporer 3-4 semaines de surcharge ne pyramide plate avec un volume faible permettra au corps de récupérer des précédentes semaines de haut volume et un effet de surcompensation se produira.

Le tableau suivant démontre ce à quoi peut ressembler un patron en plateau :

Série	Débutant	Intermédiaire	Avancé
Série 1	10 répétitions @ 50 %	8 répétitions @ 55 %	6 répétitions @ 60 %
Série 2	10 répétitions @ 55 %	8 répétitions @ 60 %	6 répétitions @ 65 %
Série 3	10 Répétitions @ 60 %	8 répétitions @ 65 %	6 répétitions @ 70 %
Série 4	10 Répétitions @ 65 %	8 répétitions @ 70 %	6 répétitions @ 75 %
Série 5	10 répétitions @ 70 %	8 répétitions @ 75 %	6 répétitions @ 80 %

Surcharge en plateau

La surcharge en plateau est quelque peu similaire à la surcharge en pyramide, excepté deux différences :

- Il n'y à pas autant d'étapes
- Plus d'une série faite à chaque étape

Vous faites différents plateaux (2 à 4) chacun ayant 2 séries avec la même charge et les mêmes répétitions. Après chaque plateau, vous pouvez en faire un autre d'une intensité soit supérieure ou inférieure. Voici quelques exemples :

Exemple d'un plateau progressif simple			
Série	Débutant	Intermédiaire	Avancé
Série 1	12 répétitions	10 répétitions	8 répétitions
Série 2	12 répétitions	10 répétitions	8 répétitions
Série 3	10 répétitions	8 répétitions	6 répétitions
Série 4	10 répétitions	8 répétitions	6 répétitions
Série 5	8 répétitions	6 répétitions	4 répétitions
Série 6	8 répétitions	6 répétitions	4 répétitions

Exemple d'un plateau régressif simple			
Série	Débutant	Intermédiaire	Avancé
Série 1	8 répétitions	6 répétitions	4 répétitions
Série 2	8 répétitions	6 répétitions	4 répétitions
Série 3	10 répétitions	8 répétitions	6 répétitions
Série 4	10 répétitions	8 répétitions	6 répétitions
Série 5	12 répétitions	10 répétitions	8 répétitions
Série 6	12 répétitions	10 répétitions	8 répétitions

Exemple d'un plateau double			
Série	Débutant	Intermédiaire	Avancé
Série 1	10 répétitions	8 répétitions	6 répétitions
Série 2	10 répétitions	8 répétitions	6 répétitions
Série 3	8 répétitions	6 répétitions	4 répétitions
Série 4	8 répétitions	6 répétitions	4 répétitions
Série 5	12 répétitions	10 répétitions	8 répétitions
Série 6	12 répétitions	10 répétitions	8 répétitions

Pour ma part, je préfère le plateau double puisqu'il permet de bien se préparer aux séries plus lourdes sans accumuler trop de fatigue pouvant nuire à la performance.

5. Vitesse d'un exercice

D'abord, une petite révision à propos de la vitesse, aussi appelée « Tempo ». Le tempo est simplement le rythme auquel vous faites un exercice. Il existe trois manières principales de planifier le tempo :

1. Aucune planification… Ceci est l'école de pensée « soulève la maudite barre ». Je crois personnellement que c'est la meilleure façon de planifier un entraînement orienté vers le développement de la force limite (impliquant donc de grosses charges).

2. Utiliser des recommandations générales. Dans ce cas, les phases d'un mouvement peuvent être a) lentes (4-5+secondes), b) contrôlées (2-4 secondes), c) rapides (1-2 secondes) ou d) explosives (le plus rapide possible). Dans la plupart des cas, la portion concentrique (soulèvement de la charge) devrait toujours être plus rapide que la portion eccentrique (rabaissement de la charge), qui elle devrait être soit contrôlée ou lente. Ceci s'applique si un athlète s'entraîne en hypertrophie.

3. Utiliser un nombre de 3 ou 4 chiffres pour prescrire avec précision le rythme du mouvement. Cette méthode sera illustrée dans quelques instants. D'abord, j'aimerais mentionner que je ne suis pas un fanatique de la prescription de tempos rigides et précis. Je crois que cela nuit à la performance de l'exercice puisque l'athlète focalise sur la mesure du tempo. Je trouve également ceci peu pratique puisqu'à mesure que la série avance et que la fatigue se fait sentir, il peut devenir impossible de continuer la série avec le tempo prescrit, mais il serait tout de même possible de faire quelques répétitions de plus en utilisant un tempo non spécifique. Est-ce qu'un athlète devrait arrêter quand il ne peut pas respecter un tempo donné même s'il peut continuer à travailler l'exercice? Avec les débutants, ces recommandations de tempos précis peuvent être bénéfiques puisque cela les force à contrôler leurs mouvements. Mais une fois passée la phase « débutant 1 », je préfère de loin la méthode 2.

Toutefois, certains aiment utiliser la prescription du tempo à 3-4 chiffres alors aussi bien l'expliquer. Tout d'abord, la méthode à 3 chiffres, popularisée par Charles Poliquin.

La **méthode à 3 chiffres** est représentée par un nombre tel 302 ou 401 (ce ne sont que des exemples). Chacun des trois chiffres représente le nombre de secondes pour une phase donnée de l'exercice. Le premier chiffre représente la longueur de la phase eccentrique (abaissement de la charge), le second représente la longueur de la pause entre l'abaissement et le soulèvement de la charge alors que le troisième chiffre représente la longueur de la portion concentrique (soulèvement de la charge). Par exemple :

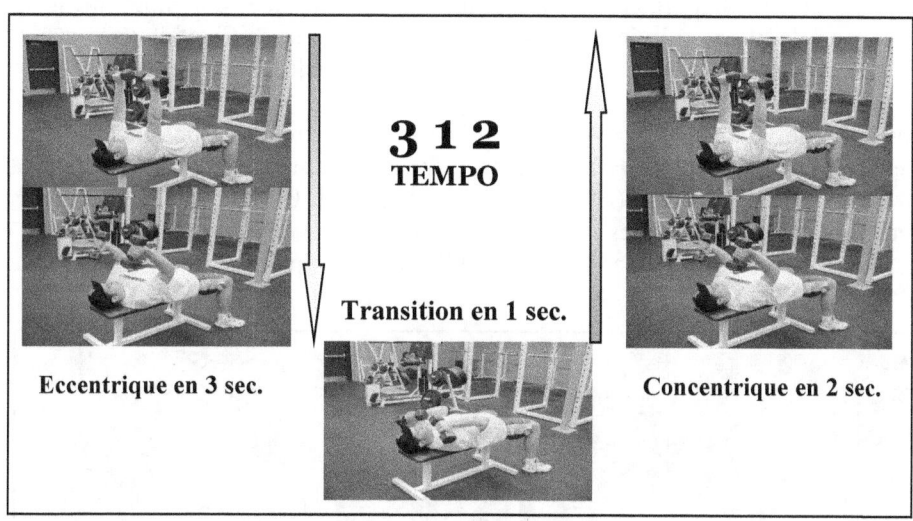

La **méthode à 4 chiffres** est très similaire sauf qu'on ajoute un quatrième chiffre indiquant l'intervalle de temps entre la fin d'une répétition et le début d'une autre. Les 3 premiers chiffres signifient la même chose que pour la méthode à 3 chiffres. Par exemple :

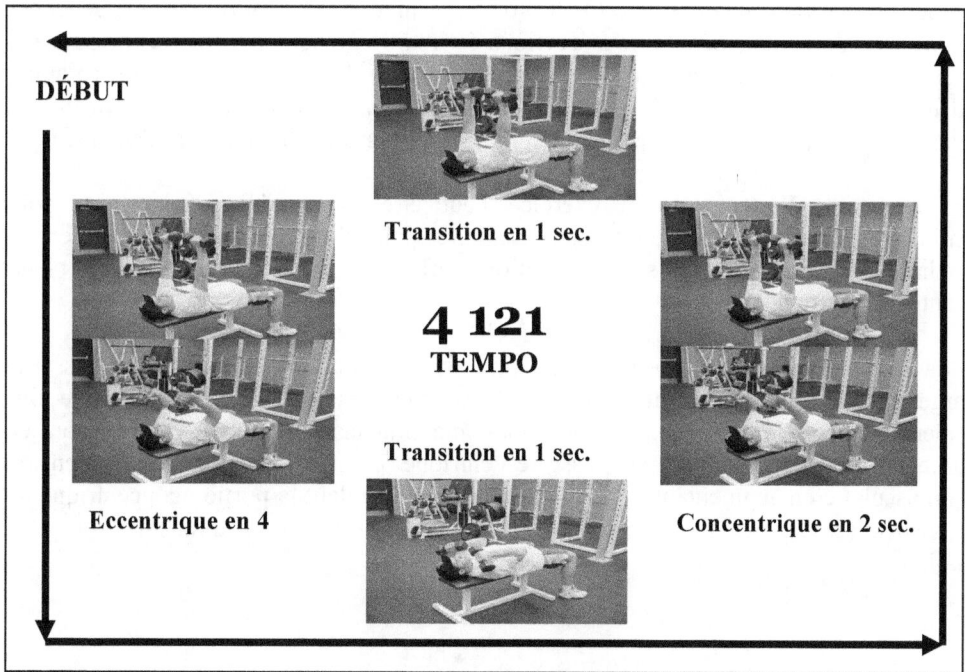

En plus des limites présentées ci-dessus, celle-ci pose une difficulté supplémentaire si on utilise les méthodes à « chiffres » pour prescrire le tempo.

Le premier chiffre fait référence à la portion eccentrique du mouvement, pas nécessairement la phase qui vient en premier, et le troisième chiffre fait référence à la portion concentrique, pas nécessairement la troisième phase de l'exercice.

Prenons le triage vertical à la poulie (*lat pulldown*) en exemple : la phase concentrique vient en premier dans le mouvement (pas la phase eccentrique) alors que la phase eccentrique vient en troisième (au lieu d'être en premier). Un tempo 301 pourrait être confondant pour certains athlètes : est-ce que je fais la première phase (concentrique) en trois secondes ou en une seconde? Laissez-moi illustrer mon point :

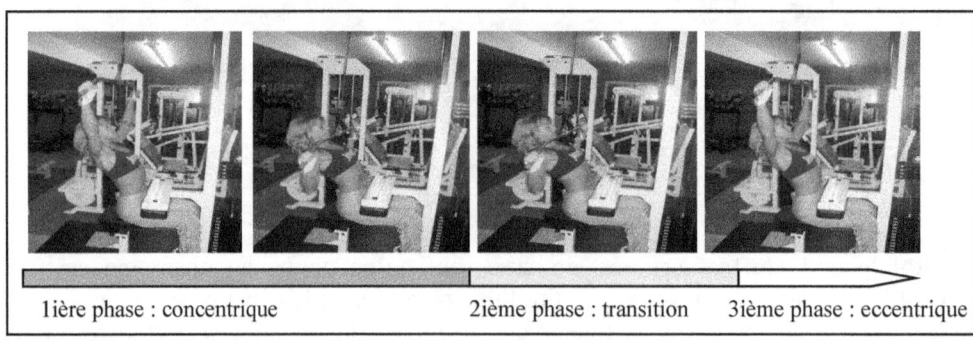

1ière phase : concentrique   2ième phase : transition   3ième phase : eccentrique

Si nous prescrivions le tempo selon l'ordre des phases nous aurions quelque chose comme 103 alors qu'en réalité nous devrions écrire 301 puisque les chiffres ne sont pas ordonnés selon l'ordre des phases, mais plutôt selon la phase eccentrique (premier chiffre), la transition (second chiffre) et la phase concentrique (troisième chiffre). Il devient évident que ce système peut être confondant pour un débutant en entraînement.

Ceci étant dit, le tempo d'un exercice peut être une variable importante pour l'entraînement en hypertrophie (masse musculaire) puisqu'il peut influencer grandement le stimulus d'entraînement, surtout si l'on parle de la durée/vitesse de la phase eccentrique du mouvement.

Pendant l'entraînement en hypertrophie, un individu devrait toujours tenter de rabaisser la charge lentement ou avec contrôle (donc 3-6 secondes), mais devrait la soulever le plus rapidement possible. De cette façon, nous maximisons le temps sous tension en augmentant la longueur de la phase eccentrique et nous maximisons la tension intramusculaire en augmentant la production de force pendant la portion concentrique du mouvement (en augmentant l'accélération). Vous obtenez ainsi un stimulus de croissance doublé!

6. Durée des périodes de repos

En vous entraînant uniquement pour la croissance musculaire, vous devriez tenter de diminuer la durée de vos périodes de repos afin d'augmenter la densité de l'entraînement. Ceci est le déclencheur de plusieurs facteurs de croissances et de processus hormonaux favorisant la perte de gras.

Toutefois, vous ne devez pas non plus prendre des temps de repos tellement courts qu'ils vous forceraient à utiliser des charges moindres. En hypertrophie, vous devriez viser des périodes de repos de 60-120 secondes au départ pour les réduire graduellement à 30-45 secondes avec le temps.

Évidemment, pour les entraînements en force et en puissance, ceci n'est pas suffisant puisque nous désirons utiliser des périodes de repos assez longues afin que les muscles tout comme le système nerveux aient récupéré. Ceci exige normalement une période de 3-5 minutes.

6. Sélection d'exercice

Il existe littéralement des centaines, si ce n'est pas des milliers d'exercices parmi lesquels choisir pour bâtir de la masse musculaire ou améliorer sa performance. Il existe également plusieurs types d'équipements pour ce faire : barres, haltères, kettlebells, machines à résistances variables, machines à chargement à plaques, câbles et poulies, etc. Il n'est donc pas surprenant qu'un athlète puisse être dépassé et même confus lorsque vient le temps de choisir les bons exercices.

a) Machines vs poids libres

Ceci est un débat aussi vieux que l'époque où les premières machines sont arrivées sur le marché. Pendant plus de 40 ans, les fanatiques de l'entraînement ont défendu les mérites des machines comparativement aux poids libres et vice-versa. Les deux camps semblent avoir des arguments valides; le « camp des machines » argumente que les machines sont plus sécuritaires puisque l'environnement est contrôlé et sont tout aussi efficaces que les poids libres puisque les muscles ne peuvent pas les différencier. Tout d'abord, l'argument de la « sécurité » n'est pas tout à fait vrai; les machines ne sont pas nécessairement plus sécuritaires que les poids libres. Oui, vous diminuez les risques de blessures provoquées par la perte de contrôle de la barre. Cet avantage a un prix par contre : les machines, en barrant le mouvement dans un patron constant, augmentent grandement le risque de blessures par surutilisation. L'un n'est pas nécessairement plus sécuritaire que l'autre. N'importe quel type de travail contre une résistance comporte des risques. Cet argument pour les machines est donc nul.

Les poids libres ont plusieurs avantages sur les machines :

- Ils demandent à l'athlète de contrôler le poids dans un plan tri dimensionnel alors que les machines guident le mouvement. Les poids libres amélioreront donc l'orientation spatiale, le contrôle corporel et renforceront également les muscles stabilisateurs. Tout ceci est très important pour un athlète.

- Les exercices avec poids libres impliquent habituellement plus de groupes de muscles assistants que les appareils. Certains verront ceci comme un désavantage (moins d'isolation musculaire) mais si quelqu'un désire augmenter sa masse musculaire rapidement, c'est un avantage.

- Les poids libres vous permettent de faire plusieurs exercices alors que les machines vous limitent habituellement à 1-2 mouvements par station.

Ceci ne veut pas dire que les machines n'ont pas leur place dans un programme d'entraînement. Alors que la plupart des exercices de base (multi-articulaires) devraient être faits avec des poids libres, certains exercices d'isolation peuvent être faits sur des appareils ou station à poulies. Comme ces deux équipements ne provoquent qu'un stress minimal au système nerveux, ils permettent à l'athlète d'augmenter le volume d'entraînement sans risquer une surcharge au niveau du SNC.

b) Multi-articulaires vs isolation

Qu'est-ce qui est mieux si on essaie de bâtir un physique musclé? N'utiliser que des exercices multi-articulaires (développé couché, accroupissements, soulevés de terre, tirage vertical buste penché, levé militaire, etc.) ou seulement des exercices d'isolation?

Certains diront (avec raison), que vous ne pouvez pas bâtir beaucoup de masse musculaire en faisant seulement des mouvements d'isolation, alors que d'autres diront (également avec raison) que de faire des exercices multi-articulaires uniquement peut porter à négliger certaines parties et surdévelopper d'autres menant ainsi à un physique à l'allure puissante, mais pas nécessairement esthétique.

Les deux camps ont raison ! Si vous voulez bâtir un physique très musclé, il n'y a pas deux solutions : vous devez baser votre entraînement sur des exercices multi-articulaires. Cependant, puisque ces exercices impliquent plusieurs groupes musculaires simultanément, il est possible de trop développer certains groupes alors que d'autres ne sont pas suffisamment stimulés. Ceci est dû au fait que le corps tentera toujours d'utiliser ses forces pour exécuter une tâche donnée. Si vous avez des deltoïdes et triceps très forts mais des pectoraux comparativement plus faibles, votre corps fera appel davantage à vos épaules et triceps pour faire le gros du travail alors que les pectoraux ne seront pas pleinement stimulés.

Les exercices multi-articulaires ont tendance à accentuer les déséquilibres musculaires. Donc si votre objectif est de développer un physique musclé et esthétique vous devrez ajouter des exercices d'isolation à vos parties plus faibles afin de pouvoir les améliorer comparativement au reste de votre corps.

Le message à garder à l'esprit est donc :

Les exercices multi-articulaires faits avec des poids libres devraient composer la plus grande partie de votre programme d'entraînement. Vous pouvez leur ajouter des exercices d'isolation en guise d'assistance faits avec des poids libres et enfin des exercices d'isolation auxiliaires faits sur des machines et avec des poulies.

CHAPITRE 7
Blocs d'entraînement

Dans ce chapitre...

- Blocs d'entraînement : périodisation pour les nuls
- Bloc d'entraînement pour athlètes
- Bloc d'entraînement pour culturistes

« Blocs d'entraînement : Périodisation pour les nuls »

Quand les mots « périodisation de l'entraînement » sont prononcés, il est fort à parier que vous allez vous retrouver devant des visages confus et des regards creux. Pour quelques obscures raisons, la périodisation vient avec un stigma de complexité. Plusieurs auteurs de l'Ouest sont à blâmer puisqu'ils présentent la périodisation comme étant beaucoup plus compliquée qu'elle ne l'est en réalité. C'est souvent pour démontrer leur niveau de connaissance et la quantité de recherche qu'ils ont faite. C'est génial si vous faites un exposé à une salle remplie de docteurs en physiologie de l'exercice, mais c'est moins génial si vous essayez d'enseigner aux gens comment s'entraîner!

Personnellement, j'aime rendre les choses simples. Je crois que de prendre un concept compliqué et de le rendre simple et facile à comprendre est un signe d'intelligence, davantage que de prendre un concept simple et d'en faire un exposé scientifique poussé. La périodisation est réellement quelque chose de simple! Selon Freeman :

« La périodisation consiste simplement à diviser le programme d'entraînement d'un athlète en un certain nombre de périodes de temps, chacune avec un ou des objectifs spécifiques. Le cœur de la périodisation est simple : de faire de l'entraînement un processus objectif. »

Nulle part est-il fait mention que la périodisation doit être faite au moyen de graphiques complexes et d'analyses statistiques, pas plus qu'il n'est mentionné à quelque endroit que ce soit qu'il n'existe qu'une seule et unique façon de faire de la périodisation pour un programme d'entraînement. Les gens semblent penser que la seule forme de périodisation est linéaire, passant d'une période de faible intensité/haut volume à une phase de haute intensité/faible volume. Eh bien! cette façon de faire, la périodisation linéaire, est considérée comme vétuste par ses propres créateurs, et ce, depuis une bonne trentaine d'années! Pourtant, plusieurs « experts » de l'Ouest utilisent encore ce dogme aveuglément.

Que sont les blocs d'entraînement?

Au lieu d'une progression linéaire, je préfère utiliser des blocs d'entraînement. Un bloc d'entraînement est simplement une certaine période d'entraînement qui utilise les mêmes exercices, les mêmes moyens et qui à des objectifs d'entraînement similaires.

Un bloc d'entraînement ne devrait pas être plus court que deux semaines (ou deux microcycles de 5-10 jours). Une période plus courte ne pourrait pas apporter d'adaptation significative, chronique ou positive. De façon générale, un bloc d'entraînement durera soit **4 semaines** ou **8 semaines** pour un « bloc double ».

Chaque bloc d'entraînement est sa propre unité fonctionnelle, ce qui veut dire que chacun doit être planifié individuellement. Plusieurs blocs peuvent être planifiés à l'avance, mais ce faisant vous planifiez les séances d'entraînement elles-mêmes un bloc à la fois.

Vous pouvez établir les objectifs de chaque bloc 4 à 6 blocs à l'avance, mais l'entraînement spécifique à utiliser est planifié 4 semaines, ou 1 bloc, à la fois. Ceci permet au *coach* d'ajuster le programme d'entraînement selon les progrès de l'athlète. Pendant un bloc, les patrons de surcharge changent chaque semaine. Cependant, les exercices demeurent les mêmes pendant tout le bloc. Vous changez les exercices au début de chaque nouveau bloc. Il existe 4 patrons de surcharge dans l'entraînement en blocs :

1. **Charge d'introduction** : Ceci est le moment où vous introduisez l'athlète aux méthodes d'entraînement et exercices qui seront utilisées pendant tout le bloc. Le volume et l'intensité sont faibles puisque nous ne voulons qu'établir les capacités actuelles de l'athlète et de l'habituer aux exercices utilisés.

2. **Charge de base** : Dans ce bloc, le volume d'entraînement est maximal. L'objectif est de faire beaucoup de travail, autant que l'athlète/culturiste puisse tolérer. Le fait que plusieurs séries soient faites procurera plus d'adaptations structurales.

3. **Charge-choc :** Si la semaine de la charge de base consiste en un volume élevé, la portion de la charge-choc est basée sur une intensité élevée. Le volume est quelque peu diminué, à environ 70-80 % de ce qu'il était pendant la semaine de charge de base, mais les charges sont plus élevées. Le fait qu'une plus grande intensité soit utilisée procurera plus d'adaptation fonctionnelle.

4. **Décharge/Test** : Ceci est planifié pour la fin d'un bloc d'entraînement et est utilisé pour tester jusqu'à quel point l'athlète a progressé afin d'éclairer les choix pour le prochain bloc. Le test est planifié pour le 5e jour de la semaine. Vous testerez alors le max sur 3 ou 4 exercices (si vous faites des concours, vous testez votre mouvement compétitif). Les 4 premiers jours de la semaine sont à très faible volume, pas plus de 50-60 % du volume de la semaine de charge de base. L'intensité est de 5 à 10% plus faible que la semaine de choc, mais maximale pour le jour de test. Après le jour de test suivent deux jours de repos complet.

Structure d'un bloc

Le bloc le plus simple et de base est le bloc de quatre semaines. Avec ce bloc, vous dédiez une semaine à chacun des types de charge. Ceci est la meilleure façon d'obtenir des résultats optimaux avec la plupart des athlètes. Encore une fois, comprenez que les exercices demeurent les mêmes pendant tout le bloc, mais vous pouvez les changer chaque fois que vous changez de bloc.

Le bloc d'entraînement le plus efficace se déroule comme suit :

Semaine 1 : Charge d'introduction
Semaine 2 : Charge de base
Semaine 3 : Charge-choc
Semaine 4 : Décharge/Test

Voici quelques blocs que j'aime utiliser :

Bloc athlétique/force pour un système nerveux très efficace

Semaine 1 : 3 x 5 (80-85 % du max)
Semaine 2 : 3 x 5 (80-85 % du max), 3 x 4 (85-90 % du max)
Semaine 3 : 3/2/1/3/2/1 (90 % / 95 % / 100 % / 92 % / 97 % / 102 %)
Semaine 4 : 3 x 3 (85-90 % du max) pour les 4 premiers jours, test le 5e jour

Bloc athlétique/force pour un système nerveux moyen

Semaine 1 : 3 x 8 (77-82 % du max)
Semaine 2 : 3 x 8 (77-82 % du max), 3 x 4 (85-90 % du max)
Semaine 3 : 5/3/2/5/3/2 (85% / 90% / 95% / 87% / 92% / 97%)
Semaine 4 : 3 x 6 (80-85% du max)) pour les 4 premiers jours, test le 5e jour

Ce sont les deux cycles de base que j'utilise avec la plupart de mes athlètes hors-saison et les preuves sont faites en matière de gains de force et de puissance. Cependant, ceci s'applique principalement pour les athlètes et le développement de la force. Pour les besoins d'un culturiste la même approche peut-être utilisé et devient :

Bloc culturiste pour un dominant à fibres rapides / « *easy gainer* »

Semaine 1 : 3 x 8
Semaine 2 : 3 x 8, 3 x 6
Semaine 3 : 7/5/3/7/5/3
Semaine 4 : 2 x 6, 2 x 3

Bloc culturiste pour un dominant à fibres mixtes / « *average gainers* »

Semaine 1 : 3 x 10
Semaine 2 : 3 x 10, 3 x 8
Semaine 3 : 8/6/4/8/6/4
Semaine 4 : 2 x 8, 2 x 5

Bloc culturiste pour un dominant à fibres lentes / « *hard gainers* »

Semaine 1 : 3 x 15
Semaine 2 : 3 x 12, 3 x 10
Semaine 3 : 10/7/5/10/7/5
Semaine 4 : 2 x 10, 2 x 6

Vous remarquerez que je n'ai pas donné de pourcentage pour les blocs de culturiste parce que je recommande d'utiliser une charge près du max (pour le nombre de répétitions prescrites), et ce, pour chaque série lorsque l'on planifie un entraînement en culturisme.

Les séances d'entraînement

Avec les blocs d'entraînement, j'aime utiliser 4 séances par semaines. Selon le type de client, j'utilise l'une de ces cédules :

Athlète

Jour 1 : Bas du corps
Jour 2 : Haut du corps
Jour 3 : Repos
Jour 4 : Bas du corps
Jour 5 : Haut du corps
Jour 6 : Repos
Jour 7 : Repos

Culturiste

Jour 1 : Poitrine et dos
Jour 2 : Jambes et abdos
Jour 3 : REPOS
Jour 4 : Biceps et triceps
Jour 5 : REPOS
Jour 6 : Deltoïde antérieur/médian et postérieur
Jour 7 : REPOS

Les exercices

À chaque entraînement, 4-5 exercices devraient être utilisés, chacun des exercices respectant les paramètres de surcharge (séries, répétitions et intensité) pour la semaine. Une bonne sélection d'exercice pourrait être (ce ne sont que des suggestions) :

Athlète

Jour 1 : *Squat* complet, soulevé de terre roumain, extension dorsale à une jambe, fentes.
Jour 2 : Développé couché, développé couché incliné, *push press*, tirage vertical buste penché, tirage horizontal assis, traction à la barre
Jour 4 : Arraché sur blocs, épaulé sur blocs, *squat* avant, *squat* sauté (léger)
Jour 5 : Épaulé-jeté, développé couché balistique (léger), traction à la barre rapide (avec l'aide d'un partenaire), tirage vertical buste penché avec haltère

Culturiste

Jour 1 : Développé couché avec haltère à faible inclinaison, écarté couché, *dips*, tirage horizontal assis, tirage vertical buste penché
Jour 2 : *Squat* complet, fentes, soulevé de terre roumain, *leg curl*, abdominaux
Jour 4 : *Zottman curl*, flexion des bras prise marteau, flexion des bras au banc Scott, extension des triceps à la poulie basse (au-dessus de la tête), extension des triceps couchée à la barre EZ
Jour 6 : Presse pour épaules alternée, élévation latérale inclinée, élévation latérale à la poulie à un bras, *bent press*, élévation latérale penchée

Ce sont les exercices pour un bloc d'entraînement, les exercices devraient changer après 4 semaines. Évidemment, ce ne sont que des exemples de choix d'exercices possibles. Vous pouvez utiliser des exercices équivalents si vous vous sentez plus à l'aise avec d'autres variantes.

Changer de bloc

Quand vous changez de bloc, vous devez tout d'abord choisir de nouveaux exercices. Vous n'êtes pas tenus d'utiliser de nouveaux exercices à chacun des blocs, mais il est recommandé d'en changer au moins 3 sur 5 afin d'obtenir des résultats optimaux. Le nombre de répétitions, séries et intensité peut varier selon l'objectif de l'athlète. Les guides que j'ai donnés sont ceux que j'utilise la plupart du temps. Cependant, il m'arrive d'utiliser plus de volume ou une intensité plus élevée selon les besoins et capacités de l'athlète. Si vous comprenez la structure d'un bloc de 4 semaines, vous pouvez facilement manipuler le volume et l'intensité selon les besoins de l'athlète tout en respectant les principes de base des paramètres de surcharge des blocs.

Objectifs des blocs

Comme mentionné, les objectifs demeurent stables pendant un bloc. Ceci signifie qu'un bloc peut être dédié au développement de la force (**bloc de force**), un autre au développement de la puissance (**bloc de puissance**) ou encore au développement de l'hypertrophie (**bloc d'hypertrophie**).

Maintenant, simplement parce qu'une certaine qualité est accentuée pendant un bloc ne signifie pas de négliger toutes les autres. Même pendant une phase où l'on tente d'améliorer une qualité physique vous devriez tout de même tenter de maintenir (et même améliorer) d'autres capacités physiques.

En général, chaque bloc d'entraînement ne devrait avoir qu'un seul objectif principal. Selon le type d'activité faite par l'athlète, la séquence des blocs va varier. Je vais brièvement discuter chaque type de bloc et donner également la bonne séquence des blocs selon le type d'athlète.

Types de blocs

Il existe trois divisions générales pour les blocs, chacune comportant plusieurs types de blocs. Ces divisions sont : **travail en force spéciale, travail sur piste** et **travail sportif**. Pour les besoins de ce livre, seule la première division des blocs sera expliquée.

La catégorie du travail en force spéciale peut comporter plusieurs types de blocs. Les plus communs étant : **bloc de force, bloc de puissance** et **bloc d'hypertrophie**.

Bloc de force : Un bloc de force est également appelé « charge en force concentrée ». Ceci signifie qu'un grand volume du travail est dédié à améliorer la force limite dans tous les groupes musculaires. Pendant ce type de bloc, l'entraînement en force constitue environ 75 % du volume total d'entraînement alors que 15 % du travail se fait en puissance et 10 en hypertrophie.

Bloc de puissance : Un bloc de puissance est aussi appelé « surcharge en séquence conjuguée ». Ceci signifie que vous utilisez un large éventail de méthodes d'entraînement situées sur tout le spectre de force (voir le chapitre sur les méthodes d'entraînement pour une liste complète de ces méthodes) avec une emphase sur le travail balistique, en vitesse-force et en force-vitesse. Pendant cette phase les exercices de puissance comptent pour 50-70 % du volume d'entraînement alors que le travail en force est limité à 20-30 % et le travail en hypertrophie à 10-20 %.

Bloc d'hypertrophie : Le bloc d'hypertrophie est aussi appelé « bloc structural ». L'objectif est simplement d'augmenter le volume des structures musculaires (muscles et tendons). Pendant cette phase, un haut volume d'entraînement, les portions eccentriques contrôlées et les exercices d'isolation sont beaucoup utilisés. Ce type de bloc incorpore les méthodes culturistes les plus efficaces (voir le chapitre sur les trucs en culturisme pour quelques idées). 50-70 % du volume d'entraînement est dédié au travail en hypertrophie, 20-30 % à la force limite et 10-20 % au travail en puissance.

Séquence des blocs.

Différents types d'athlètes bénéficieront de différentes séquences de blocs. Ceci est surtout vrai si l'on compare les culturistes à la plupart des athlètes compétitifs. Les séquences suivantes constituent de bons points de départ :

Culturiste

Bloc 1	Bloc 2	Bloc 3	Bloc 4	Bloc 5	Bloc 6
Force	Hypertrophie	Hypertrophie	Force	Hypertrophie	Hypertrophie

Powerlifter

Bloc 1	Bloc 2	Bloc 3	Bloc 4	Bloc 5	Bloc 6
Hypertrophie	Force	Force	Puissance	Force	Force

Haltérophile olympique

Bloc 1	Bloc 2	Bloc 3	Bloc 4	Bloc 5	Bloc 6
Hypertrophie	Force	Puissance	Force	Puissance	Puissance

Athlète anaérobique (p. ex. joueurs de hockey ou de football)*

Bloc 1	Bloc 2	Bloc 3	Bloc 4	Bloc 5	Bloc 6
Hypertrophie	Force	Puissance	Hypertrophie	Force	Puissance

*Ceci exclut évidemment les épreuves de pistes et pelouses qui jouent un rôle important dans le processus de planification.

Conclusion

Évidemment, la planification de l'entraînement, ou la périodisation, peut être plus complexe que ceci, mais je crois que l'entraînement en bloc est une façon plus simple de périodiser l'entraînement, c'est une méthode bien plus simple que plusieurs des autres méthodes et ainsi rend la périodisation accessible à pratiquement tout le monde.

Par sa simplicité, cette approche vous apportera assurément des résultats optimaux. Nous savons que la périodisation est l'une des clés à la performance athlétique optimale ; cependant, peu savent réellement comment élaborer un programme avec une périodisation adéquate. Avec l'entraînement en bloc, vous pouvez accéder aux bénéfices de la périodisation sans la complexité! C'est une situation gagnant-gagnant !

CHAPITRE 8
Planifier l'intensité

Dans ce chapitre...

— Sélectionner le bon niveau d'intensité pour vos objectifs
— L'intensité convenable pour différents types d'exercices

« Intensité, intensification et intense »

Il existe plusieurs définitions contradictoires de l'intensité. Certains définissent l'intensité de l'entraînement comme un pourcentage de la capacité maximale. D'autres l'évaluent selon la quantité de fatigue à la suite d'une série. Enfin, d'autres clament que l'intensité est associée à la sensation de « brûlure ».

Il est important de faire la distinction entre l'intensité de l'entraînement, l'intensification de l'entraînement et être intense. L'intensité de l'entraînement réfère à la charge utilisée comparée à la charge maximale que vous pouvez manipuler. Par exemple, si vous pouvez faire 400 livres au développé couché pour une répétition et que vous utilisez 300 livres pour votre série votre niveau d'intensité est de 75 % (300 x 100/400). Ceci est la définition scientifique officielle et acceptée de l'intensité d'entraînement, et cela n'a rien à voir avec la fatigue musculaire ou le sentiment subjectif de s'entraîner fort.

L'intensification fait référence aux méthodes provoquant beaucoup de fatigue (ex. : séries descendantes, super séries, etc.) Ces méthodes sont dites intensives, cependant l'intensité de la charge n'est pas nécessairement élevée au sens propre du mot.

Être intense est un sentiment subjectif de votre effort à l'entraînement et ne devrait pas être confondu avec intensité.

En planifiant l'entraînement d'athlètes ou de culturistes, vous devez toujours utiliser la définition scientifique de l'intensité. Vous n'avez pas à utiliser les pourcentages par contre, le système des RM est plus efficace à mon avis. Le système des RM signifie que vous devriez utiliser autant de poids que possible pour un nombre de répétition donné. Par exemple, un niveau d'intensité de 6RM signifie une charge avec laquelle vous pouvez faire pour 6 répétitions (mais pas 7) avec une bonne technique (sans tricher). Cette façon de planifier l'intensité est supérieure au pourcentage puisqu'elle s'ajuste d'elle-même. Ceci signifie que l'intensité de l'entraînement s'adapte à vos capacités actuelles. Si vous utilisiez le système de planification par pourcentage et que, par exemple, l'entraînement demande 3 X 6 à 80 %, ce serait peut-être trop peu si vous êtes dans une bonne journée pour une stimulation optimale, alors qu'un autre jour, si vous êtes fatigué ou malade, la charge sera trop lourde et vous ne pourrez pas compléter les séries. En utilisant une planification 3 X 6RM, la charge d'entraînement s'ajuste à vos capacités actuelles, ce qui assure une stimulation optimale, mais pas excessive.

Un autre problème avec le système des pourcentages est que les individus à dominante en fibres lentes et rapides ne peuvent faire le même nombre de répétitions à un pourcentage donné. Par exemple, 3 X 6 à 80% sera très facile pour un athlète à dominante en fibres lentes, mais presque impossible pour un athlète à forte dominante en fibres rapides. Comme vous pouvez maintenant voir, le système des RM est beaucoup plus adapté et rend la planification de l'entraînement d'autant plus facile.

Toutefois, certains aiment tout de même utiliser les pourcentages. Je les utilise moi-même parfois pour me donner une **idée générale**. Charles Poliquin avait une charte de répétitions/pourcentage dans son livre « Poliquin Principle ». Quoique bonne, cette charte était basée sur une moyenne. Elle ne tenait pas compte des dominances des fibres chez les différents individus, ce qui fait varier le nombre de répétitions.

Voici une version modifiée de la charte selon les récentes études et l'information présentée précédemment dans ce livre :

Nombre de répétitions	% pour dominante à fibres rapides	% pour un ratio mixte	% pour dominante à fibres lentes
1	100 %	100 %	100 %
2	92 %	95 %	98 %
3	87 %	90 %	96 %
4	82 %	87 %	94 %
5	79 %	84 %	92 %
6	76 %	83 %	90 %
7	73 %	80 %	88 %
8	70 %	77 %	86 %
9	67 %	74 %	84 %
10	64 %	71 %	82 %
11	61 %	69 %	80 %
12	58 %	67 %	78 %
13	55 %	65 %	76 %
14	52 %	63 %	74 %
15	50 %	61 %	72 %
16	48 %	59 %	70 %
17	46 %	57 %	68 %
18	44 %	55 %	66 %
19	42 %	53 %	64 %
20	40 %	52 %	62 %
21	39 %	51 %	61 %
22	38 %	50 %	60 %
23	37 %	49 %	59 %
24	36 %	48 %	58 %
25	35 %	47 %	57 %

Christian Thibaudeau, 2003

Comme vous pouvez le voir dans cette table, utiliser les pourcentages n'est pas aussi efficace que d'utiliser le système des RM à cause de la grande variabilité des résultats selon le type de fibres de l'athlète. Cependant, si vous aimez utiliser les pourcentages je vous suggère d'utiliser cette table au lieu de l'ancienne. Ainsi, vous pourrez la tailler sur mesure pour votre dominance de fibres (ou celle de votre athlète).

Intensité de la charge pour différents types d'exercices

L'intensité à utiliser est grandement influencée par le type d'exercice que vous utilisez. Utiliser 60 % au squat sera probablement du gâteau alors que ça pourrait sans doute vous tuer si vous utilisiez la même charge au *squat* sauté.

Type d'exercice	Faible intensité	Intensité modérée	Intensité élevée	Intensité très élevée
Exercices balistiques (*squat* sauté, développé couché balistique, etc.)	5-10 % du maximum de l'exercice correspondant (ex. *squat* sauté = *squat*, développé balistique = développé couché)	10-15 %	15-20 %	20-25 %
Exercices classiques d'accélération élevée (*speed squat, speed bench*)	50 %	55 %	60 %	65 %
Mouvements olympiques	40-65 %	65-80 %	80-90 %	90-100 %
Exercices de force classiques	55-70 %	70-85 %	85-95 %	95-100 %

Maintenant, selon l'objectif, vous pouvez sélectionner un ou plusieurs crans d'intensité à utiliser dans votre entraînement.

Un athlète devrait utiliser chacune des 4 zones d'intensité dans son programme annuel, quoique pas nécessairement toutes simultanément.

Un culturiste devrait passer la plupart de son temps d'entraînement dans la zone d'intensité modérée et élevée avec l'occasionnel cycle dans la zone de très haute intensité.

Un haltérophile olympique ou *powerlifter* devrait demeurer dans les zones d'intensité élevée et très élevée la majorité de l'année, avec quelques entraînements d'intensité faible et modérée pour permettre une récupération maximale.

CHAPITRE 9
Fréquence d'entraînement

Dans ce chapitre...

— Récupération complète vs charge/sous charge (*loading/unloading*)

— Divisions d'entraînement idéales pour athlètes

— Divisions d'entraînement idéales pour culturistes

— Comment rendre la méthode de deux entraînements par jour efficace

— Intervalles de repos idéaux

« *Est-ce que je stagne ou est-ce que je progresse?* »

Plusieurs autorités ont dit qu'après chaque entraînement, un muscle requiert 48 heures de récupération, donc 3 entraînements par semaine sont optimaux. Je ne sais pas trop d'où vient cette règle des 48 heures. Oh, ça circule depuis un bon bout de temps (dans les livres de Bompa, Supertraining ainsi que plusieurs autres), mais ce dont je me souviens tout ceci est basé sur des recherches faites sur du travail en endurance, pas sur l'entraînement en force.

Si vous y pensez à deux fois, la règle des 48 heures ne fait pas beaucoup de sens. Si elle était vraie alors n'importe quelle séance d'entraînement exigerait 48 heures avant que la récupération ne soit complétée. Ce n'est pas le cas. Certains entraînements exigeront 48 heures, d'autres seulement 12-24 heures et d'autres encore prendront jusqu'à 72 heures. D'expérience, la plupart des athlètes peuvent s'entraîner à un niveau exigeant 24-48 heures avant de parvenir à une récupération complète.

Mais ceci soulève deux autres points desquels j'aimerais parler :

1) Est-ce que la récupération complète est toujours nécessaire, ou même recommandable? Il semble logique de dire oui, mais les récents travaux de Verkhoshansky sur la surcharge concentrée indiquent qu'un effet d'entraînement supérieur peut être atteint si l'athlète ne récupère pas totalement de ses semaines de surcharge (les trois premières semaines d'un bloc d'entraînement) lui permettant ainsi d'expérimenter un effet de rebond lors de la semaine de décharge (*unloading*) à très faible volume.

Verkhoshansky à indiqué que plus grande est la perte de capacités pendant la phase de surcharge (signifiant une récupération incomplète pendant le cycle d'entraînement) plus grand sera l'effet de rebond après une semaine de sous charge (*unloading*). Donc de ce point de vue, s'entraîner uniquement après une récupération complète n'est pas optimal pour obtenir les gains les plus rapides. Cependant, s'entraîner sans avoir complètement récupéré pour plus de 3-4 semaines est contre-productif. **La clé réside dans la succession de phases de surcharge et de décharge.**

Utilisant une succession de 3 semaines de haute surcharge et d'une semaine de sous charge

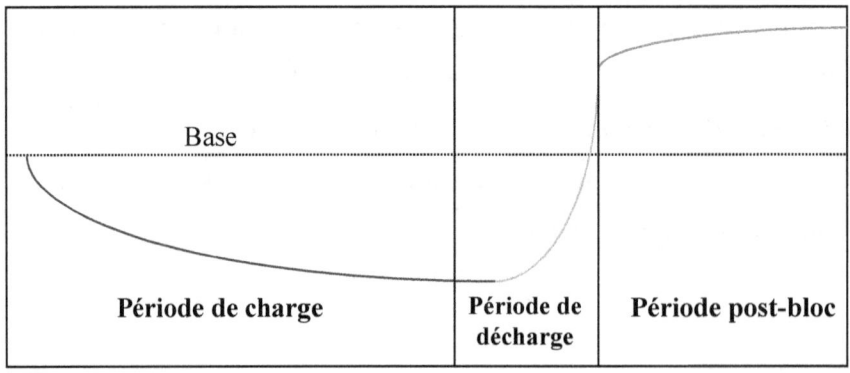

Récupération complète après chaque séance

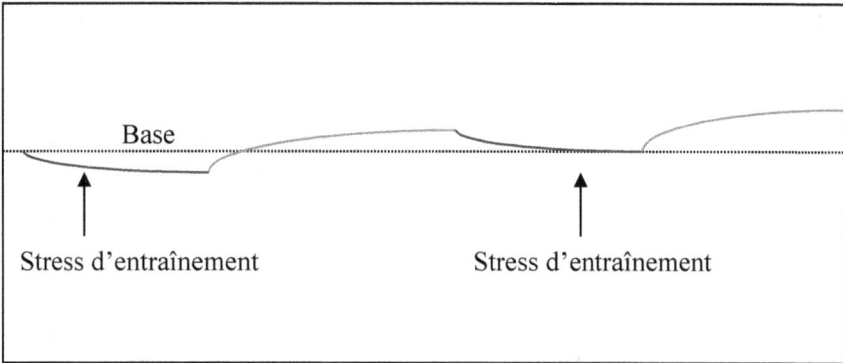

2) Est-ce que la règle des 24-48 heures s'applique à l'entraînement des mêmes groupes musculaires ou du corps en général? Si un athlète entraîne le bas du corps le jour 1 et le haut du corps le jour 2, même s'il y a moins de 48 heures entre les deux séances, y a-t-il moyen de faire des entraînements de qualité? Évidemment qu'il y a moyen, vous pouvez parier là-dessus! C'est pourquoi je soumets mes athlètes à 4 entraînements par semaine, deux pour le bas du corps et deux pour le haut du corps. Il y a un intervalle de 48-72 heures entre les deux entraînements pour le haut du corps et 48-72 heures entre les entraînements du bas du corps. Cependant, il y aura tout de même une accumulation de fatigue systémique, quoique plus faible que si vous entraîniez le corps en entier à chaque fois, qui peut enclencher le rebond dont il est fait mention plus haut.

Un sujet très chaud dans notre royaume de métal est le nombre de jours d'entraînement par semaine qui devraient être consacrés à chacun des groupes musculaires quand vous voulez gagner autant de masse musculaire que possible. Certains disent d'entraîner chaque groupe musculaire une fois par semaine, d'autres diront deux fois par semaine et certains iront même jusqu'à recommander d'entraîner tous les groupes musculaires trois fois par semaine. Qui a raison? Tout le monde! Cependant, pour progresser de façon optimale, vous devez prendre quelques précautions en planifiant la fréquence d'entraînement. Ces précautions vous aideront à éviter les différents pièges qui vous attendent.

Premier piège : S'entraîner trop et trop souvent

Vous pouvez soit vous entraîner beaucoup pendant un entraînement, ou vous pouvez vous entraîner souvent. Rarement pouvez-vous faire les deux! Si vous entraînez un groupe musculaire avec plusieurs séries et répétitions, vous aurez besoin de plus que quelques jours pour récupérer. Donc, quelqu'un qui aime entraîner un groupe musculaire deux fois ou trois fois par semaine ne devrait pas utiliser le même volume d'entraînement *par entraînement* que quelqu'un qui entraîne chaque groupe musculaire une fois par semaine.

Pour simplifier, si vous vous entraînez avec un haut volume et ne donnez pas assez de temps à votre corps pour récupérer, vous ne progresserez pas. Comme démontré dans ce graphique, vous récupérez juste assez pour éviter de régresser, mais vous n'avez pas beaucoup de gains.

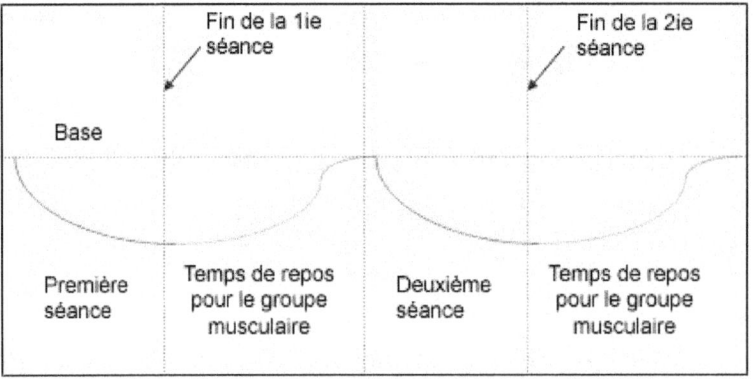

Second piège : Ne pas s'entraîner assez ou pas assez souvent

Si vous avez plus de 5 jours entre les entraînements d'un même groupe musculaire, vous devrez utiliser un volume assez élevé à chaque entraînement. Pourquoi? Parce que si vous allouez trop de repos au stress que vous avez imposé à votre corps, vous allez vous améliorer, mais vous allez rapidement retourner au point zéro. Ceci s'appelle « désentraînement ». Si vous allouez trop de temps de repos entre deux séances d'un même groupe musculaire, vous allez perdre une grande partie de vos gains.

Cependant, la fréquence d'entraînement correcte dépend du volume par séance. Si vous utilisez un volume d'entraînement très grand en une seule séance, vous ne souffrirez pas de désentraînement si vous avez 5-7 jours de repos entre les entraînements pour un même groupe musculaire. D'un autre côté, en augmentant la fréquence d'entraînement vous devez diminuer le volume. Par contre, si vous décidez d'entraîner chaque groupe musculaire une fois par semaine seulement, le volume par entraînement doit être élevé. Ceci est illustré dans le graphique suivant : pendant un entraînement, vos capacités diminuent, s'améliorent ensuite pendant la période de récupération, mais régressent (au point où elles peuvent être perdues), à cause de l'effet de désentraînement.

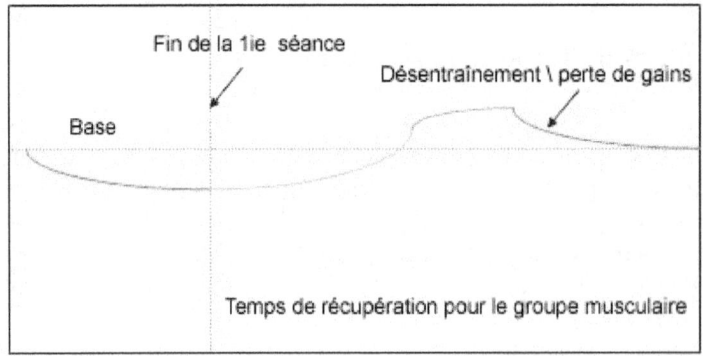

Diviser le volume, ne pas l'ajouter

Pour un progrès maximal, peu importe le nombre d'entraînements par semaine que vous faites pour chaque groupe musculaire, vous devriez faire le même volume d'entraînement hebdomadaire. Par exemple, si vous faites un total de 120 répétitions par groupe musculaire par semaine vous pouvez faire soit 1 entraînement de 120 répétitions totales, soit deux séances de 60 répétitions ou trois séances de 40 répétitions. Quand vous ajoutez des séances d'entraînement hebdomadaires, ne doublez ni ne triplez le volume hebdomadaire total, ceci vous mènera droit vers la stagnation.

Les trois prochains graphiques démontrent comment votre corps réagit aux entraînements hebdomadaires simples, doubles ou triples lorsque bien planifiés.

a) 1 entraînement par semaine par groupe musculaire, bien planifié

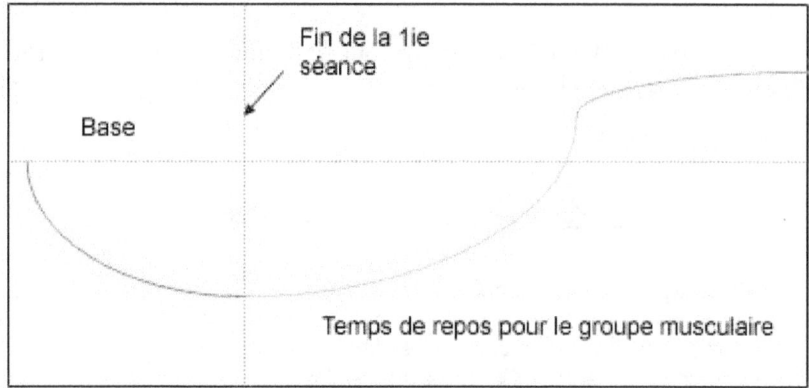

b) 2 entraînements par semaine par groupe musculaire, bien planifiés

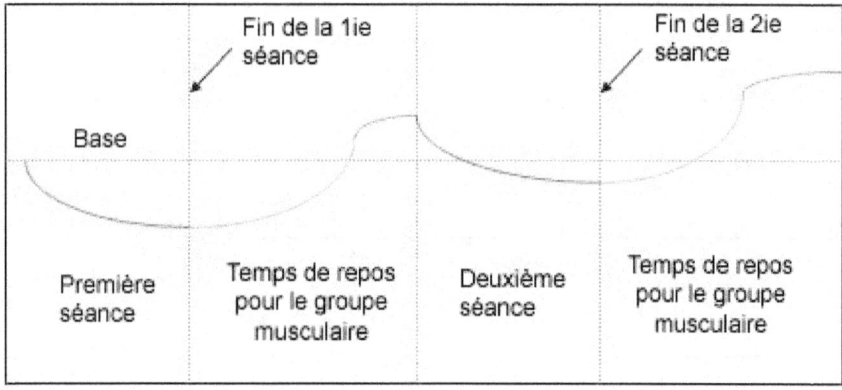

c) 2 entraînements par semaine par groupe musculaire, bien planifiés

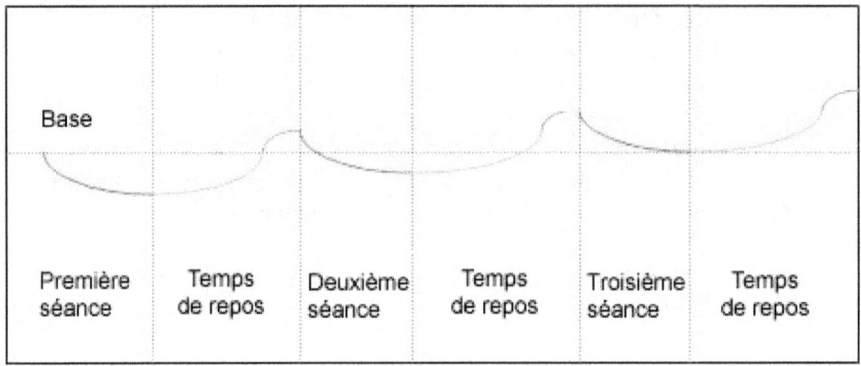

Comment planifier le volume

Le graphique suivant démontre comment établir le volume d'entraînement selon votre type de fibre musculaire dominant et le nombre d'entraînement hebdomadaire par groupe musculaire.

Étape 1. Sélectionner le volume hebdomadaire approprié.

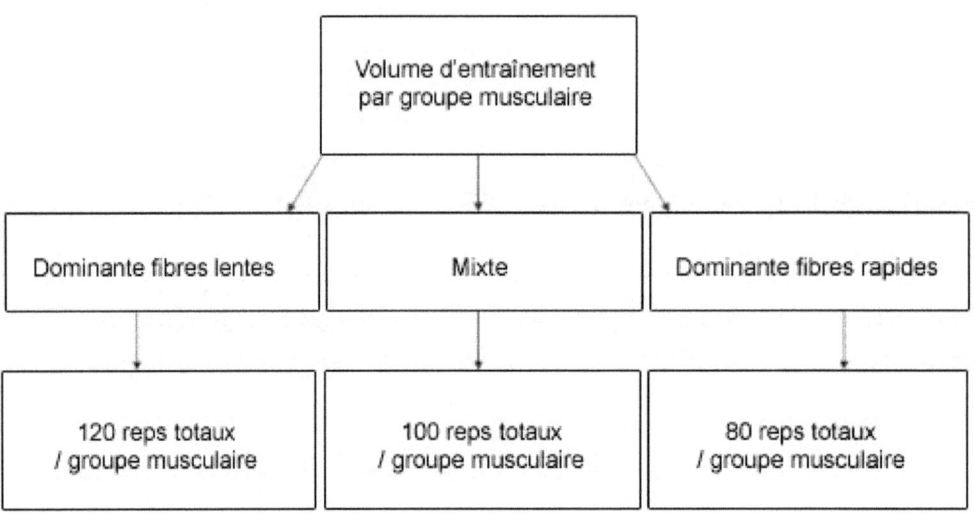

Étape 2. Comment diviser le volume total hebdomadaire en séances

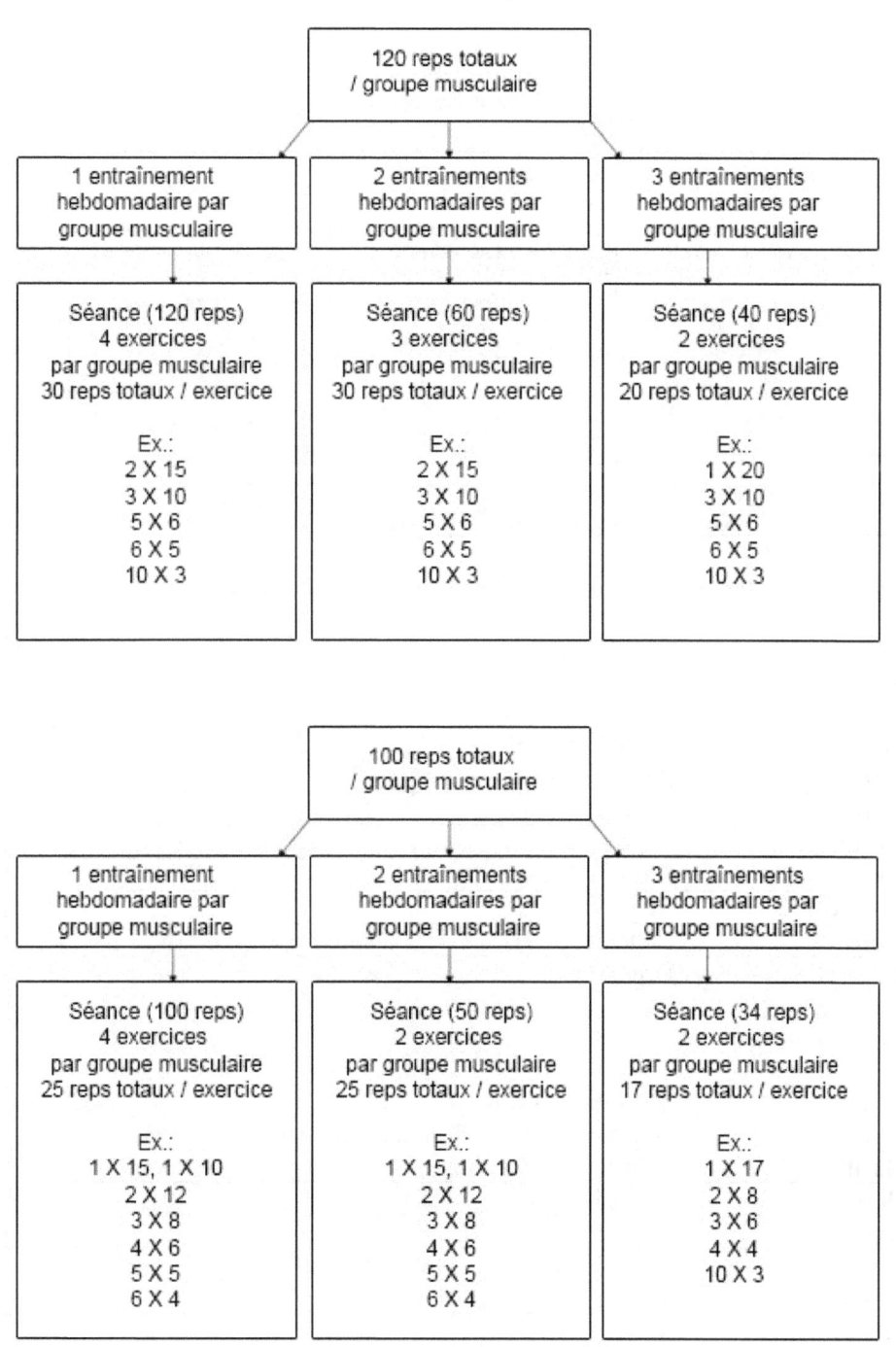

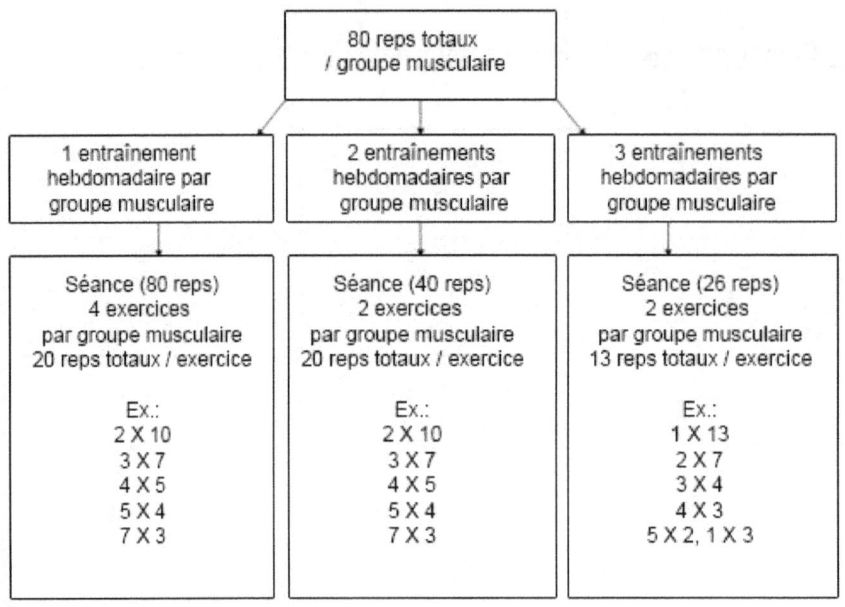

Étape 3. Diviser adéquatement ses entraînements

a) **Si vous entraînez chaque groupe musculaire une fois par semaine**

Première option :

Jour	Muscles travaillés
Lundi	Poitrine / Dos
Mardi	Jambes/ Abdos
Mercredi	Repos
Jeudi	Biceps / Triceps
Vendredi	Repos
Samedi	Deltoïdes antérieurs, médiaux & postérieurs
Dimanche	Repos

Seconde option :

Jour	Muscles travaillés
Lundi	Poitrine / Triceps / Deltoïdes antérieurs
Mardi	Repos
Mercredi	Jambes / Abdos
Jeudi	Repos
Vendredi	Dos / Biceps / Deltoïdes postérieurs
Samedi	Repos
Dimanche	Repos

Troisième option :

Jour	Muscles travaillés
Lundi	Poitrine
Mardi	Biceps
Mercredi	Jambes
Jeudi	Deltoïdes antérieurs, médiaux & postérieurs
Vendredi	Triceps
Samedi	Dos
Dimanche	Repos

b) Si vous entraînez chaque groupe musculaire deux fois par semaine

Première option :

Jour	Muscles travaillés
Lundi	Poitrine / Triceps / Deltoïdes antérieurs
Mardi	Dos / Biceps / Deltoïdes postérieurs
Mercredi	Jambes / Abdos
Jeudi	Repos
Vendredi	Poitrine / Triceps / Deltoïdes antérieurs
Samedi	Dos / Biceps / Deltoïdes postérieurs
Dimanche	Jambes / Abdos

Seconde option :

Jour	Muscles travaillés
Lundi	Haut du corps
Mardi	Bas du corps
Mercredi	Repos
Jeudi	Haut du corps
Vendredi	Bas du corps
Samedi	Repos
Dimanche	Repos

c) Si vous entraînez chaque groupe musculaire trois fois par semaine

Première option :

Jour	Muscles travaillés
Lundi	Corps en entier
Mardi	Repos
Mercredi	Corps en entier
Jeudi	Repos
Vendredi	Corps en entier
Samedi	Repos
Dimanche	Repos

Le message à retenir

La chose importante à retenir est que le volume d'entraînement optimal par séance variera grandement selon le nombre de fois par semaine que vous entraînez chaque groupe musculaire. Si vous les entraînez une fois, le volume de chaque entraînement doit être élevé pour éviter le désentraînement. À l'opposé, si vous entraînez chaque groupe musculaire trois fois par semaine le volume doit être faible pour éviter le surentraînement.

Lorsque bien planifié, chaque type de fréquence apportera de bons résultats, mais faites attention aux pièges qui n'attendent qu'à anéantir vos progrès!

« Comment rendre efficace la méthode de deux entraînements par jour »

J'ai une confidence à faire : je n'aime pas vraiment être au gym. C'est vrai, malgré l'attention constante des demoiselles et mon amour pour ce sport, j'ai hâte de foutre le camp! C'est pourquoi j'aime particulièrement m'entraîner deux fois par jour. Attends, tu viens de dire que tu détestes être au gym, mais pourquoi donc y vas-tu deux fois par jour? Eh bien, deux entraînements par jour me permettent d'utiliser des séances très courtes à chaque fois. Je préfère faire la même quantité de travail (ou peut-être légèrement plus) en deux courts entraînements plutôt qu'un entraînement plus long. Il y a plusieurs avantages à ceci :

1. C'est plus difficile de perdre sa motivation. Être dans le gym pour seulement 25-30 minutes ne vous laisse pas le temps de vous ennuyer!

2. La qualité générale de votre travail est beaucoup plus élevée. En divisant votre travail en deux entraînements quotidiens, vous êtes plus reposé pour la seconde moitié de votre entraînement, ce qui signifie de meilleurs gains.

3. Vous brûlez plus de calories. Une étude récente par Almuzaini et coll. (1998) démontre que lorsqu'un même volume de travail est divisé en deux sessions, la quantité totale de calories brûlées est plus grande (probablement grâce à une consommation post exercice d'oxygène plus élevée et plus soutenue). Donc pour un individu désirant gagner plus de muscles, ceci lui permettra de manger davantage de bonne nourriture sans prendre autant de gras, tout comme ça permettra aux individus cherchant à augmenter leur définition de, eh bien, l'avantage est évident!

4. Quand vous faites la même quantité de travail divisé en deux séances, vous pouvez récupérer plus rapidement de la charge de travail et ainsi progresser plus rapidement.

5. Les individus à dominante à fibres rapides ainsi que ceux ayant un système nerveux efficace semblent répondre beaucoup mieux aux entraînements divisés plutôt qu'à une séance plus longue.

6. Vous pouvez voir deux fois plus de demoiselles en une journée!

La méthode de deux entraînements par jour semble être le Saint Graal et dans certains cas ça peut l'être. Cependant, il est facile de surutiliser cette méthode. Plusieurs vont faire la gaffe de doubler leur volume de travail, faisant deux entraînements plus longs au lieu de deux entraînements plus courts. Ceci est l'une des meilleures façons de faire du sur place. Lorsque vous faites deux entraînements par jour, le premier entraînement ne devrait pas durer plus de 30-40 minutes et le second entre 20 et 30 minutes.

Une autre erreur classique est de travailler les mêmes qualités physiologiques pendant les deux séances. Pour tirer le maximum des deux séances par jour, vous devriez varier le type de travail que vous faites faire à votre corps. J'ai découvert que de mettre l'accent sur les qualités fonctionnelles le matin et les qualités structurales le soir est la meilleure façon de s'entraîner.

Une dernière erreur que les gens font souvent est de travailler des groupes musculaires différents au cours des deux entraînements quotidiens. En fait, ça ne fait que réduire le temps de récupération de chaque groupe musculaire (puisque chaque muscle est entraîné plus souvent). De plus, comme vous utilisez un volume très faible à chaque entraînement, entraîner des parties du corps différentes à chaque entraînement quotidien diminuera l'effet d'entraînement.

Comment puis-je donc en tirer profit?

Si vous respectez les règles suivantes, vous devriez bénéficier grandement de deux entraînements par jour. Si vous ne les respectez pas, eh bien, entraînez-vous à vos propres risques !

1. Entraînez-vous au maximum 30-40 minutes la première séance et pas plus de 20-30 minutes la seconde.

2. Entraînez le même groupe musculaire dans les deux entraînements d'un jour donné.

3. Entraînez-vous de façon plus fonctionnelle pendant la première séance. Ceci signifie des charges plus lourdes, plus d'accélération et des exercices plus complexes.

4. Entraînez-vous de façon à améliorer les qualités structurales au cours de la seconde séance. Ceci veut dire un volume plus élevé, des charges plus légères et un tempo plus lent.

5. Utilisez une bonne boisson post entraînement après chacun de vos entraînements. Le meilleur produit sur le marché pour ce faire est le « Surge » de Biotest.

6. Entraînez chaque groupe musculaire une fois par semaine. Vous pouvez grouper les groupes musculaires et vous entraîner 4 jours par semaine ou ne travailler qu'un groupe musculaire et vous entraîner 6 jours par semaine.

Exemple d'un programme

Voici un exemple de comment vous pouvez structurer deux entraînements par jour pour des gains maximaux en masse musculaire. Ce programme sera efficace pour 4 semaines, après lesquelles vous devriez changer vos exercices.

Jour 1 : Haut du dos

AM

Exercices	Séries	Répétitions	Tempo	Repos
Traction à la barre	5	5	20X	90 secs.
Tirage vertical buste penché	5	5	201	120 secs.
Tirage horizontal assis	4	8	201	90 secs.

PM

Exercices	Séries	Répétitions	Tempo	Repos
Tirage vertical buste penché à 1 bras	3	12	302	60 secs.
Pullover	3	15	302	90 secs.
Élévations arrière buste penché	3	15	302	90 secs.

Jour 2 : Poitrine

AM

Exercices	Séries	Répétitions	Tempo	Repos
Développé couché	5	5	201	120 secs.
Développé couché décliné avec haltères	5	5	201	90 secs.
Extension des bras à la barre à « *dips* »	4	8	201	90 secs.

PM

Exercices	Séries	Répétitions	Tempo	Repos
Écarté couché avec haltères	3	12	301	60 secs.
Développé couché décliné avec haltères	3	15	301	90 secs.
Presse à pectoraux (appareil)	3	15	301	90 secs.

Jour 3 : Jambes

AM

Exercices	Séries	Répétitions	Tempo	Repos
Épaulé à partir des blocs	5	5	Explosive	120 secs.
	5	5	201	120 secs.
Soulevé de terre roumain	4	8	201	120 secs.

PM

Exercices	Séries	Répétitions	Tempo	Repos
Extension dorsale à une jambe	3	12	301	60 secs.
Fentes	3	15	301	90 secs.
Leg curl	3	15	301	90 secs.

Jour 4 : Biceps

AM

Exercices	Séries	Répétitions	Tempo	Repos
Flexion des bras au banc Scott	5	5	201	90 secs.
Flexion des bras prise marteau	5	5	201	90 secs.
Flexion des bras à la poulie	4	8	201	90 secs.

PM

Exercices	Séries	Répétitions	Tempo	Repos
Zottman curl	3	12	301	60 secs.
Flexion des bras avec haltères	3	15	301	60 secs.
Flexion des bras à l'appareil Scott	3	15	301	60 secs.

Jour 5 : Épaules

AM

Exercices	Séries	Répétitions	Tempo	Repos
Push press	5	5	Explosive	120 secs.
Bent press	5	5	201	120 secs.
Presse épaules avec haltères	4	8	201	90 secs.

PM

Exercices	Séries	Répétitions	Tempo	Repos
Élévations latérales inclinées	3	12	301	60 secs.
Élévations latérales 1 bras	3	15	301	60 secs.
Élévation avant à la poulie	3	15	301	90 secs.

Jour 6 : Triceps

AM

Exercices	Séries	Répétitions	Tempo	Repos
JM press	5	5	201	90 secs.
Développé couché prise rapprochée	5	5	201	120 secs.
½ *dips*	4	8	201	90 secs.

PM

Exercices	Séries	Répétitions	Tempo	Repos
Pushdown avec barre en V	3	12	301	60 secs.
Pushdown 1 bras	3	12	301	60 secs.
Extension triceps poulie basse (au-dessus de la tête)	3	15	301	60 secs.

Ainsi divisé, ce programme convient aux individus qui ont évidemment beaucoup de temps pour s'entraîner. Cela peut sembler être beaucoup de travail et, dans un sens, ça l'est. Cependant, chaque groupe musculaire aura 7 jours pour récupérer. Vous pouvez donc progresser, et rapidement, avec cet horaire.

Si vous désirez ne vous entraîner que 3 à 4 jours par semaine, vous pouvez agencer certains groupes musculaires ensemble, pourvu que vous respectiez les directives de durée.

Conclusion sur les deux entraînements par jour

La technique des deux entraînements par jour en est une avancée et n'est pas pour tout le monde, mais si faite de la bonne façon, elle est très efficace et vous permettra de gagner beaucoup de masse musculaire tout en restant plus défini. Si vous voulez essayer cette technique, je vous suggère de débuter avec un test de 4 semaines pour voir comment votre corps le prend. À ce moment, vous pourrez décider si vous pouvez progresser avec cette méthode. D'expérience, les individus au tempérament bouillant et explosif progressent très bien avec cette méthode alors que les gens plus « stables », plus calmes, semblent moins en profiter. Cela dit, si cela vous convient, la méthode vous aidera à atteindre un niveau important de développement musculaire beaucoup plus rapidement que vous ne l'auriez cru possible.

« *Intervalles de repos idéaux* »

Récemment, les périodes de repos ont reçu beaucoup d'attention. Certains experts suggèrent des périodes de repos plus courtes pour maximiser la réponse hormonale ou pour habituer l'athlète à produire de la force même sous la fatigue. D'autres préfèrent utiliser des périodes de repos plus longues pour permettre une récupération plus complète des muscles et du système nerveux entre les séries afin que la performance puisse être maximale. Donc qui à raison?

Eh bien! encore une fois, cela dépend de votre dominance en fibres musculaires et de votre objectif d'entraînement! Un individu ayant davantage de fibres lentes n'aura pas besoin d'autant de repos pour une même charge de travail qu'un individu à fibres rapides. Un athlète s'entraînant en hypertrophie bénéficiera davantage de périodes de repos plus courtes que quelqu'un s'entraînant en force et en puissance. Les tables ci-dessous vous aideront à comprendre.

Table 1. Périodes de repos adéquates pour un individu à fibres mixtes

Type d'adaptation	Repos recommandé	Effet du repos sur la récupération physique	Effet du repos sur la récupération neurale	Effet du repos sur la réponse hormonale	Effet général
Hypertrophie	60 secondes	Incomplète : importante accumulation de fatigue musculaire	Incomplète : légère fatigue résiduelle du SNC	Importante augmentation de l'hormone de croissance	Très efficace pour stimuler l'hypertrophie sarcoplasmique, augmenter la perte de gras ainsi que l'absorption des nutriments par les muscles.
	90 secondes	Incomplète : légère accumulation de fatigue musculaire	Complète	Augmentation importante de l'hormone de croissance	Très efficace pour stimuler l'hypertrophie totale
	120 secondes	Complète	Complète	Augmentation légère de l'hormone de croissance	Plus efficace avec certains pour augmenter l'hypertrophie fonctionnelle
Force	120 secondes	Incomplète : légère accumulation de fatigue musculaire	Incomplète : importante fatigue résiduelle du SNC	Augmentation légère de l'hormone de croissance et testostérone libre	Bon pour augmenter la force-endurance et obtenir plus d'hypertrophie du travail en force
	150 secondes	Complète	Incomplète : légère fatigue résiduelle du SNC	Augmentation légère de la testostérone libre	Régulation à la hausse possible de l'activité neurale pour contrer la fatigue résiduelle
	180 secondes	Complète	Complète	Augmentation importante de la testostérone libre	Potentiel d'effort maximal à chaque série
Puissance	180 secondes	Complète	Incomplète : importante fatigue résiduelle du SNC	Augmentation légère de l'hormone de croissance et testostérone libre	Hyperactivation du système nerveux par un effet d'activation important
	210 secondes	Complète	Incomplète : légère fatigue résiduelle du SNC	Augmentation légère de la testostérone libre	Régulation à la hausse possible de l'activité neurale pour contrer la fatigue résiduelle
	240 secondes	Complète	Complète	Augmentation importante de la testostérone libre	Potentiel d'effort maximal à chaque série

Table 2. Périodes de repos adéquates pour un individu à dominante en fibres rapides

Type d'adaptation	Repos recommandé	Effet du repos sur la récupération physique	Effet du repos sur la récupération neurale	Effet du repos sur la réponse hormonale	Effet général
Hypertrophie	90 secondes	Incomplète : importante accumulation de fatigue musculaire	Incomplète : légère fatigue résiduelle du SNC	Augmentation importante de l'hormone de croissance	Très efficace pour stimuler l'hypertrophie sarcoplasmique, augmenter la perte de gras ainsi que l'absorption des nutriments par les muscles
	120 secondes	Incomplète : légère accumulation de fatigue musculaire	Complète	Augmentation importante de l'hormone de croissance	Très efficace pour stimuler l'hypertrophie totale
	150 secondes	Complète	Complète	Augmentation légère de l'hormone de croissance	Plus efficace pour augmenter l'hypertrophie fonctionnelle avec quelques gains importants en force
Force	150 secondes	Incomplète : légère accumulation de fatigue musculaire	Incomplète : importante fatigue résiduelle du SNC	Augmentation légère de l'hormone de croissance et testostérone libre	Bonne augmentation de la force-endurance et aide à obtenir plus d'hypertrophie du travail en force
	180 secondes	Complète	Incomplète : légère fatigue résiduelle du SNC	Augmentation légère de la testostérone libre	Régulation à la hausse possible de l'activité neurale pour contrer à la fatigue résiduelle
	210 secondes	Complète	Complète	Augmentation importante de la testostérone libre	Potentiel d'effort maximal à chaque série
Puissance	210 secondes	Complète	Incomplète : importante fatigue résiduelle du SNC	Augmentation légère de l'hormone de croissance et testostérone libre	Hyper activation du système nerveux par un effet d'activation important
	240 secondes	Complète	Incomplète : légère fatigue résiduelle du SNC	Augmentation légère de la testostérone libre	Régulation à la hausse possible de l'activité neurale pour contrer à la fatigue résiduelle
	270 secondes	Complète	Complète	Augmentation importante de la testostérone libre	Potentiel d'effort maximal à chaque série

Table 3. Périodes de repos adéquates pour un individu à dominante en fibres lentes

Type d'adaptation	Repos recommandé	Effet du repos sur la récupération physique	Effet du repos sur la récupération neurale	Effet du repos sur la réponse hormonale	Effet général
Hypertrophie	30 secondes	Incomplète : importante accumulation de fatigue musculaire	Incomplète : légère fatigue résiduelle du SNC	Augmentation importante de l'hormone de croissance	Très efficace pour stimuler l'hypertrophie sarcoplasmique, augmenter la perte de gras ainsi que l'absorption des nutriments par les muscles
	60 secondes	Incomplète : légère accumulation de fatigue musculaire	Complète	Augmentation importante de l'hormone de croissance	Très efficace pour stimuler l'hypertrophie totale
	90 secondes	Complète	Complète	Augmentation légère de l'hormone de croissance	Plus efficace pour augmenter l'hypertrophie fonctionnelle avec quelques gains importants en force
Force	90 secondes	Incomplète : légère accumulation de fatigue musculaire	Incomplète : importante fatigue résiduelle du SNC	Augmentation légère de l'hormone de croissance et testostérone libre	Bonne augmentation de la force-endurance et aide à tirer plus d'hypertrophie du travail en force
	120 secondes	Complète	Incomplète : légère fatigue résiduelle du SNC	Augmentation légère de la testostérone libre	Régulation à la hausse possible de l'activité neurale pour contrer la fatigue résiduelle
	150 secondes	Complète	Complète	Augmentation importante de la testostérone libre	Potentiel d'effort maximal à chaque série
Puissance	150 secondes	Complète	Incomplète : importante fatigue résiduelle du SNC	Augmentation légère de l'hormone de croissance et testostérone libre	Hyper activation du système nerveux par un effet d'activation important
	180 secondes	Complète	Incomplète : légère fatigue résiduelle du SNC	Augmentation légère de la testostérone libre	Régulation à la hausse possible de l'activité neurale pour contrer à la fatigue résiduelle
	210 secondes	Complète	Complète	Augmentation significative de la testostérone libre	Potentiel d'effort maximal à chaque série

Comme vous voyez, toutes les périodes de repos peuvent avoir un effet positif sur l'effet d'entraînement. Le truc est de choisir les intervalles qui correspondent le mieux aux besoins et objectifs de chaque exercice.

CHAPITRE 10
Trucs pour culturistes

Dans ce chapitre…

— Petits trucs que vous pouvez utiliser dans n'importe quel programme d'entraînement pour augmenter la masse musculaire

« Et maintenant pour quelque chose de totalement différent »

Waaa ! Ces derniers chapitres étaient denses en informations n'est-ce pas ? Vous avez soit perdu le contrôle de votre tête et elle est en train de tourner sur elle-même ou encore vous êtes sur le point de découvrir le secret de l'Univers ! Étant un bon gars de nature, j'ai pensé donner une petite pause à votre cerveau avant de poursuivre. Donc, cette section sera un peu plus légère. Je vais vous donner quelques trucs qui peuvent vous aider dans votre quête de masse musculaire.

Combien de fois j'ai entendu « *pour devenir plus gros, augmentez simplement les charges que vous soulevez* », je vais vous dire, je l'ai entendu plusieurs fois! Ironiquement, ces mots sortent de la bouche d'un gros lard qui ne baisera probablement pas au cours du prochain siècle. Le gars s'habille bel et bien comme un culturiste, mais ressemble davantage à un « potelé-builder » ! Son style d'entraînement se caractérise par des charges bien trop élevées et par des répétitions trichées. Oh, il peut soulever de grosses charges (si on peut appeler ça ainsi), mais son physique rappelle celui de Homer Simpson, notre personnage de dessin animé préféré.

D'un autre côté, vous verrez d'autres gars qui se mêlent de leurs oignons et qui ont néanmoins un physique fantastique : des muscles massifs et denses. Pourtant, quand vous les voyez s'entraîner, ils ne semblent pas déplacer autant de métal que notre précédent ami lourdaud. Comment cela se peut-il ? Eh bien, de toutes évidences le mec au physique musclé a compris que la qualité des contractions musculaires est souvent plus importante que la charge utilisée, à tout le moins lorsque la croissance musculaire est l'objectif principal.

Comprenez-moi bien, je ne dénigre pas l'importance d'utiliser des charges lourdes, si vous n'utilisez que ces petits poids roses, fuchsias et mauves il y a de fortes chances que vous développiez autant de masse musculaire qu'une patère. Je crois au bien-fondé des phases incorporant des charges lourdes et je suis d'avis qu'elles sont nécessaires pour stimuler la croissance musculaire au maximum. Cependant, je crois également que d'augmenter la *qualité* de chacune des répétitions de chacune des séries est LA façon la plus rapide vers un physique plus musclé.

Augmenter la qualité de chaque contraction musculaire requiert beaucoup de concentration puisque vous devez réellement focaliser sur la contraction complète du muscle pendant chaque centimètre de chaque série. Je vais recommander cinq méthodes simples pour vous aider à maximiser la qualité de vos entraînements. Je crois réellement que d'utiliser ces méthodes lors de vos entraînements en hypertrophie (les entraînements en force et ceux en puissance sont une autre paire de manches) peut diminuer de moitié le temps requis pour ajouter beaucoup de masse musculaire à votre physique. Intrigué? Eh bien! continuez à lire!

Méthode 1 : Contraction statique maximale (*Maximal Static Contraction* ou MSC)

Ne vous inquiétez pas, je ne parle pas de cette méthode saugrenue appelée « Power Factor » qui est sensée faire pousser vos muscles comme de la mauvaise herbe en n'utilisant que des répétitions partielles (les auteurs eux-mêmes ont probablement même fumé la mauvaise herbe en question s'ils croient réellement que leur méthode est efficace). Ce dont je parle est de maximiser la tension intramusculaire pendant toute la contraction. Une façon de faire cela est connue depuis longtemps comme étant la contraction maximale, ou « *peak contraction* » (ou encore, le principe Weider n° 24721). C'est réellement simple : arrivé à la position où le muscle est le plus contracté, vous devez continuer de contracter aussi fort que possible (contraction maximale statique) et tenir cette contraction pendant 2-3 secondes. Vous devez contracter vos muscles au point où ils crampent presque ! Cette contraction maximale augmente grandement la tension intramusculaire moyenne pendant la série puisque vous pouvez générer plus de force pendant une contraction statique maximale que pendant une contraction concentrique sous-maximale (et même maximale). Si vous vous entraînez en hypertrophie, vous devriez appliquer cette contraction statique maximale à chaque répétition de chaque série de chaque exercice d'isolation : les exercices de base (Développé couché, accroupissement, soulevé de terre, etc.) ne se prêtent pas aussi bien à cette méthode que les exercices d'isolation.

Méthode 2 : Tension maximale constante (*Constant Maximal Tension* ou CMT)

Cette méthode se rapproche de la première en ce sens qu'elle vise une tension intramusculaire maximale pendant toute la série. L'objectif de cette méthode est relativement simple : vous devez tendre vos muscles au maximum pendant toute l'amplitude de mouvement. Plusieurs personnes (comme notre gros badaud) balancent simplement les poids : tant que la charge monte, ils ont le sentiment que c'est une répétition réussie. Si vous vous entraînez en hypertrophie, cette façon de procéder n'est *pas* acceptable! Pour obtenir un stimulus de croissance maximal, vous devez contracter vos muscles aussi fort que possible pendant toute l'amplitude du mouvement. Pour ce faire, imaginez que la série en entier est un grand « *posedown* ». Vous devez vous concentrer intensément sur vos mouvements afin de vous assurer que vos muscles ne se détendent pas, pas même un tout petit peu, pendant la série. Ceci signifie de contracter solidement pendant la portion concentrique, de contracter solidement en position contractée, et même de contracter solidement pendant la portion négative pendant que vous redescendez la charge sous contrôle. Simplement soulever et descendre la charge, même les charges lourdes, ne fera pas l'affaire si l'objectif est de bâtir beaucoup de masse musculaire.

Méthode 3 : Incorporez quelques mouvements d'assouplissement

Je ne parle pas d'étirements courants, mais plutôt d'exercices de musculation dont l'amplitude de mouvement est très importante et dont le muscle visé est complètement étiré à un certain point du mouvement. Les recherches récentes en neurologie musculaire démontrent que le système nerveux activera plus d'unités motrices dans un muscle pour faire suite à un étirement. Je ne parle pas du réflexe d'étirement (réflexe myotatique), mais bien de l'effet d'un étirement contrôlé d'un muscle sur son activation. Si vous pouvez activer plus d'unités motrices, plus de fibres musculaires vont recevoir un stimulus de croissance rendant vos progrès beaucoup plus rapides.

Pour appliquer cette méthode, vous devriez inclure au moins 1 ou 2 exercices d'amplitude complète pour chacun des muscles et réellement les étirer au début de chaque répétition, vous devez ressentir l'étirement dans le muscle visé pour que cette technique soit efficace.

En plus d'augmenter l'activation musculaire, certaines évidences démontrent que l'étirement en surcharge (dont il est question ici) est un stimulus d'hypertrophie et d'hyperplasie puissant. La théorie veut que ce soit le résultat de l'étirement du fascia, une tension importante sur les fibres musculaires, la production de facteurs de croissance mécaniques (*Mechano Growth Factor* ou MGF) ou une augmentation de la sensibilité des récepteurs au IGF-1.

Méthode 4 : L'importance de la pompe

Je vais botter le cul d'une vache sacrée ici : si vous désirez uniquement gagner beaucoup de masse musculaire de qualité, obtenir une bonne pompe *est* important. Plusieurs diront qu'une pompe n'est pas nécessaire pour déclencher la croissance musculaire. Ils ont raison! Pour stimuler la croissance musculaire, ce n'est pas nécessaire. Mais pour stimuler la croissance musculaire maximale, ça l'est!

Comprenez que pendant la pompe le flux sanguin vers le muscle spécifique travaillé est grandement augmenté. Pourvu que vous soyez des gens intelligents et que vous lisiez les écrits de John Berardi à propos de la nutrition préentraînement, votre sang sera bourré d'acides aminés. Eh bien, devinez quoi? Un flux sanguin important vers un muscle spécifique augmentera la quantité d'acides aminés absorbés par ce muscle de façon importante. Ceci se traduit par une réponse anabolisante beaucoup plus grande.

Ceci ne veut pas dire que vous devriez viser une pompe maximale à chaque série de chaque exercice, mais je trouve que d'inclure une série de « pompe » à la fin d'un entraînement pour un groupe musculaire particulier augmente grandement les gains musculaires. Ma méthode favorite pour obtenir une pompe du tonnerre est celle des séries étendues (*extreme drop sets*). Vous devriez focaliser sur les charges lourdes tôt dans la séance d'entraînement et graduellement vous diriger vers des méthodes qui favorisent davantage la pompe vers la fin de votre entraînement.

Méthode 5 : Incorporez les charges lourdes

Comme mentionné dans les méthodes 1 et 2, la charge n'est pas le facteur le plus important pour stimuler l'hypertrophie. La qualité dans l'exécution du mouvement est en fait plus importante que la charge. Ceci étant dit, inclure des charges lourdes de façon périodique dans un programme de culturisme est nécessaire pour des gains maximaux. Elles augmentent l'efficacité neurale, ce qui signifie que lorsque vous revenez à votre programme normal de culturisme vous serez capable de mobiliser et stimuler plus de fibres musculaires pour un même exercice. Évidemment, ceci procurera une croissance accrue. D'expérience, après une période d'entraînement en force, les gains d'un programme de culturisme subséquent sont beaucoup plus importants que si un programme de culturisme avait été utilisé à longueur d'année.

Méthode 6 : Qualité, qualité, qualité!

Pour des gains maximaux en hypertrophie, autant de répétitions que possible doivent être de haute qualité. Vous devez donc suivre les méthodes 1 et 2 autant que possible. Ceci demande une concentration intense, simplement se tenir là à balancer les poids est une perte de temps totale. Vous devez focaliser vos efforts à faire des contractions maximales à chaque centimètre de chaque répétition de chaque série. En plus de fournir un plus grand stimulus d'hypertrophie, ceci augmentera le lien mental/muscle et vous procurera un plus grand contrôle musculaire.

En résumé...

En bref, suivez ces instructions si vous désirez stimuler le maximum de croissance musculaire :

1. Vous pouvez inclure une contraction statique maximale à la position la plus contractée de mouvements d'isolation.

2. Vous pouvez contracter vos muscles aussi fort que possible pendant chaque centimètre de chaque répétition.

3. Certains de vos exercices devraient inclure un étirement en surcharge en position de départ.

4. Lors de votre dernier exercice, vous devriez utiliser n'importe quelle méthode vous permettant d'obtenir une pompe aussi importante que possible.

5. Peu importe les conseils ci-haut, soulever de lourdes charges (sans tricher) devrait avoir une place de choix dans votre plan d'entraînement.

CHAPITRE 11
Exemples de programmes pour culturistes

Dans ce chapitre...

– *Optimized Volume Training*

– *Insider Contrast Training*

– **Programme de spécialisation pour le développé couché**

« *Assez de science Thibaudeau, montre-moi quelque chose de concret* »

Je vais présenter plusieurs programmes que j'ai utilisés avec mes clients. Ceci inclut plusieurs programmes en culturisme. J'ai également inclus un programme hors saison complet de 12 semaines que j'ai utilisé pour mes joueurs de football. Ce programme à lui seul compte à peu près 27 pages, alors vous ne pouvez pas dire que vous n'en avez pas pour votre argent !

« *Optimized Volume Training* »

Quelque part pendant la terrible période des années 90, 1995 pour être exact, le monde de l'entraînement découvrait une nouvelle forme d'entraînement pour culturiste : le *German Volume Training*. Cet article a été écrit par une étoile montante (Charles Poliquin) et a réellement changé la façon dont les gens s'entraînent pour l'hypertrophie. Le concept était relativement simple : choisir quelques exercices et faire 10 séries de 10 répétitions. Simple, mais très efficace.

Cependant, le programme comportait quelques faiblesses. Certaines de ces faiblesses ont été exposées par TC dans son programme « *German Volume Training 2000* ». Pour nommer quelques-unes de ces faiblesses :

— Blessures possibles par surutilisation causées par un aussi haut volume sur quelques exercices.

— Haut niveau d'ennui. Je suis peut-être fou, mais pour demeurer motivé, je dois au moins avoir du plaisir au gym!

— Pas assez d'emphase sur certains muscles et certaines fonctions musculaires. Avec le GVT, vous ne pouvez pas utiliser plusieurs exercices, car le volume total serait beaucoup trop élevé! Vous pouvez ainsi développer des déséquilibres musculaires.

— En voici une nouvelle : le GVT néglige la force. En fait, je connais plusieurs athlètes qui sont devenus plus faibles (selon leur 1RM) sur le GVT même s'ils avaient gagné beaucoup de masse musculaire. Ceci est dû au fait que le volume très élevé combiné à la faible intensité provoque de l'hypertrophie non fonctionnelle et ne requiert pas une implication neuromotrice très intense.

Pour ces raisons, la seconde génération de GVT : GVT 2K, était un pas dans la bonne direction et demeure parmi les meilleurs programmes de culturisme. Cependant, c'est cette dernière faiblesse qui me faisait réfléchir et expérimenter. C'est ainsi que j'ai développé une variation de l'entraînement à haut volume qui augmentera la force et l'hypertrophie fonctionnelle ensemble. Je vous présente *l'Optimized Volume Training* (Entraînement en Volume Optimisé) !

Un survol

Pour le OVT j'ai conservé le concept de base qui est de faire 100 répétitions par groupe musculaire, puisqu'il s'agit d'une approche qui a fait ses preuves. Cependant, la répartition de ces répétitions varie grandement du GVT original.

Première différence : Chaque série est en fait une super série de deux exercices qui travaillent le même groupe musculaire. Le premier exercice de la super série est un exercice de base (ex. : développé couché, accroupissement, soulevé de terre, tirage vertical buste penché ou même l'épaulé ou l'arraché) et est fait pour 5 répétitions en utilisant autant de poids que possible. Le second exercice de la super série est un mouvement d'isolation pour le groupe musculaire principal qui est travaillé lors du premier exercice. Ce second exercice est également fait pour 5 répétitions, mais avec une charge faible et un tempo très lent.

Seconde différence : Alors qu'avec le GVT toutes les séries étaient faites avec le même exercice, nous utiliserons 2 super séries différentes par groupe musculaire. Chaque super série sera faite 5 fois (50 répétitions totales par super série). Ceci nous permettra d'utiliser 4 différents exercices par groupe musculaire, ce qui devrait régler le problème de l'ennui et des déséquilibres.

Troisième différence : Dans le programme original, le temps de repos prescrit est de 60 secondes. Comme nous voulons pouvoir soulever un peu plus lourd, nous prendrons 120 secondes de repos dans l'OVT, mais il n'y à pas de repos entre les exercices d'une même super série.

Division de l'entraînement

Comme ce programme est très exigeant, chaque groupe musculaire sera travaillé une fois par semaine. La division suivante devrait être utilisée :

Jour 1 : Poitrine et dos
Jour 2 : Jambes et abdos
Jour 3 : REPOS
Jour 4 : Biceps et triceps
Jour 5 : REPOS
Jour 6 : Deltoïdes antérieurs/médians et deltoïdes postérieurs
Jour 7 : REPOS

Quoi que les exercices puissent varier selon vos préférences, ceux-ci sont *très* efficaces :

Jour 1 : Poitrine et dos

Exercice	Séries	Répétitions	Tempo	Repos
A1. Développé couché	5	5	201	Aucun
A2. Écarté couché avec haltères	5	5	602	120 secondes
B1. Développé couché incliné	5	5	201	Aucun
B2. Écarté couché incliné	5	5	602	120 secondes
C1. *Pulldown*	5	5	201	Aucun
C2. Tirage vertical buste penché 1 bras	5	5 par bras	602	120 secondes
D1. Tirage vertical buste penché	5	5	201	Aucun
D2. Tirage horizontal assis à la poulie basse	5	5	602	120 secondes

Jour 2 : Jambes et abdos

Exercice	Séries	Répétitions	Tempo	Repos
A1. *Squat* avant	5	5	201	Aucun
A2. Fentes	5	5 par jambe	602	120 secondes
B1. Extension dorsale à 1 jambe	5	5 par jambe	201	Aucun
B2. *Leg curl*	5	5	602	120 secondes
C1. Soulevé de terre Sumo	5	5	201	Aucun
C2. Soulevé de terre roumain	5	5	602	120 secondes

Les abdominaux sont faits selon vos préférences.

Jour 4 : Biceps et Triceps

Exercice	Séries	Répétitions	Tempo	Repos
A1. Flexion des bras à la barre	5	5	201	Aucun
A2. Flexion des bras avec haltères	5	5	602	120 secondes
B1. Flexion des bras au banc Scott	5	5	201	Aucun
B2. Flexion des bras prise marteau	5	5	602	120 secondes
C1. Extension des bras à la barre à *dips*	5	5	201	Aucun
C2. Extension des triceps déclinée	5	5	602	120 secondes
D1. Extension des triceps position couchée	5	5	201	Aucun
D2. Extension des triceps poulie haute (*pushdown*)	5	5	602	120 secondes

Jour 6 : Deltoïdes antérieurs/médians et deltoïdes postérieurs

Exercice	Séries	Répétitions	Tempo	Repos
A1. Levé militaire	5	5	201	Aucun
A2. Élévation latérale inclinée	5	5	602	120 secondes
B1. Presse pour épaules alternée	5	5	201	Aucun
B2. Élévation avant au câble	5	5	602	120 secondes
C1. Tirage horizontal au cou assis poulie basse	5	5	201	Aucun
C2. Élévation arrière buste penché	5	5	602	120 secondes

Changer les exercices

Varier ses exercices est important. Pour l'OVT, je recommande d'utiliser des blocs de 4 semaines d'entraînement. Faites les mêmes exercices pour 4 semaines, ensuite choisissez d'autres exercices et faites un autre bloc de 4 semaines. Un cycle complet d'OVT dure 8 semaines. Vous devriez ensuite faire un type d'entraînement moins exigeant pendant 1 à 2 semaines pour permettre un effet de rebond maximal.

Voici le second bloc de 4 semaines :

Jour 1 : Poitrine et dos

Exercice	Séries	Répétitions	Tempo	Repos
A1. Développé couché décliné avec haltère	5	5	201	Aucun
A2. Développé couché décliné avec haltère	5	5	602	120 secondes
B1. *Dips* avec charge	5	5	201	Aucun
B2. Écarté couché avec haltères	5	5	602	120 secondes
C1. *Pullover*	5	5	201	Aucun
C2. Tirage horizontal assis au câble, 1 bras	5	5 par bras	602	120 secondes
D1. Tirage horizontal à la barre en T	5	5	201	Aucun
D2. Tirage horizontal assis au câble	5	5	602	120 secondes

Jour 2 : Jambes et abdos

Exercice	Séries	Répétitions	Tempo	Repos
A1. *Squat* avant	5	5	201	Aucun
A2. *Step-ups*	5	5 par jambes	602	120 secondes
B1. *Natural glute-ham raise*	5	5	201	Aucun
B2. *Leg curl*	5	5	602	120 secondes
C1. Soulevé de terre	5	5	201	Aucun
C2. Soulevé de terre à une jambe	5	5 par jambe	602	120 secondes

Les abdominaux sont faits selon vos préférences.

Jour 4 : Biceps et Triceps

Exercice	Séries	Répétitions	Tempo	Repos
A1. Flexion des bras à la barre EZ	5	5	201	Aucun
A2. Flexion des bras *Zottman*	5	5	602	120 secondes
B1. Flexion des bras au banc Scott	5	5	201	Aucun
B2. Flexion des bras à la poulie 1 bras	5	5 par bras	602	120 secondes
C1. Extension des triceps au dessus de la tête (poulie basse)	5	5	201	Aucun
C2. Extension des triceps poulie haute, 1 bras	5	5 par bras	602	120 secondes
D1. Extension des triceps position couchée	5	5	201	Aucun
D2. Extension des triceps poulie haute (*pushdown*)	5	5	602	120 secondes

Jour 6 : Deltoïdes antérieurs/médians et deltoïdes postérieurs

Exercice	Séries	Répétitions	Tempo	Repos
A1. *Push press*	5	5	201	Aucun
A2. Élévation latérale 1 bras	5	5 par bras	602	120 secondes
B1. Presse épaules debout avec haltères	5	5	201	Aucun
B2. Élévation avant avec barre	5	5	602	120 secondes
C1. Tirage horizontal au cou assis poulie basse	5	5	201	Aucun
C2. Élévation arrière inclinée	5	5	602	120 secondes

Progression de la charge

L'une des clés du succès pour l'OVT est de toujours tenter d'augmenter la charge du premier exercice de chacune des super séries de semaine en semaine. Ceci peut réellement faire passer ou casser le programme! Tentez d'augmenter la charge, *mais* pas au détriment de la technique! Pour le second exercice de chaque super série, la progression de la charge n'est pas aussi importante, son rôle étant davantage d'augmenter le volume et le temps sous tension. Si vous pouvez augmenter la charge tant mieux, mais tant que vous progressez avec les gros exercices lourds vous êtes sur la bonne voie.

L'important est d'utiliser des charges aussi lourdes que possible pour le premier exercice de la super série, et une charge légère et facilement contrôlable pour le second.

Conclusion

Je crois sincèrement que l'OVT ouvre une nouvelle porte en matière d'hypertrophie. Non seulement vous pourrez développer beaucoup de masse musculaire, mais ces nouveaux muscles seront fonctionnels et vous aurez la force pour aller avec !

« Séries à charges variables : Comment gagner du volume, de la force et de la vitesse simultanément »

Je vais maintenant vous présenter une technique d'entraînement relativement simple, de même que deux de ses variantes. C'est une méthode qui est très efficace puisqu'elle vise plusieurs différentes qualités musculaires et neuromusculaires simultanément. Elle nous provient du travail de Gilles Cometti, un scientifique sportif Français. Maintenant, n'allez pas gueuler sur tous les toits qu'il n'y à pas de Français qui soient forts! Je dois dire que la méthode à été démontrée comme étant efficace avec plusieurs athlètes, et elle sera très efficace pour vous également!

La méthode est une adaptation de ce qui est communément connu comme l'entraînement en contraste (*contrast training*), qui en fait se veut une alternance entre une série rapide et une série lente.

Cette nouvelle méthode est appelée « *Insider Contrast* », simplement parce que vous n'alternez pas entre des séries rapides et lentes, mais entre des *répétitions* rapides et lentes. Continuez de lire, ce n'est pas aussi fou que vous pouvez le penser!

Un peu de logique

Nous savons que l'entraînement rapide et lent peut avoir un effet d'entraînement radicalement différent et nous savons également que des charges lourdes et légères produiront une adaptation différente. L'entraînement rapide implique davantage le système neuromoteur que l'entraînement lent et les charges lourdes développent la force davantage que les charges légères. Selon l'ancienne école de pensée, un athlète/culturiste alternait entre les différents types d'entraînement pour développer sa puissance, sa masse et sa force. Eh bien! en combinant les répétitions explosives avec des répétitions lourdes et lentes ainsi que légères et lentes, vous pouvez obtenir tout ça en même temps!

De plus, nous savons également que les exercices rapides et lents peuvent mener au développement de différents muscles. Un article par le Dr. Tim Ziegenfuss (Short Topics no.2, T-mag #228) démontre comment un *curl* rapide augmente doublement l'activation du brachial vs l'activation du biceps alors qu'une répétition lente aura l'effet inverse.

Le "Big Kahuna" de "l'Insider Contrast Training"

Il s'agit là de ma variante préférée de la méthode « *d'Insider Contrast* » (IC) et elle peut développer la puissance, la force et le volume simultanément. Vous faites 2 répétitions avec 85-90 % de votre max, suivi de 3 répétitions explosives avec 60 % de votre max et ensuite autant de répétitions lentes que possible avec 60 % de votre max, jusqu'à l'échec.

Un exemple pourrait ressembler à ceci :

The Big Kahuna

Développé couché (max 400lbs)		
Répétition	**Charge**	**Type de contraction**
Répétition no.1	340-360lbs (85-90 %)	Effort maximum
Répétition no.2	340-360lbs (85-90 %)	Effort maximum
Répétition no.3	240lbs (60 %)	Répétition explosive
Répétition no.4	240lbs (60 %)	Répétition explosive
Répétition no.5	240lbs (60 %)	Répétition explosive
Répétition no.6 à l'échec	240lbs (60 %)	Répétitions lentes (312)

Cette méthode est très efficace pour un individu désirant ajouter du volume, de la force et de la puissance simultanément. Avec cette méthode, 3-5 séries par exercice devraient être utilisées.

La variante longue et douloureuse

Cette variante de la méthode du IC est un parfait exemple de masochisme! C'est une méthode-choc géniale pour stimuler votre corps à briser un plateau, mais elle ne devrait être utilisée que rarement puisqu'elle est très exigeante pour le corps.

La progression va comme suit : 2 répétitions à 85-90 %, 3 répétitions explosives à 60 %, répétitions lentes jusqu'à l'échec avec 60 %, 3 répétitions explosives avec 30 %, répétitions lentes jusqu'à l'échec avec 30 %, contraction isométrique (au point faible) avec 30 %.

Un exemple pourrait ressembler à ceci :

La variante longue et douloureuse

Développé couché (max 400lbs)

Répétition	Charge	Type de contraction
Répétition no.1	340-360lbs (85-90 %)	Effort maximum
Répétition no.2	340-360lbs (85-90 %)	Effort maximum
Répétition no.3	240lbs (60 %)	Répétition explosive
Répétition no.4	240lbs (60 %)	Répétition explosive
Répétition no.5	240lbs (60 %)	Répétition explosive
Répétition 6-12*	240lbs (60 %)	Répétitions lentes (312)
Répétition no.13	120lbs (30 %)	Répétition explosive
Répétition no.14	120lbs (30 %)	Répétition explosive
Répétition no.15	120lbs (30 %)	Répétition explosive
Répétition no.16-20*	120lbs (30 %)	Répétitions lentes (312)
Répétition no.21	120lbs (30 %)	Contraction isométrique

*Évidemment, le nombre de répétitions peut changer selon la répétition où vous parvenez à l'échec.

Cette méthode est très intense et ne devrait être utilisée qu'avec précautions. Seules 1-2 séries sont faites par exercice. L'avantage de cette méthode comparée à la variation régulière est qu'elle aidera à développer davantage de masse musculaire, plus de force-endurance et de puissance-endurance.

« *Insider Contrast Training* » pour paresseux

Cette variante est moins brutale, mais peut tout de même procurer un stimulus de croissance très puissant. Je recommande cette méthode comme une introduction au « *Insider Contrast Training* » puisqu'elle est plus facile à faire au début. Vous pourrez bien progresser en force, volume et puissance avec cette méthode.

Une série typique ressemble à ceci : 2 répétitions à 80 %, 2 répétitions explosives à 50 %, 2 répétitions à 80 % et 2 répétitions explosives à 50 %.

Une série pourrait ressembler à ceci :

« *Insider Contrast Training* » pour paresseux

Développé couché (max 400lbs)		
Répétition	**Charge**	**Type de contraction**
Répétition no.1	320lbs (80 %)	Effort maximum
Répétition no.2	320lbs (80 %)	Effort maximum
Répétition no.3	200lbs (50 %)	Répétition explosive
Répétition no.4	200lbs (50 %)	Répétition explosive
Répétition no.5	320lbs (80 %)	Effort maximum
Répétition no.6	320lbs (80 %)	Effort maximum
Répétition no.7	200lbs (50 %)	Répétition explosive
Répétition no.8	200lbs (50 %)	Répétition explosive

Cette forme d'IC peut facilement être utilisée pour 3-5 séries. C'est une introduction géniale au IC et peut rendre les entraînements très plaisants. Pour les gens simplement intéressés à gagner un peu plus de force, de volume et de puissance, c'est nettement le meilleur choix.

Puis-je périodiser l'approche ?

Oui! Un excellent cycle d'entraînement pourrait ressembler à ceci :

Bloc *Insider Contrast*			
Semaine 1	**Semaine 2**	**Semaine 3**	**Semaine 4**
Paresseux 4 séries de 4 exercices par séance	Big Kahuna 3 séries de 4 exercices par séance	Longue et douloureuse 2 séries de 3 exercices par séance	Entraînement normal 2 séries de 10 répétitions pour 4 exercices/séance
Difficulté modérée	*Difficulté élevée*	*Difficulté très élevée*	*Difficulté faible*

Ceci est une approche typique de charge/décharge qui a fait ses preuves. Elle aide également à ajouter de la variété et procure beaucoup de douleur!

J'aime utiliser une division des antagonistes pour cette méthode :

Jour 1 : Poitrine et dos
Jour 2 : Jambes et abdos
Jour 3 : REPOS
Jour 4 : Biceps et triceps
Jour 5 : REPOS
Jour 6 : Deltoïdes antérieurs, médians et postérieurs
Jour 7 : REPOS

Évidemment, vous pouvez utiliser un autre type de division tout aussi efficacement.

Conclusion

Et voilà une autre arme à ajouter à votre arsenal. Une méthode très difficile, mais très puissante qui vous apportera beaucoup de gains et pas uniquement en termes de masse musculaire, mais également en capacités physiques. Une option de choix pour celui qui veut tout avoir!

« Décollage réussi : Propulsez votre développé couché dans la stratosphère »

« Hey l'ami, combien pousses-tu au banc? » Si vous avez passé du temps dans un gym et que vous avez un physique respectable, vous avez sûrement entendu cette question un million de fois déjà. Il semble que pendant les années 70 et 80 le développé couché fut choisi comme la référence en matière de force et de virilité. Étant un gars qui est naturellement beaucoup plus fort des membres inférieurs, je n'apprécie pas particulièrement ce dogme du développé couché, mais quelque chose en moi ne peut résister à l'envie de pousser lourd au banc… après tout, nous pouvons tous profiter d'un peu plus de virilité, pas vrai ?

« Christian, t'es un haltérophile olympique, t'es peut-être bon au *squat* et à l'épaulé, mais que connais-tu du développé couché ? » Eh bien mon ami, c'est quand vous êtes nul à quelque chose que vous en apprenez le plus ! Si j'avais été naturellement choyé pour le développé couché, tout ce que j'aurais fait aurait fonctionné, mais puisque ce n'est pas le cas, j'ai dû expérimenter et trouver des techniques spéciales qui peuvent faire d'énormes différences.

Division

Je suggère une période de 8 semaines de spécialisation au développé couché. Pendant ce temps, le développé couché sera votre priorité numéro 1. Vous ferez d'autres exercices, mais principalement pour maintenir la force et la masse pendant que vous propulsez votre développé couché.

La semaine commencera et terminera avec un entraînement de développé couché. Le premier entraînement de la semaine sera de haute intensité puisque votre système nerveux sera frais et dispo du week-end. Le dernier entraînement de la semaine sera de haut volume pour promouvoir au maximum la surcompensation pendant le week-end.

La journée du développé couché, les triceps, pectoraux et épaules seront travaillés. Ceci nous laisse donc 1 ou 2 entraînements pour faire le dos, les biceps, des abdominaux et les membres inférieurs. La division peut ressembler à ceci :

A- 3 entraînements par semaine

Lundi : Développé couché haute intensité, abdos
Mardi : Repos
Mercredi : Dos, biceps, bas du corps
Jeudi : Repos
Vendredi : Développé couché haut volume, abdos
Samedi : Repos
Dimanche : Repos

B- 4 Entraînements par semaine

Lundi : Développé couché haute intensité
Mardi : Dos, biceps, abdos
Mercredi : Repos
Jeudi : Bas du corps, abdos
Vendredi : Développé couché haut volume
Samedi : Repos
Dimanche : Repos

Entraînements de développé couché haute intensité

Ces entraînements graviteront généralement autour de la manipulation de charges lourdes pour plusieurs mouvements. L'objectif est d'entraîner le système nerveux à supporter et à vaincre de grosses charges. Ce jour-là, vous avez un exercice principal, un exercice auxiliaire, un exercice d'assistance et un exercice correctif.

Pendant ces 8 semaines, vous aurez deux blocs de 4 semaines chacun. Les deux blocs ont une structure similaire, mais les exercices vont varier.

Bloc 1 : Semaine 1-4

Exercice principal : Développé couché 18 po.

Il s'agit d'un développé couché à prise semi-rapprochée. La largeur de la prise est de 18 po. (entre les deux index quand vous tenez la barre). Abaissez la barre jusqu'au bas de votre poitrine et poussez là en ligne droite. Ne tenez pas compte du tempo, l'objectif ici est simplement de soulever autant de poids que possible pour le nombre prescrit de répétitions.

	Semaine 1	Semaine 2	Semaine 3	Semaine 4
Séries/ Répétitions	3 x 5	3 x 5, 3 x 4	1 x 5, 1 x 3, 1 x 2 1 x 5, 1 x 3, 1 x 2	1 x 3, 1 x 2, 1 x 1 1 x 3, 1 x 2, 1 x 1

Exercice auxiliaire : Contraction isométrique

L'objectif de cet exercice est de vous habituer à tenir des poids très lourds à bout de bras. En tenant des charges supra maximales, vous conditionnez votre système nerveux et vos réflexes moteurs à accepter cette forme de grande surcharge et de tension musculaire. Vous voyez, vous avez un réflexe inhibiteur qui est une « bénédiction » appelée Organe tendineux de Golgi (OTG). Quand la tension musculaire est très élevée, il dit à vos muscles de cesser de produire de la force. C'est un mécanisme de protection, mais chez la plupart des individus, il est trop conservateur et peut nuire à vos prouesses au gym.

Une inhibition réduite est l'une des raisons pour laquelle vous voyez parfois des individus de petites tailles manipuler de grosses charges. Donc, pour cet exercice, vous ne faites que soulever la barre de ses supports (avec un partenaire), barre qui est chargée avec un poids plus grand que votre maximum habituel, et tenez-la en position statique pour une certaine période de temps.

	Semaine 1	Semaine 2	Semaine 3	Semaine 4
Séries/Temps	3 x 10 secondes	4 x 8 secondes	5 x 6 secondes	3 x 4 secondes
Charge	110 %	115 %	120 %	125 %

Exercice d'assistance : *Bradford press*

Commencez avec la barre sur vos épaules, poussez-la juste assez haut pour qu'elle libère votre tête et amenez-la à votre clavicule. Poussez-la ensuite juste assez haut pour qu'elle libère votre tête et amenez-la à vos épaules. <u>Ceci est une répétition.</u> C'est un exercice génial pour développer les épaules et la poussée initiale au développé couché.

	Semaine 1	Semaine 2	Semaine 3	Semaine 4
Séries/Répétitions	3 x 5	6 x 4	4 x 3	2 x 5

Exercice correctif : Extension des triceps position couchée avec haltères

Couchez-vous sur le banc, tenez un haltère dans chaque main, bras complètement étendus, les paumes se faisant face. Amenez les haltères vers le bas avec une flexion du coude seulement et ramenez-les en haut. Pour cet exercice, utilisez un tempo lent, aux environs de 503 sera parfait.

	Semaine 1	Semaine 2	Semaine 3	Semaine 4
Séries/Répétitions	3 x 10	5 x 8	3 x 6	2 x 10

Et voilà pour le premier bloc en ce qui concerne l'intensité élevée.

Bloc 2 : Semaine 5-8

Ceci est le second bloc d'exercices et il est exécuté après le premier bloc de 4 semaines. Celui-ci dure également 4 semaines.

Exercice principal : Développé couché 32 po.

C'est le développé couché régulier. 32 po. Est encore la distance entre vos deux index quand vos mains agrippent la barre. Abaissez la barre au bas de votre poitrine et poussez-la en ligne droite. Ne tenez pas compte du tempo, l'objectif ici est simplement de soulever autant de poids que possible pour le nombre prescrit de répétitions.

	Semaine 5	Semaine 6	Semaine 7	Semaine 8
Séries/Répétitions	3 x 4	3 x 4, 3 x 3	1 x 4, 1 x 3, 1 x 2 1 x 4, 1 x 3, 1 x 2	1 x 2, 1 x 1, 1 x 1 1 x 2, 1 x 1, 1 x 1

Exercice auxiliaire : Développé couché (dans la cage)

Avec cet exercice, vous allez continuer à stimuler le SNC en utilisant une surcharge (charge plus élevée que votre max), mais vous allez ajouter un aspect dynamique en ne faisant qu'une demi-répétition. Placez la barre dans la cage de manière à ce qu'il reste approximativement 8 po. pour arriver à une amplitude complète (ou juste un peu plus haut que votre point faible). Placez la barre sur les barres de sûreté et poussez-la. Ramenez-la sur les barres de sûreté, reposez-vous une ou deux secondes et faites la prochaine répétition

	Semaine 5	Semaine 6	Semaine 7	Semaine 8
Séries/ Répétitions	3 x 5	6 x 4	4 x 3	3 x 2
Charges	105 %	110 %	115 %	120 %

Exercice d'assistance : *Push press*

Cet exercice est excellent pour développer les épaules et améliorera grandement votre force dans les premiers centimètres au développé couché. Il vous enseigne également à « exploser » au début du mouvement. Pour le faire, tenez-vous debout avec la barre sur vos clavicules, fléchissez légèrement les genoux et poussez la charge de façon explosive avec puissance en utilisant les jambes et les bras.

	Semaine 5	Semaine 6	Semaine 7	Semaine 8
Séries/ Répétitions	3 x 5	6 x 4	4 x 3	2 x 5

Exercice correctif : Extension des triceps position couchée avec haltères

Couchez-vous sur un banc, tenez un haltère dans chaque main, les bras en pleine extension, les paumes se faisant face. Amenez les haltères vers le bas en fléchissant au coude seulement, ensuite ramenez-les en haut. Pour cet exercice, utilisez un tempo lent, quelque chose comme 503 fera parfaitement l'affaire.

	Semaine 5	Semaine 6	Semaine 7	Semaine 8
Séries/Répétitions	3 x 10	5 x 8	4 x 6	2 x 10

Entraînement de développé couché en haut volume

Ces entraînements sont un peu moins intenses et requièrent des charges un peu plus légères, mais ce sont tout de même des entraînements difficiles qui ont un rôle à jouer dans votre développement. Pour cette journée, vous avez également un exercice principal, un exercice auxiliaire, deux exercices d'assistance et un exercice correctif.

Contrairement à l'entraînement de haute intensité, vous ne changerez pas le programme après 4 semaines. Vous ferez simplement un bloc de 8 semaines. La raison est que compte tenu de la nature de cet entraînement, il peut être toléré pendant de longues périodes de temps, sans mentionner que les exercices utilisés n'ont pas d'équivalents.

Bloc 1 : Semaine 1-8

Exercice principal : Développé couché balistique

C'est le seul exercice pour lequel je considère la Smith Machine efficace. L'objectif est de descendre la barre jusqu'à la poitrine et de lancer la charge dans les airs pour la rattraper et recommencez. La charge utilisée devrait être légère, puisque l'objectif n'est pas d'être simplement explosif, mais d'être balistique.

	Semaine 1	Semaine 2	Semaine 3	Semaine 4	Semaine 5	Semaine 6	Semaine 7	Semaine 8
Séries/Répétitions	8 x 4	12 x 3	8 x 2	6 x 1	8 x 5	12 x 4	8 x 3	6 x 2
Charge	20 %	25 %	30 %	35 %	20 %	25 %	30 %	35 %

Exercice auxiliaire : Développé couché quasi isométrique/stop/explosif

Cet exercice est réellement une combinaison de 2 méthodes d'entraînement : l'entraînement eccentrique très lent et l'entraînement stop-explosif. La portion eccentrique (négative) du développé couché est lente, 5 secondes, vous faites ensuite une pause de 2 secondes alors que la barre est sur votre poitrine, ensuite vous poussez la charge vers le haut aussi vite que possible. Cet exercice bâtira beaucoup de masse musculaire et de force au niveau des pectoraux.

	Semaine 1	Semaine 2	Semaine 3	Semaine 4	Semaine 5	Semaine 6	Semaine 7	Semaine 8
Séries/Répétitions	3 x 10	6 x 8	4 x 6	3 x 4	3 x 12	6 x 10	4 x 8	3 x 6
Charge	55 %	60 %	65 %	70 %	55 %	60 %	65 %	70 %

Exercice d'assistance : *Bent press* avec haltère

	Semaine 1	Semaine 2	Semaine 3	Semaine 4	Semaine 5	Semaine 6	Semaine 7	Semaine 8
Séries/Répétitions	2 x 10	6 x 8	3 x 6	2 x 4	2 x 8	6 x 6	3 x 4	2 x 2

Exercice d'assistance no.2 : Pompes isobalistiques

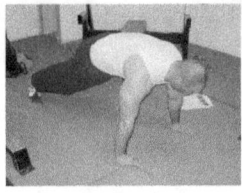 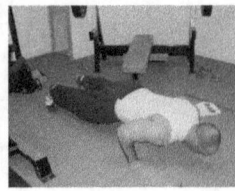  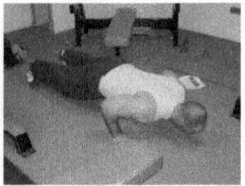

Une autre façon d'augmenter la puissance du haut du corps. Placez-vous en position pompes (*push-ups*). Propulsez-vous dans les airs. Prenez contact avec le sol en position pompes (*push-ups*) et tenez la position pendant 15 secondes. Ceci est une répétition.

	Semaine 1	Semaine 2	Semaine 3	Semaine 4	Semaine 5	Semaine 6	Semaine 7	Semaine 8
Séries/Répétitions	3 x 5	6 x 5	4 x 5	2 x 5	3 x 6	6 x 6	4 x 6	2 x 6

Exercice correctif : La boîte à épaules (*Shoulder box*)

Cet exercice est très efficace pour construire les épaules. Il augmentera la force dans toutes les portions du deltoïde et développera également la coiffe de vos rotateurs. Utiliser cet exercice est une excellente police d'assurance pour vos épaules pendant un programme de développé couché intense.

	Semaine 1	Semaine 2	Semaine 3	Semaine 4	Semaine 5	Semaine 6	Semaine 7	Semaine 8
Séries/Répétitions	2 x 8	2 x 10	2 x 12	1 x 15	2 x 10	2 x 12	2 x 15	1 x 20

Vous avez donc ici un programme très explosif de spécialisation pour le développé couché de 8 semaines. Il augmentera grandement votre force au développé couché ainsi que le volume de votre poitrine, de vos épaules et de vos triceps. Ce n'est pas pour les cœurs sensibles, vous devez avoir beaucoup de force intérieure pour réussir ce programme, mais si vous donnez votre max, il livrera *assurément* la marchandise.

CHAPITRE 12
Exemple d'un programme de football de 12 semaines

Dans ce chapitre...

— Descriptions des exercices impliqués dans un programme de football

— Illustrations des exercices d'agilité incluses

— Programme d'entraînement

ENTRAÎNEMENT EN PERFORMANCE AU FOOTBALL

Entraînement en haute performance
Football; Niveau 1
Phase 1
Semaines 1-12

Coach Christian Thibaudeau
ct@thibsystem.com

Introduction et explications des exercices

Complexe Javorek : Cinq exercices faits un après l'autre sans aucun repos. Il s'agit d'un complexe d'exercices préparatoires et est utilisé comme outil d'échauffement spécifique et comme façon d'augmenter la masse musculaire.

1. Tir de l'arraché x 6

2. Tir de l'épaulé x 6

3. *Squat press* x 6

4. *Goodmorning* x 6

5. Tirage vertical buste penché x 6

Épaulé aux blocs : L'objectif de cet exercice est le développement de la capacité de production de puissance de l'athlète (Puissance = force x vitesse). La barre est amenée de la hauteur des genoux jusqu'aux épaules. Le mouvement doit être explosif.

Accroupissements en vitesse (*Speed back squat*) : En utilisant une charge modérée (50-60 % du max au *squat*), l'athlète soulève la barre aussi vite que possible. Encore une fois, l'objectif est de produire autant de force et de puissance que possible.

Accroupissements sautés (*Jump squat*) : Il s'agit là d'un des meilleurs exercices pour développer un saut vertical impressionnant. Une charge légère est utilisée (10-30 % du max) et l'objectif est de sauter aussi haut que possible.

Extension dorsale à une jambe (*Back extension 1-leg*) : Exercice génial pour les Ischios jambiers, qui sont des muscles clés pour la vitesse.

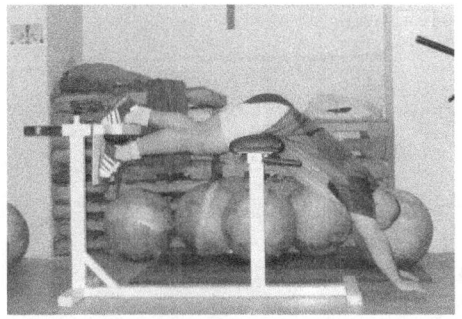 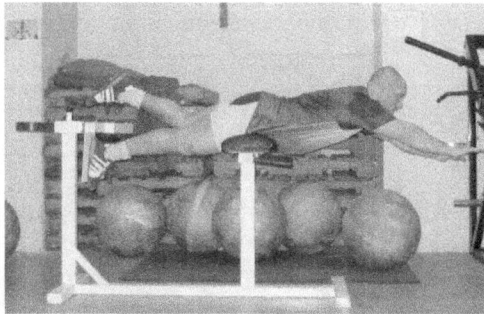

Glissement de plaque (*Plate drag*) : Un autre exercice d'ischios très respectable utilisé pour mettre l'accent sur la portion concentrique de la flexion du genou/flexion de la hanche.

Flexion de jambes (*Leg curl*) : Un exercice de renforcement d'ischios général qui développe la fonction de flexion du genou des ischios.

Presse poussée (*Push press*) : Excellent exercice pour développer la force des épaules et des bras. C'est en fait un levé militaire triché. Vous sollicitez l'assistance des jambes au début du mouvement, juste assez pour vous aider à mettre la barre en mouvement. Les bras font la plus grande partie du travail.

Développé couché iso : Excellent exercice pour augmenter la masse des pectoraux et la puissance de poussée. Abaissez la barre jusqu'à la poitrine en 5 secondes, déposez la charge sur la poitrine pour 2 secondes, et EXPLOSEZ. La charge à utiliser doit être entre 50 et 70 % pour une accélération maximale.

Développé couché aux haltères : Exercice de renforcement général pour les bras, épaules et pectoraux.

Extension des triceps aux : Exercice de renforcement général pour les triceps..

Zottman curl : Exercice de renforcement général pour les biceps, le brachial et les avants-bras.

Flexion des bras au banc Scott : Exercice de renforcement général pour les biceps, le brachial et les avants-bras.

Presse cubaine (*Cuban press*) *:* Aide à prévenir les blessures aux épaules. À utiliser en tant qu'exercice d'échauffement.

Arraché aux blocs : L'objectif de cet exercice est de développer la production de puissance chez l'athlète (Puissance = force x vitesse). La barre est amenée des genoux jusqu'au-dessus de la tête, à bout de bras. Le mouvement doit être explosif.

Fentes : Excellent exercice pour augmenter la force du bas du corps tout en étirant les muscles de la hanche en même temps.

Accroupissements avant (*Front squat*) : Excellent exercice pour quadriceps et fessiers.

Natural glute-ham raise : C'est un exercice très simple, et très humiliant. L'objectif est de s'agenouiller et de tenter de descendre le tronc jusqu'au sol sous contrôle et ensuite de vous redresser. Très peu d'athlètes peuvent se soulever au départ, alors vous voudrez sans doute vous aider avec un petit mouvement de pompe (*push-up*) pour vous décoller du plancher. C'est un excellent exercice pour développer les ischios dans leur fonction de flexion du genou.

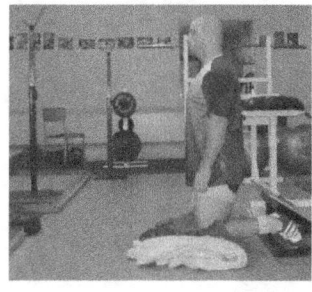  

Jeté poussé (*Push jerk*) *:* Similaire au *push press*, mais vous utilisez une poussée puissante des jambes pour soulever la barre.

Développé couché : Exercice de renforcement général pour les muscles de poussée du haut du corps.

Développé couché balistique : Cet exercice focalise sur le haut du corps. En utilisant une charge légère (10-30 % du max), descendez la barre à la poitrine et poussez là dans les airs aussi haut que possible. Utilisez une *Smith Machine* pour faire cet exercice de façon sécuritaire.

Pompes iso balistiques (*Iso ballistic push-ups*) : Un autre exercice pour augmenter la puissance du haut du corps. Placez-vous en position *push-up*. Propulsez-vous dans les airs. Revenez à la position basse du *push-up*, et tenez la position 15 secondes. Ceci est une répétition.

 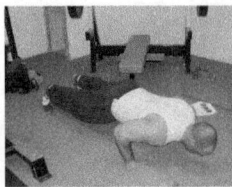  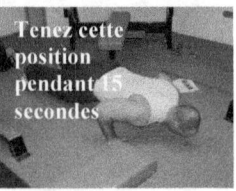

Soulevé de terre sumo : Excellent exercice pour renforcer les fessiers, les ischios, les quadriceps et le dos.

Soulevé de terre roumain : Excellent exercice d'ischio. Abaissez la barre en fléchissant le tronc vers l'avant et en poussant le bassin vers l'arrière. L'angle des genoux devrait demeurer le même pendant tout le mouvement.

Soulevé de terre bulgare : Cet exercice vise le développement unilatéral du bas du dos, des hanches et des jambes.

Boîte à épaules (*Shoulder box*) : Exercice d'épaule utilisé comme échauffement pour prévenir les blessures aux épaules.

Routine d'étirement

1 x 30 secondes 1 x 30 secondes/côté 1 x 30 secondes/côté 1 x 30 secondes/côté

1 x 30 secondes 1 x 30 secondes/côté 1 x 30 secondes 1 x 30 secondes

1 x 30 secondes/côté 1 x 30 secondes

Exercices d'agilité

Exercices de cônes 1

* 10m entre les cônes
* Faites les figures à 75 % de votre vitesse max
* Répétez chaque figure deux fois (une fois dans chaque direction)

    A. *La boîte*

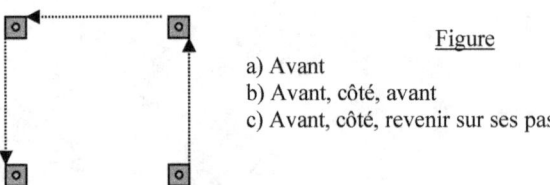

Figure
a) Avant
b) Avant, côté, avant
c) Avant, côté, revenir sur ses pas

B. X

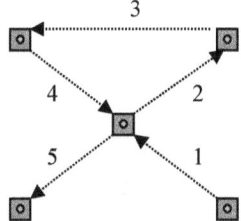

Figure
a) Avant

C. Étoile

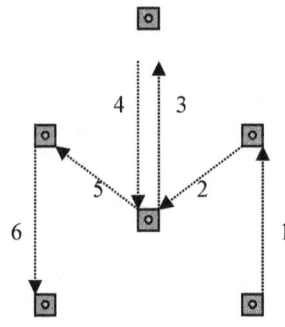

Figure
a) Avant
b) Avant, reculon, avant, reculon, avant, reculon

Exercices de cônes 2

* 10m entre les cônes
* Faites les figures à 75% de votre vitesse max
* Répétez chaque figure deux fois (une fois dans chaque direction)

A. Chaise

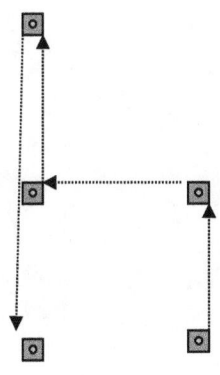

Figure
a) Avant
b) Avant, côté, avant, avant
c) Avant, côté, avant, revenir sur ses pas

B. M

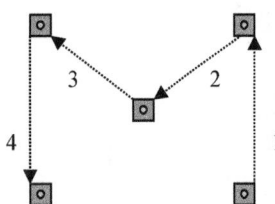

<u>Figure</u>
a) Avant
b) Avant, reculon, avant, reculon

Exercices d'échelle 1

      a) Genoux hauts, pas courts
      b) Genoux hauts, pas longs
      c) Genoux hauts, pas courts latéraux (pas de croisement)
      d) Genoux hauts, pas longs latéraux (pas de croisement)
      e) « Sauts de genoux » hauts, avec les deux jambes

Exercices d'échelle 2

      a) Genoux hauts, pas courts, revenir sus ses pas
      b) Genoux hauts, pas longs, revenir sur ses pas
      c) « Sauts de genoux » hauts, avec une jambe (10 sauts par jambe)
      d) « Sauts de genoux » hauts, avec les deux jambes (reculon)

Phase 1 – Bloc A : Charge concentrée - Semaine 1

Bloc	Lundi	Mercredi	Jeudi	Samedi	Dimanche
Préparation	Échauffement d'épaules Boîte à épaules 2 x 10 Presse cubaine 2 x 10	Complexe Javorek Tir de l'arraché 1 x 6 Tir de l'épaulé 1 x 6 *Squat press* 1 x 6 *Good morning* 1 x 6 Tirage vertical buste penché 1 x 6 *Aucun repos entre les exercices		Échauffement d'épaules Boîte à épaules 2 x 10 Presse cubaine 2 x 10	Complexe Javorek Tir de l'arraché 1 x 6 Tir de l'épaulé 1 x 6 *Squat press* 1 x 6 Good morning 1 x 6 Tirage vertical buste penché 1 x 6 *Aucun repos entre les exercices
Vitesse/Agilité	Exercices de cônes 1 4 x 200m 75 % intensité 90 secondes de repos	Exercices d'échelle 1		Exercices d'échelle 2 4 x 300m Course (technique) 120 secondes de repos	Exercices de cônes 2
Développement	Haut du corps Force Développé couché incliné 5 x 6 Traction à la poulie haute ou *chinups* 5 x 6 *Push press* 5 x 6 Triceps extension 3 x 10 Flexion des bras Zottman 3 x 10	Bas du corps Force Accroupissements 5 x 6 Soulevé de terre sumo 5 x 6 Fentes 3 x 10/jambe Extension du dos à une jambe 3 x 10/jambe *Leg curl* 3 x 10		Haut du corps Force & Puissance Développé couché 5 x 6 Jeté poussé 5 x 6 Développé couché balistique 5 x 6 (15 % charge max) Tirage horizontal assis à la poulie basse 5 x 6	Bas du corps Force & Puissance Squat avant 5 x 6 Arraché 5 x 6 Épaulé 5 x 6 *Step-up* 3 x 10/jambe Presse à jambes (1 jambe) (Pied haut sur plateforme) 3 x 10/jambe
Travail optionnel	Développé couché aux haltères 3 x 12 Flexion des bras au banc Scott 3 x 12	Glissement de la plaque 3 x 12 *Natural glute-ham raise* 3 x 12		Développé couché aux haltères 3 x 12 Flexion des bras au banc Scott 3 x 12	Glissement de la plaque 3 x 12 *Natural glute-ham raise* 3 x 12
Conditionnement		Marche du fermier 6 x 100m marche			Marche du fermier 6 x 50m marche
Retour au calme	Étirements	Étirements		Étirements	Étirements

Phase 1 – Bloc A : Charge concentrée - Semaine 2

Bloc	Lundi	Mercredi	Jeudi	Samedi	Dimanche
Préparation	Échauffement d'épaules Boîte à épaules 2 x 10 Presse cubaine 2 x 10	Complexe Javorek Tir de l'arraché 1 x 6 Tir de l'épaulé 1 x 6 *Squat press* 1 x 6 *Good morning* 1 x 6 Tirage vertical buste penché 1 x 6 *Aucun repos entre les exercices		Échauffement d'épaules Boîte à épaules 2 x 10 Presse cubaine 2 x 10	Complexe Javorek Tir de l'arraché 1 x 6 Tir de l'épaulé 1 x 6 *Squat press* 1 x 6 Good morning 1 x 6 Tirage vertical buste penché 1 x 6 *Aucun repos entre les exercices
Vitesse/Agilité	Exercices de cônes 1 5 x 200m 75 % intensité 90 secondes de repos	Exercices d'échelle 1		Exercices d'échelle 2 5 x 300m Course (technique) 120 secondes de repos	Exercices de cônes 2
Développement	Haut du corps Force Développé couché incliné 3 x 6, 3 x 5 Traction à la poulie haute ou *chinups* 3 x 6, 3 x 5 *Push press* 3 x 6, 3 x 5 Extension des triceps 4 x 10 Flexion des bras Zottman 4 x 10	Bas du corps Force Accroupissements 3 x 6, 3 x 5 Soulevé de terre sumo 3 x 6, 3 x 5 Fentes 4 x 8/jambe Extension dorsale 1 jambe 4 x 8/jambe Leg curl 4 x 8		Haut du corps Force & Puissance Développé couché 3 x 6, 3 x 5 Jeté poussé 3 x 6, 3 x 5 Développé couché balistique 6 x 5 (20 % charge max) Tirage horizontal assis 3 x 6, 3 x 5	Bas du corps Force & Puissance *Squat* avant 3 x 6, 3 x 5 Arraché 3 x 6, 3 x 5 Épaulé 3 x 6, 3 x 5 *Step-up* 4 x 8/jambe Presse à jambes à une jambe (Pied haut sur plateforme) 4 x 8/jambe
Travail optionnel	Développé couché aux haltères 3 x 12 Flexion des bras au banc Scott 3 x 12	Glissement de la plaque 3 x 12 *Natural glute-ham raise* 3 x 12		Développé couché aux haltères 3 x 12 Flexion des bras au banc Scott 3 x 12	Glissement de la plaque 3 x 12 *Natural glute-ham raise* 3 x 12
Conditionnement		Marche du fermier 7 x 100m marche			Marche du fermier 7 x 50m marche
Retour au calme	Étirements	Étirements		Étirements	Étirements

Phase 1 – Bloc A : Charge concentrée - Semaine 3

Bloc	Lundi	Mercredi	Jeudi	Samedi	Dimanche
Préparation	Échauffement d'épaules Boîte à épaules 2 x 10 Presse cubaine 2 x 10	Complexe Javorek Tir de l'arraché 1 x 6 Tir de l'épaulé 1 x 6 Squat press 1 x 6 Good morning 1 x 6 Tirage vertical buste penché 1 x 6 *Aucun repos entre les exercices		Échauffement d'épaules Boîte à épaules 2 x 10 Presse cubaine 2 x 10	Complexe Javorek Tir de l'arraché 1 x 6 Tir de l'épaulé 1 x 6 *Squat press* 1 x 6 *Good morning* 1 x 6 Tirage vertical buste penché 1 x 6 *Aucun repos entre les exercices
Vitesse/Agilité	Exercices de cônes 1 6 x 200m 75 % intensité 60 secondes de repos	Exercices d'échelle 1		Exercices d'échelle 2 6 x 300m Course (technique) 90 secondes de repos	Exercices de cônes 2
Développement	Haut du corps Force Développé couché incliné 3 x 6, 3 x 5, 1 x 4 Traction à la poulie haute ou *chinups* 3 x 6, 3 x 5, 1 x 4 *Push press* 3 x 6, 3 x 5, 1 x 4 Triceps extension 5 x 10 Flexion des bras Zottman 5 x 10	Bas du corps Force Accroupissements 3 x 6, 3 x 5, 1 x 4 Soulevé de terre sumo 3 x 6, 3 x 5, 1 x 4 Fentes 5 x 6/jambe Extension dorsale 1 jambe 5 x 6/jambe *Leg curl* 5 x 6		Haut du corps Force & Puissance Développé couché 3 x 6, 3 x 5, 1 x 4 Jeté poussé 3 x 6, 3 x 5, 1 x 4 Développé couché balistique 7 x 4 (25 % charge max) Tirage horizontal assis poulie basse 3 x 6, 3 x 5, 1 x 4	Bas du corps Force & Puissance Squat avant 3 x 6, 3 x 5, 1 x 4 Arraché 3 x 6, 3 x 5, 1 x 4 Épaulé 3 x 6, 3 x 5, 1 x 4 *Step-up* 5 x 6/jambe Presse à jambes 1 jambe (Pied haut sur plateforme) 5 x 6/jambe
Travail optionnel	Développé couché aux haltères 3 x 12 Flexion des bras au banc Scott 3 x 12	Glissement de la plaque 3 x 12 *Natural glute-ham raise*		Développé couché aux haltères 3 x 12 Flexion des bras au banc Scott 3 x 12	Glissement de la plaque 3 x 12 *Natural glute-ham raise* 3 x 12
Conditionnement		Marche du fermier 8 x 100m marche			Marche du fermier 8 x 50m marche
Retour au calme	Étirements	Étirements		Étirements	Étirements

Phase 1 – Bloc A : Charge concentrée — Semaine 4

Bloc	Lundi	Mercredi	Jeudi	Samedi	Dimanche
Préparation	Échauffement d'épaules Boîte à épaules 2 x 10 Presse cubaine 2 x 10	Complexe Javorek Tir de l'arraché 1 x 6 Tir de l'épaulé 1 x 6 Squat press 1 x 6 Good morning 1 x 6 Tirage vertical buste penché 1 x 6 *Aucun repos entre les exercices		Échauffement d'épaules Boîte à épaules 2 x 10 Presse cubaine 2 x 10	Complexe Javorek Tir de l'arraché 1 x 6 Tir de l'épaulé 1 x 6 Squat press 1 x 6 Good morning 1 x 6 Tirage vertical buste penché 1 x 6 *Aucun repos entre les exercices
Vitesse/Agilité	Exercices de cônes 1 4 x 200m 75 % intensité 60 secondes de repos	Exercices d'échelle 1		Exercices d'échelle 2 4 x 300m Course (technique) 90 secondes de repos	Exercices de cônes 2
Développement	Haut du corps Force Développé couché incliné 1 x 5, 1 x 4, 2 x 3 Traction à la poulie haute ou *chinups* 1 x 5, 1 x 4, 2 x 3 Push press 1 x 5, 1 x 4, 2 x 3 Extension des triceps 2 x 10 Flexion des bras Zottman 2 x 10	Bas du corps Force Accroupissements 1 x 5, 1 x 4, 2 x 3 Soulevé de terre sumo 1 x 5, 1 x 4, 2 x 3 Fentes 3 x 4/jambe Extension dorsale (1 jambe) 3 x 4/jambe *Leg curl* 3 x 4		Haut du corps Force & Puissance Développé couché 1 x 5, 1 x 4, 2 x 3 *Jeté poussé* 1 x 5, 1 x 4, 2 x 3 Développé couché balistique 3 x 3 (30 % charge max) Tirage horizontal assis à la poulie basse 1 x 5, 1 x 4, 2 x 3	Bas du corps Force & Puissance Squat avant 1 x 5, 1 x 4, 2 x 3 Arraché 1 x 5, 1 x 4, 2 x 3 Épaulé 1 x 5, 1 x 4, 2 x 3 Step-up 3 x 4/jambe Single-leg leg press (Pied haut sur plateforme) 3 x 4/jambe
Travail optionnel	Développé couché aux haltères 3 x 12 Flexion des bras au banc Scott 3 x 12	Glissement de la plaque 3 x 12 *Natural glute-ham raise* 3 x 12		Développé couché aux haltères 3 x 12 Flexion des bras au banc Scott 3 x 12	Glissement de la plaque 3 x 12 *Natural glute-ham raise* 3 x 12
Conditionnement		Marche du fermier 4 x 100m marche			Marche du fermier 4 x 50m marche
Retour au calme	Étirements	Étirements		Étirements	Étirements

Phase 1 – Bloc B : Charge conjuguée en séquences — Semaine 5

Bloc	Lundi	Mercredi	Jeudi	Samedi	Dimanche
Préparation	Échauffement d'épaules Boîte à épaules 2 x 10 Presse cubaine 2 x 10	Complexe Javorek Tir de l'arraché 1 x 6 Tir de l'épaulé 1 x 6 *Squat press* 1 x 6 Good morning 1 x 6 Tirage vertical buste penché 1 x 6 *Aucun repos entre les exercices		Échauffement d'épaules Boîte à épaules 2 x 10 Presse cubaine 2 x 10	Complexe Javorek Tir de l'arraché 1 x 6 Tir de l'épaulé 1 x 6 *Squat press* 1 x 6 *Good morning* 1 x 6 Tirage vertical buste penché 1 x 6 *Aucun repos entre les exercices
Vitesse/Agilité	Exercices de cônes 1 4 x 100m 85 % intensité 90 secondes de repos	Exercices d'échelle 1	10 x 20m 100 % intensité 60 secondes de repos	Exercices d'échelle 2 4 x 150m 80 % intensité 120 secondes de repos	Exercices de cônes 2
Développement	Haut du corps Force & Puissance Développé couché incliné 4 x 4 Traction à la poulie haute ou *chinups* 4 x 4 *Push press* 4 x 4 Développé couché balistique 5 x 6 (17 % charge max)	Bas du corps Force & Puissance Accroupissements 4 x 4 Romanian deadlift 4 x 4 Fentes 3 x 10/jambe Back extension 1-leg 3 x 10/jambe Arraché 4 x 4		Haut du corps Force & Puissance Développé couché 4 x 6 Jeté poussé 4 x 6 Développé couché balistique 5 x 6 (17 % charge max) Tirage horizontal assis 5 x 6 Pompes (*push-up*) iso balistiques 4 x 4	Bas du corps Force & Puissance Squat avant 4 x 6 Arraché 4 x 6 Épaulé 4 x 6 *Jump squat* 3 x 10 (15 % squat max)
Travail optionnel	Développé couché aux haltères 3 x 12 Flexion des bras au banc Scott 3 x 12	Glissement de la plaque 3 x 12 *Natural glute-ham raise* 3 x 12		Développé couché aux haltères 3 x 12 Flexion des bras au banc Scott 3 x 12	Glissement de la plaque 3 x 12 *Natural glute-ham raise* 3 x 12
Conditionnement		Marche du fermier 6 x 100m marche			Marche du fermier 6 x 50m marche
Retour au calme	Étirements	Étirements		Étirements	Étirements

Phase 1 – Bloc B : Charge conjuguée en séquences - Semaine 6

Bloc	Lundi	Mercredi	Jeudi	Samedi	Dimanche
Préparation	Échauffement d'épaules Boîte à épaules 2 x 10 Presse cubaine 2 x 10	Complexe Javorek Tir de l'arraché 1 x 6 Tir de l'épaulé 1 x 6 *Squat press* 1 x 6 *Good morning* 1 x 6 Tirage vertical buste penché 1 x 6 *Aucun repos entre les exercices		Échauffement d'épaules Boîte à épaules 2 x 10 Presse cubaine 2 x 10	Complexe Javorek Tir de l'arraché 1 x 6 Tir de l'épaulé 1 x 6 *Squat press* 1 x 6 *Good morning* 1 x 6 Tirage vertical buste penché 1 x 6 *Aucun repos entre les exercices
Vitesse/Agilité	Exercices de cônes 1 5 x 100m 85 % intensité 90 secondes de repos	Exercices d'échelle 1	12 x 20m 100 % intensité 60 secondes de repos	Exercices d'échelle 2 5 x 150m 80 % intensité 120 secondes de repos	Exercices de cônes 2
Développement	Haut du corps Force & Puissance Développé couché incliné 2 x 4, 2 x 3 Traction à la poulie haute ou *chinups* 2 x 4, 2 x 3 *Push press* 2 x 4, 2 x 3 Développé couché balistique 6 x 5 (22% charge max) Lancer ballon médical (lancés à partir de la poitrine) (10-20lbs) 4 x 5	Bas du corps Force & Puissance Accroupissements 2 x 4, 2 x 3 Soulevé de terre roumain 2 x 4, 2 x 3 Fentes 3 x 8/jambe Extension dorsale à 1 jambe 3 x 8/jambe Arraché 2 x 4, 2 x 3 Épaulé 2 x 4, 2 x 3		Haut du corps Force & Puissance Développé couché 2 x 6, 2 x 5 Jeté poussé 2 x 6, 2 x 5 Développé couché balistique 6 x 5 (22 % charge max) Tirage horizontal assis 2 x 6, 2 x 5 Pompes (*push-up*) iso balistiques 4 x 5 Développé couché iso 4 x 5 (50 % charge max)	Bas du corps Force & Puissance Squat avant 2 x 6, 2 x 5 Arraché 2 x 6, 2 x 5 Épaulé 2 x 6, 2 x 5 *Jump squat* 4 x 8 (20% charge max) Fentes sautées 4 x 5/jambe (10% charge max)
Travail optionnel	Développé couché aux haltères 3 x 12 Flexion des bras au banc Scott 3 x 12	Glissement de la plaque 3 x 12 *Natural glute-ham raise* 3 x 12		Développé couché aux haltères 3 x 12 Flexion des bras au banc Scott 3 x 12	Glissement de la plaque 3 x 12 *Natural glute-ham raise* 3 x 12
Conditionnement		Marche du fermier 7 x 100m marche			Marche du fermier 7 x 50m marche
Retour au calme	Étirements	Étirements		Étirements	Étirements

Phase 1 – Bloc B : Charge conjuguée en séquences - Semaine 7

Bloc	Lundi	Mercredi	Jeudi	Samedi	Dimanche
Préparation	Échauffement d'épaules Boîte à épaules 2 x 10 Presse cubaine 2 x 10	Complexe Javorek Tir de l'arraché 1 x 6 Tir de l'épaulé 1 x 6 *Squat press* 1 x 6 *Good morning* 1 x 6 Tirage vertical buste penché 1 x 6 *Aucun repos entre les exercices		Échauffement d'épaules Boîte à épaules 2 x 10 Presse cubaine 2 x 10	Complexe Javorek Tir de l'arraché 1 x 6 Tir de l'épaulé 1 x 6 *Squat press* 1 x 6 *Good morning* 1 x 6 Tirage vertical buste penché 1 x 6 *Aucun repos entre les exercices
Vitesse/Agilité	Exercices de cônes 1 6 x 100m 85 % intensité 60 secondes de repos	Exercices d'échelle 1	14 x 20m 100 % intensité 30 secondes de repos	Exercices d'échelle 2 6 x 150m 80 % intensité 90 secondes de repos	Exercices de cônes 2
Développement	Haut du corps Force & Puissance Développé couché incliné 2 x 4, 1 x 3, 1 x 2 Traction à la poulie haute ou *chinups* 2 x 4, 1 x 3, 1 x 2 Push press 2 x 4, 1 x 3, 1 x 2 Développé couché balistique 7 x 4 (27 % charge max) Lancé du ballon médical (à partir de 10-20lbs) 5 x 5	Bas du corps Force & Puissance Accroupissements 2 x 4, 1 x 3, 1 x 2 Soulevé de terre roumain 2 x 4, 1 x 3, 1 x 2 Fentes 3 x 6/jambe Back extension 1-leg 3 x 6/jambe Arraché 2 x 4, 1 x 3, 1 x 2 Épaulé 2 x 4, 1 x 3, 1 x 2 Sauts en hauteur 3 x 5		Haut du corps Force & Puissance Développé couché 2 x 6, 1 x 5, 1 x 4 Jeté poussé 2 x 6, 1 x 5, 1 x 4 Développé couché balistique 7 x 4 (27 % charge max) Tirage horizontal assis 2 x 6, 1 x 5, 1 x 4 Iso ballistic push ups 5 x 5 Développé couché iso 5 x 4 (55 % charge max)	Bas du corps Force & Puissance Squat avant 2 x 6, 1 x 5, 1 x 4 Arraché 2 x 6, 1 x 5, 1 x 4 Épaulé 2 x 6, 1 x 5, 1 x 4 *Jump squat* 5 x 6 (25 % squat max) Fentes sautées 5 x 5/jambe (10 % squat max) Sauts en hauteur 3 x 5
Travail optionnel	Développé couché aux haltères 3 x 12 Flexion des bras au banc Scott 3 x 12	Glissement de la plaque 3 x 12 *Natural glute-ham raise* 3 x 12		Développé couché aux haltères 3 x 12 Flexion des bras au banc Scott 3 x 12	Glissement de la plaque 3 x 12 *Natural glute-ham raise* 3 x 12
Conditionnement		Marche du fermier 8 x 100m marche			Marche du fermier 8 x 50m marche
Retour au calme	Étirements	Étirements		Étirements	Étirements

Phase 1 – Bloc B : Charge conjuguée en séquences - Semaine 8

Bloc	Lundi	Mercredi	Jeudi	Samedi	Dimanche
Préparation	Échauffement d'épaules Boîte à épaules 2 x 10 Presse cubaine 2 x 10	Complexe Javorek Tir de l'arraché 1 x 6 Tir de l'épaulé 1 x 6 *Squat press* 1 x 6 *Good morning* 1 x 6 Tirage vertical buste penché 1 x 6 *Aucun repos entre les exercices		Échauffement d'épaules Boîte à épaules 2 x 10 Presse cubaine 2 x 10	Complexe Javorek Tir de l'arraché 1 x 6 Tir de l'épaulé 1 x 6 *Squat press* 1 x 6 *Good morning* 1 x 6 Tirage vertical buste penché 1 x 6 *Aucun repos entre les exercices
Vitesse/Agilité	Exercices de cônes 1 4 x 100m 85 % intensité 60 secondes de repos	Exercices d'échelle 1	10 x 20m 100 % intensité 30 secondes de repos	Exercices d'échelle 2 4 x 150m 80 % intensité 90 secondes de repos	Exercices de cônes 2
Développement	Haut du corps Force & Puissance Développé couché incliné 1 x 3, 1 x 2, 1 x 1 Traction à la poulie haute ou *chinups* 1 x 3, 1 x 2, 1 x 1 *Push press* 1 x 3, 1 x 2, 1 x 1 Développé couché balistique 3 x 3 (32 % charge max) Lancer ballon médical (à partir de la poitrine) (10-20lbs) 6 x 5	Bas du corps Force & Puissance Accroupissements 1 x 3, 1 x 2, 1 x 1 Soulevé de terre roumain 1 x 3, 1 x 2, 1 x 1 Fentes 3 x 4/jambe Extension dorsale à 1 jambe 3 x 4/jambe Arraché 1 x 3, 1 x 2, 1 x 1 Épaulé 1 x 3, 1 x 2, 1 x 1 Sauts en hauteur 4 x 5		Haut du corps Force & Puissance Développé couché 1 x 5, 1 x 3, 1 x 2 Jeté poussé 1 x 5, 1 x 3, 1 x 2 Développé couché balistique 3 x 3 (32 % charge max) Tirage horizontal assis 1 x 5, 1 x 3, 1 x 2 Pompes (*push-ups*) iso balistiques. 5 x 5 Développé couché iso 6 x 5 (60 % charge max)	Bas du corps Force & Puissance Squat avant 1 x 5, 1 x 3, 1 x 2 Arraché 1 x 5, 1 x 3, 1 x 2 Épaulé 1 x 5, 1 x 3, 1 x 2 *Jump squat* 6 x 5 (30 % charge max) Fentes sautées 6 x 5/jambe (12 % charge max) Sauts en hauteur 4 x 5
Travail optionnel	Développé couché aux haltères 3 x 12 Flexion des bras au banc Scott 3 x 12	Glissement de la plaque 3 x 12 *Natural glute-ham raise* 3 x 12		Développé couché aux haltères 3 x 12 Flexion des bras au banc Scott 3 x 12	Glissement de la plaque 3 x 12 *Natural glute-ham raise* 3 x 12
Conditionnement		Marche du fermier 7 x 100m marche			Marche du fermier 7 x 50m marche
Retour au calme	Étirements	Étirements		Étirements	Étirements

Phase 1 – Bloc C : Transposition des acquis/Maîtrise du geste sportif — Semaine 9

Bloc	Lundi	Mercredi	Jeudi	Samedi	Dimanche
Préparation	Échauffement d'épaules Boîte à épaules 2 x 10 Presse cubaine 2 x 10	Complexe Javorek Tir de l'arraché 1 x 6 Tir de l'épaulé 1 x 6 *Squat press* 1 x 6 *Good morning* 1 x 6 Tirage vertical buste penché 1 x 6 *Aucun repos entre les exercices		Échauffement d'épaules Boîte à épaules 2 x 10 Presse cubaine 2 x 10	Complexe Javorek Tir de l'arraché 1 x 6 Tir de l'épaulé 1 x 6 *Squat press* 1 x 6 *Good morning* 1 x 6 Tirage vertical buste penché 1 x 6 *Aucun repos entre les exercices
Vitesse/Agilité	Exercices de cônes 1 10 x 20m 100 % intensité 60 secondes de repos	Exercices d'échelle 1 6 x 40m 100 % intensité 90 secondes de repos	6 x 50m 100 % intensité 90 secondes de repos	Exercices d'échelle 2 6 x 60m 90 % intensité 90 secondes de repos	Exercices de cônes 2 4 x 80m 90 % intensité 120 secondes de repos
Développement	Haut du corps Force & Puissance Développé couché 2 x 3, 2 x 2 Tirage horizontal assis 3 x 10 *Push press* 2 x 3, 2 x 2 Développé couché balistique 3 x 5 (20 % charge max)	Bas du corps Force & Puissance Accroupissements 2 x 3, 2 x 2 Extension dorsale à 1 jambe 3 x 10 *Jump squat* 3 x 10 (20 % charge squat) Sauts en hauteur 3 x 5		Haut du corps Force & Puissance Développé couché incliné 3 x 10 Jeté poussé 3 x 6 Développé couché balistique 3 x 5 (20 % charge max) Tirage vertical à la poulie haute 3 x 10	Bas du corps Force & Puissance Arraché aux blocs 2 x 3, 2 x 2 Épaulé aux blocs 2 x 3, 2 x 2 *Jump squat* 3 x 10 (20 % squat max) Sauts en hauteur 3 x 5
Travail optionnel	Développé couché aux haltères 3 x 12 Flexion des bras au banc Scott 3 x 12	Glissement de la plaque 3 x 12 *Natural glute-ham raise* 3 x 12		Développé couché aux haltères 3 x 12 Flexion des bras au banc Scott 3 x 12	Glissement de la plaque 3 x 12 *Natural glute-ham raise* 3 x 12
Conditionnement					
Retour au calme	Étirements	Étirements		Étirements	Étirements

Phase 1 – Bloc C : Transposition des acquis/Maîtrise du geste sportif — Semaine 10

Bloc	Lundi	Mercredi	Jeudi	Samedi	Dimanche
Préparation	Échauffement d'épaules Boîte à épaules 2 x 10 Presse cubaine 2 x 10	Complexe Javorek Tir de l'arraché 1 x 6 Tir de l'épaulé 1 x 6 *Squat press* 1 x 6 *Good morning* 1 x 6 Tirage vertical buste penché 1 x 6 *Aucun repos entre les exercices		Échauffement d'épaules Boîte à épaules 2 x 10 Presse cubaine 2 x 10	Complexe Javorek Tir de l'arraché 1 x 6 Tir de l'épaulé 1 x 6 *Squat press* 1 x 6 Good morning 1 x 6 Tirage vertical buste penché 1 x 6 *Aucun repos entre les exercices
Vitesse/Agilité	Exercices de cônes 1 12 x 20m 100 % intensité 60 secondes de repos	Exercices d'échelle 1 8 x 40m 100 % intensité 90 secondes de repos	8 x 50m 100 % intensité 90 secondes de repos	Exercices d'échelle 2 8 x 60m 90 % intensité 90 secondes de repos	Exercices de cônes 2 6 x 80m 90 % intensité 120 secondes de repos
Développement	Haut du corps Force & Puissance Développé couché 1 x 3, 1 x 2, 1 x 1 1 x 3, 1 x 2, 1 x 1 Tirage horizontal assis 3 x 10 *Push press* 1 x 3, 1 x 2, 1 x 1 1 x 3, 1 x 2, 1 x 1 Développé couché balistique 4 x 4 (25 % charge max)	Bas du corps Force & Puissance Accroupissements 1 x 3, 1 x 2, 1 x 1 1 x 3, 1 x 2, 1 x 1 Extension dorsale à 1 jambe 3 x 10 *Jump squat* 4 x 8 (25 % max squat) Sauts en hauteur 4 x 5		Haut du corps Force & Puissance Développé couché incliné 3 x 8 Jeté poussé 3 x 4 Développé couché balistique 4 x 4 (25 % charge max) Tirage vertical à la poulie haute 3 x 8	Bas du corps Force & Puissance Arraché sur blocs 1 x 3, 1 x 2, 1 x 1 1 x 3, 1 x 2, 1 x 1 Épaulé sur blocs x 3, 1 x 2, 1 x 1 1 x 3, 1 x 2, 1 x 1 *Jump squat* 4 x 8 (25 % squat max) Sauts en hauteur 4 x 5
Travail optionnel	Développé couché aux haltères 3 x 12 Flexion des bras au banc Scott 3 x 12	Glissement de la plaque 3 x 12 *Natural glute-ham raise* 3 x 12		Développé couché aux haltères 3 x 12 Flexion des bras au banc Scott 3 x 12	Glissement de la plaque 3 x 12 *Natural glute-ham raise* 3 x 12
Conditionnement					
Retour au calme	Étirements	Étirements		Étirements	Étirements

Phase 1 – Bloc C : Transposition des acquis/Maîtrise du geste sportif — Semaine 11

Bloc	Lundi	Mercredi	Jeudi	Samedi	Dimanche
Préparation	Échauffement d'épaules Boîte à épaules 2 x 10 Presse cubaine 2 x 10	Complexe Javorek Tir de l'arraché 1 x 6 Tir de l'épaulé 1 x 6 *Squat press* 1 x 6 *Good morning* 1 x 6 Tirage vertical buste penché 1 x 6 *Aucun repos entre les exercices		Échauffement d'épaules Boîte à épaules 2 x 10 Presse cubaine 2 x 10	Complexe Javorek Tir de l'arraché 1 x 6 Tir de l'épaulé 1 x 6 *Squat press* 1 x 6 *Good morning* 1 x 6 Tirage vertical buste penché 1 x 6 *Aucun repos entre les exercices
Vitesse/Agilité	Exercices de cônes 1 14 x 20m 100 % intensité 60 secondes de repos	Exercices d'échelle 1 10 x 40m 100 % intensité 90 secondes de repos	10 x 50m 100 % intensité 90 secondes de repos	Exercices d'échelle 2 10 x 60m 90 % intensité 90 secondes de repos	Exercices de cônes 2 8 x 80m 90 % intensité 120 secondes de repos
Développement	Haut du corps Force & Puissance Développé couché 1 x 2, 1 x 2, 1 x 1 1 x 2, 1 x 2, 1 x 1 Tirage horizontal assis 3 x 10 *Push press* 1 x 2, 1 x 2, 1 x 1 1 x 2, 1 x 2, 1 x 1 Développé couché balistique 5 x 3 (30 % charge max)	Bas du corps Force & Puissance Accroupissements 1 x 2, 1 x 2, 1 x 1 1 x 2, 1 x 2, 1 x 1 Extension dorsale 1 jambe 3 x 10 *Jump squat* 5 x 6 (30 % max squat) Sauts en hauteur 5 x 5		Haut du corps Force & Puissance Développé couché incliné 3 x 6 Jeté poussé 3 x 4 Développé couché balistique 5 x 3 (30 % charge max) Tirage vertical poulie haute 3 x 6	Bas du corps Force & Puissance Arraché sur blocs 1 x 2, 1 x 2, 1 x 1 1 x 2, 1 x 2, 1 x 1 Épaulé sur blocs 1 x 2, 1 x 2, 1 x 1 1 x 2, 1 x 2, 1 x 1 *Jump squat* 5 x 6 (30% squat max) Saut en hauteur 5 x 5
Travail optionnel					
Conditionnement					
Retour au calme	Étirements	Étirements		Étirements	Étirements

Phase 1 – Bloc C : Transposition des acquis/Maîtrise du geste sportif — Semaine 12

Bloc	Lundi	Mercredi	Jeudi	Samedi	Dimanche
Préparation	Échauffement d'épaules Boîte à épaules 2 x 10 Presse cubaine 2 x 10	Complexe Javorek Tir de l'arraché 1 x 6 Tir de l'épaulé 1 x 6 *Squat press* 1 x 6 *Good morning* 1 x 6 Tirage vertical buste penché 1 x 6 *Aucun repos entre les exercices		Échauffement d'épaules Boîte à épaules 2 x 10 Presse cubaine 2 x 10	Complexe Javorek Tir de l'arraché 1 x 6 Tir de l'épaulé 1 x 6 *Squat press* 1 x 6 *Good morning* 1 x 6 Tirage vertical buste penché 1 x 6 *Aucun repos entre les exercices
Vitesse/Agilité	Exercices de cônes 1 12 x 20m 100 % intensité 60 secondes de repos	Exercices d'échelle 1 8 x 40m 100 % intensité 90 secondes de repos	8 x 50m 100 % intensité 90 secondes de repos	Exercices d'échelle 2 8 x 60m 90 % intensité 90 secondes de repos	Exercices de cônes 2 6 x 80m 90 % intensité 120 secondes de repos
Développement	Haut du corps Force & Puissance Développé couché 1 x 2, 1 x 2, 1 x 1 Tirage horizontal assis 2 x 10 *Push press* 1 x 2, 1 x 2, 1 x 1 Développé couché balistique 3 x 2 (35% charge max)	Bas du corps Force & Puissance Accroupissements 1 x 2, 1 x 2, 1 x 1 Extension dorsale 1 jambe 2 x 10 *Jump squat* 3 x 6 (30 % max squat) Sauts en hauteur 3 x 5		Haut du corps Force & Puissance Développé couché incliné 2 x 4 Jeté poussé 2 x 4 Développé couché balistique 3 x 2 (35 % charge max) Tirage vertical à la poulie haute 2 x 4	Bas du corps Force & Puissance Arraché sur blocs 1 x 2, 1 x 2, 1 x 1 Épaulé sur blocs 1 x 2, 1 x 2, 1 x 1 *Jump squat* 3 x 6 (30 % squat max) Saut en hauteur 3 x 5
Travail optionnel					
Conditionnement					
Retour au calme	Étirements	Étirements		Étirements	Étirements

CHAPITRE 13
Apprendre les mouvements olympiques

Dans ce chapitre ...

- Comment corriger les erreurs les plus courantes dans l'épaulé
- Un programme d'entraînement olympique pour débutant

« Mettez de l'ordre dans ce fouillis : Corriger les 9 erreurs les plus communes à l'épaulé »

Il y a un stigma autour des mouvements olympiques qu'ils sont impossible à apprendre sans un *coach*. Le résultat est donc que plusieurs athlètes qui aimeraient essayer ces mouvements ne le font tout simplement pas. C'est compréhensible par contre. Allez dans n'importe quel gym et vous serez chanceux de voir une personne faire un épaulé. Vous serez encore plus chanceux d'y trouver une personne assez compétente pour enseigner le mouvement et pour corriger les erreurs que les gens font.

Eh bien, je vais faire plusieurs veinards parce que je vais vous transformer en un expert en mouvements olympiques! Ouais, je vais vous montrer les 9 erreurs les plus communes faites à l'épaulé et je vous montrerai exactement comment les corriger. Cette information sera précieuse si vous êtes un entraîneur, ou si vous désirez simplement essayer les mouvements olympiques pour le plaisir.

La pratique parfaite perfectionne…, la pratique rend permanent.

Je l'ai déjà dit et je le répète, les variantes les plus simples des mouvements olympiques (épaulé à partir des blocs ou debout, arraché à partir des blocs ou debout) peuvent être apprises très facilement et de façon très sécuritaire. Un athlète, ou quelqu'un s'entraînant pour lui-même, devrait donc rester avec ces mouvements plus faciles, ils sont tout aussi efficaces que les mouvements olympiques complets en matière de développement de force et de puissance.

Cependant, même si ces mouvements sont faciles à apprendre, la moindre petite erreur peut réellement ralentir vos progrès et les gains que vous pourriez retirer de l'exercice. De plus, comme les mouvements olympiques sont des mouvements d'agilité (structure plus complexe que les exercices réguliers, davantage de synchronisme requis), pratiquer une erreur créera une mauvaise habitude qu'il sera difficile de corriger.

Pour devenir efficace aux mouvements olympiques, vous devez pratiquer énormément. Pas seulement ça, mais vous devez en plus faire plusieurs répétitions parfaites. La science de l'apprentissage moteur suggère qu'un mouvement de la complexité de l'épaulé demande environ 500 répétitions parfaites pour être automatisé, chaque mauvaise répétition augmente ce nombre légèrement. Voilà pourquoi la connaissance des erreurs les plus communes et la façon de les corriger vous aideront énormément à devenir un meilleur athlète et une personne plus puissante.

Premier type d'erreurs : La position de départ

Une maison ne peut être plus solide que sa fondation! Plusieurs personnes focalisent tellement sur l'apprentissage de la partie explosion de l'épaulé qu'ils en oublient d'apprendre la position de départ correcte. Il est impossible de faire une répétition techniquement efficace en ayant une mauvaise position de départ. Avant de corriger quoi que ce soit, vous devez vous assurer que, dès le départ, l'athlète est positionné parfaitement. Notez que je parle de l'épaulé à partir de la position debout et l'épaulé à partir de blocs comme ce sont les variations que je vous recommande d'utiliser dans vos entraînements.

1. Dos arrondi en position de départ

C'est une erreur très commune et je trouve qu'elle est encore plus répandue chez les jeunes athlètes. Il y a quelque chose dans cette attitude « cool » qui rend difficile l'apprentissage d'une position de départ correcte.

Vous remarquerez que le coccyx est tourné vers l'intérieur et que la région lombaire a perdu son arc (en fait, c'est même un arc inversé). Ceci va littéralement anéantir vos efforts d'explosion au niveau des jambes. Le stress sur votre région lombaire sera énorme et forcera les bras à entrer en action pour tirer. Il est capital pour un athlète d'apprendre la bonne position de départ avec le bas du dos arqué et le bassin reculé. Pour certains, cette position est difficile à apprendre simplement parce qu'ils ont une attitude négligée et ne tiennent jamais leur dos arqué. Si votre athlète ne peut pas prendre cette position seul, n'hésitez pas à placer ses hanches dans le bon alignement pour lui. Ci-dessous se trouve la bonne position de départ.

2. Flexion des jambes insuffisante en position de départ

Ceci est également assez commun. Les jambes sont presque droites en position de départ et le bassin trop haut. Ceci empêche toute forme d'explosivité du bas du corps et déplace la charge de travail à la région lombaire. En tant qu'athlètes, nous désirons tous utiliser les mouvements olympiques pour développer des jambes plus puissantes. Les soustraire de l'équation n'est donc par très productif.

Les genoux devraient être suffisamment fléchis pour que les jambes puissent faire la majorité du travail. Pour la plupart des gens, ceci signifie un angle de 100-120 degrés. Une flexion des jambes excessive n'est pas préférable parce qu'elle change le bras de levier et rend le mouvement plus difficile. Dans la position idéale, l'athlète fléchit ses genoux et ses épaules se trouvent juste au-dessus de la barre (si vous fléchissez trop vos genoux, la barre sera devant les épaules). Cette position vous place dans la position de tir la plus avantageuse possible. Ici encore, voyez la photo pour la position de départ correcte.

3. Regarder vers le bas/arrondir le haut du dos à la position de départ

Cette erreur est fréquente surtout avec les tout débutants qui manquent de confiance. Quand ils ne sont pas certains à propos de ce qu'ils ont à faire, ils vont invariablement regarder vers le bas et se recroqueviller sur eux-mêmes. Ceci est une position de tir horrible! Il est impossible de développer beaucoup de force de cette façon et c'est dangereux pour votre dos.

L'athlète doit regarder légèrement au-dessus du niveau des yeux et garder le haut du dos droit. Je dis toujours à mes athlètes d'adopter une « position de plage ». La poitrine est bombée, les omoplates sont rapprochés et le dos est tenu droit. Évidemment, vous devez faire les ajustements techniques, mais également prendre en considération que si l'athlète ne comprend pas le mouvement il aura tendance à prendre cette posture de départ. Il est de votre devoir de faire en sorte qu'il comprenne ce qu'il doit faire.

4. Bras fléchis dans la position de départ

Il s'agit d'une chose à éviter absolument. Rien ne sapera votre puissance plus que d'avoir les bras fléchis dans la position de départ. Cependant, comprenez que c'est une réaction naturelle lors de l'apprentissage du mouvement et que la charge semble excessive pour l'athlète. Fléchir les bras est une réaction de protection. Dans la position de départ, pensez à vos bras comme étant des câbles, ils ne sont là que pour attacher la barre à votre corps.

Il est important que vous enseigniez à votre athlète que d'avoir les bras fléchis dans la position de départ rend l'utilisation maximale des jambes plus difficile. Vous aurez tendance à tirer avec les bras et ceci est mauvais. Enseignez à votre athlète de laisser pendre ses bras vers le bas. L'explosion provient des hanches et des jambes, pas des bras.

Second type d'erreurs : Exécution

Une fois que la bonne position de départ est maîtrisée, l'exécution devrait être facilitée. Malgré cela, certains problèmes peuvent survenir. Souvent, ils sont difficiles à corriger si on les remarque tardivement. Malheureusement, l'exécution de ce mouvement est faite rapidement, donc il est difficile de détecter quelque erreur que ce soit. C'est pourquoi il est important d'avoir l'œil vif au gym !

1. Extension complète faible/lente

Cette erreur se présente sous deux formes :

a) l'athlète ne fait pas une extension complète à la tirée
b) l'extension est lente

À la fin de la tirée, vous devriez pouvoir remarquer une extension des genoux complète, idem pour les chevilles et une légère extension du dos. Enseignez à votre athlète à penser « mollets et trapèzes ». À la fin de la tirée, il doit focaliser sur la contraction des trapèzes et des mollets. Ci-dessous est illustrée une extension correcte lors d'un épaulé.

Si l'extension est complète (extensions des genoux et des chevilles complètes, et une légère extension du dos), mais trop lente, le problème est que la charge est trop élevée ou que l'athlète manque de force explosive. La solution est facile pour le premier cas. Pour le second, c'est un peu plus complexe et exige un peu de temps à corriger. L'inclusion d'accroupissements sautés (*jump squat*) avec 10-15 % du max aidera à augmenter la capacité d'explosion et mènera à un tir plus rapide, mais par-dessus tout vous devez mettre l'emphase sur l'accélération! Plusieurs athlètes tirent lentement parce qu'on ne leur a jamais enseigné à exploser. Ne laissez pas vos athlètes faire un tir d'accélération lentement.

Si l'extension est incomplète (soit que les genoux ou que les chevilles ne sont pas pleinement en extension), le problème est souvent relié à un manque de force limite dans le bas du corps ou à une « fermeture » inconsciente des circuits parce que l'athlète trouve que la charge est trop lourde. Cependant, tout comme le problème précédent, un tir raccourci peut être une habitude apprise, dans ce cas, mettez simplement l'emphase sur l'acquisition d'une extension complète. Une clé simple à utiliser est de demander à l'athlète de focaliser sur les mollets et sur les trapèzes. Qu'il sente les mollets et les trapèzes se contracter complètement à la fin du mouvement. Souvent, ceci règlera le problème.

2. La barre est soulevée trop en avant

Cette erreur peut être facilement détectée. L'athlète devra soit sauter vers l'avant pour rattraper la barre ou il le fera avec les épaules devant les genoux. Ce problème est souvent associé à une extension incomplète lors du tir ou au fait que le poids soit trop vers l'avant (sur les orteils) lors de la préparation du mouvement.

Selon la source du problème, vous voudrez travailler la capacité de compléter le tir (mollets et trapèzes) ou demander à l'athlète de garder le poids réparti également sur chaque pied.

3. La barre est soulevée à l'envers

Ceci est également facile à détecter. L'athlète va soit sauter vers le bas ou va attraper la barre avec ses épaules derrière les hanches. C'est le problème des bons tireurs. En fait, dans l'exécution des mouvements olympiques complets, sauter « en dessous » est beaucoup utilisé par les Bulgares (qui utilisent plus de tirs avec le dos que la plupart des athlètes), mais pour le développement athlétique ce n'est pas adéquat. Ce type d'exécution déplace une grande partie de la charge de travail sur le bas du dos et loin des jambes.

9 fois sur 10, ce genre de levé de la barre est provoqué par une extension excessive de la région lombaire. Pour résoudre le problème, demandez à l'athlète de focaliser sur l'idée de se faire grand pendant le tir ; il doit tenter d'étirer son corps vers le haut autant que possible. Voici la position de réception correcte pour l'épaulé.

4. Tir des bras prématuré

Ceci est également très commun, surtout quand la charge devient élevée. Quand la charge est ressentie comme lourde dans vos mains, vous aurez tendance à tirer avec les bras d'abord. C'est une erreur! Ceci réduit grandement le potentiel d'accélération et peut mener à des blessures aux coudes.

Les bras devraient être fléchis aux coudes quand le corps atteint son extension complète. Si vous remarquez une flexion avant cela, vous devez la corriger!

La plupart du temps, ce problème doit être résolu en réapprenant les mouvements qui exigent de garder les bras droits. Ceci signifie utiliser des charges plus légères et réellement mettre l'emphase sur l'explosion du bas du corps. Une fois que l'athlète se sent solide et constant, vous pouvez graduellement augmenter la charge.

5. Poignets trop en avant du corps

Plus la barre est près de votre corps, plus le mouvement sera facile. Une des erreurs les plus communes à l'épaulé est de faire un mouvement de flexion des bras prise inversée. Ceci peut limiter votre potentiel à l'épaulé. L'action des bras pendant un épaulé ressemble davantage à un tirage vertical qu'à une flexion des bras prise inversée. La barre doit demeurer près du corps en tout temps et les épaules, coudes et poignets devraient être alignés pendant le tir.

Le point de vue d'un athlète

Nicolas Roy est un sprinter au 60 mètres et un expert en conditionnement physique. Puisqu'il est novice en matière de mouvements olympiques, je lui ai demandé de vous parler de son apprentissage de l'épaulé à partir de la position debout. Si vous êtes en train d'apprendre les mouvements olympiques vous-même, ces conseils vous donneront sans doute plusieurs façons d'apprendre plus facilement et de façon plus efficace.

Truc no.1

D'abord, quand j'ai commencé à apprendre les mouvements olympiques, j'ai fait face à un dilemme. Je me demandais si je devais sauter avec la barre ou si je ne devais faire qu'une flexion plantaire. Certains me disaient de sauter avec la barre et d'autres non. Après avoir discuté avec Christian Thibaudeau, j'ai compris que ceci dépend de vos besoins. Si vous faites les mouvements olympiques pour développer votre puissance en sport alors vous ne devriez pas hésiter à sauter. Si vous apprenez les mouvements olympiques pour avoir la technique parfaite pendant vos entraînements alors vous ne devriez pas sauter. Dans mon cas, j'apprenais ces mouvements pour améliorer ma puissance pour les sports, alors j'ai appris à sauter.

Truc no.2

Un autre détail qui m'aidait à augmenter ma puissance était de débuter avec des mouvements à partir de la position debout (barre suspendue). Pourquoi est-ce plus efficace qu'un mouvement olympique complet pour le développement de la puissance? Parce que si votre position de départ est au dessus de vos genoux la barre doit traverser une distance plus courte avant d'arriver à sa position finale, vous donnant ainsi moins de temps pour lui donner de la vitesse. Vous devez donc accélérer la barre beaucoup plus rapidement.

Truc no. 3

Quand j'ai commencé à faire de l'haltérophilie, je n'utilisais pas suffisamment la puissance de mes jambes. En fait, mon dos faisait la plus grande partie du travail, alors je n'étais pas du tout efficace. Avec un peu de rétroaction, j'ai appris à fléchir mes genoux pour ensuite exploser vers le haut. Quand vous commencez ce mouvement, vous devez utiliser cette énergie élastique accumulée par le réflexe d'étirement de la même façon que vous le feriez pour de la plyométrie. Assurez-vous de ne pas attendre entre la flexion et l'explosion sinon vous allez perdre cette énergie élastique et la barre ne se soulèvera pas aussi facilement. Dès que la barre arrive à la hauteur des genoux, explosez immédiatement vers le haut!

Truc n° 4

Gardez vos bras droits jusqu'au moment où vous devez passer sous la barre afin de ne pas diffuser l'énergie produite par vos jambes. Si vous fléchissez les coudes, l'énergie sera perdue par le déplacement des segments du bras (*Note de Chris : très bon point et très bonne explication*).

Truc n° 5

N'hésitez pas à faire une extension du tronc. Ce mouvement vous aidera à terminer le soulevé avec votre poids sur vos talons. De cette façon, la barre n'aura pas tendance à tomber vers l'avant puisqu'elle sera au-dessus de votre centre de gravité. Abréger mon tir est quelque chose que je fais encore parfois surtout quand je suis fatigué. Par exemple, à la cinquième répétition quand mon SNC a de la difficulté à recruter les unités motrices.

Truc n° 6

Gardez la barre près de vous pour améliorer l'efficacité mécanique. Pour illustrer ce principe, essayez de tenir une plaque de 10 lb avec vos bras tendus devant vous, et ensuite tenez-la près de votre corps. Vous constaterez immédiatement que plus la charge est près de votre centre de gravité, moins vos muscles doivent générer d'effort. Si la barre est loin de votre corps, vos muscles doivent générer une force qui est en fait plus grande que la résistance elle-même simplement pour compenser le déséquilibre de levier (et vous n'avez même pas encore commencé à soulever la charge). Donc, pour aider vos muscles à soulever la barre, gardez-la près de votre corps.

Truc n° 7

Finalement, quand vous recevez la barre, soulevez les coudes vraiment hauts quand la barre est sur vos épaules pour éviter que vous ayez à lutter contre la barre pour la garder haute. La gravité fera en sorte de garder la barre sur vos épaules si elle n'est pas bien « assise ».

Conclusion

Avec cette section vous devriez pouvoir apprendre et enseigner correctement l'épaulé à partir de la position debout et de corriger les erreurs techniques de base qui nuisent à la performance. Avec les trucs de Nic, vous avez également plusieurs points importants pour vous aider vous et vos athlètes à progresser plus rapidement.

Souvenez-vous que même si cette section vous donne les bons outils pour apprendre et parfaire votre technique, vous devez tout de même mettre le temps nécessaire pour apprendre l'épaulé à partir de la position debout. La pratique parfaite rend parfait!

« Un programme d'haltérophilie pour débutant »

Apprenez les mouvements olympiques de base en 12 semaines

Les différents mouvements olympiques reçoivent depuis peu beaucoup de bons commentaires de la part des experts en entraînement en force de partout dans le monde et ils ont bien raison ; ces exercices sont une façon très efficace de développer la puissance, la flexibilité dynamique et les aptitudes athlétiques. Cependant, même si ces exercices sont utilisés de plus en plus par les organisations sportives élites, ils demeurent tout de même relativement inconnus pour l'athlète moyen. Le problème peut venir du fait que ces mouvements sont difficiles à apprendre. De plus, les seuls programmes et vidéos disponibles sur le marché à propos de ces mouvements ont été conçus pour les haltérophiles de compétition. Il n'existe rien sur le marché pour le tout débutant qui veut apprendre ces mouvements et les intégrer dans ses entraînements. Il existe bien quelques vidéos démontrant la technique dont plusieurs sont excellents. Cependant, apprendre ces mouvements et concevoir un programme d'entraînement efficace sont deux choses différentes!

Donc si un individu désire commencer à utiliser ces mouvements il fait face à trois problèmes :

1. Apprendre la technique
2. Apprendre à planifier une routine d'haltérophilie adaptée à ses besoins
3. Développer la flexibilité nécessaire afin de faire les mouvements correctement

Le programme expliqué dans ce chapitre est une phase d'introduction aux mouvements olympiques. L'objectif principal est de développer l'amplitude de mouvement adéquate pour faire les mouvements olympiques tout en vous introduisant au concept d'explosion en utilisant les formes simplifiées des exercices. Vous commencerez avec les formes les plus faciles pour progresser graduellement vers les variantes plus complexes à chaque nouvelle phase d'entraînement de 4 semaines.

La première phase résultera en beaucoup d'hypertrophie spécifique. Ce que j'entends par cela est que vous gagnerez beaucoup de masse musculaire et beaucoup de force dans les muscles spécifiques aux mouvements olympiques (trapèzes, haut et bas du dos, quadriceps, ischiojambiers, fessiers, deltoïdes).

Je présenterai d'abord la routine d'échauffement que vous utiliserez au début de chacune des séances d'entraînement des trois phases. L'échauffement ne change pas pendant la durée des 12 semaines.

L'échauffement

Cette portion de l'entraînement est cruciale. Les mouvements olympiques sont des exercices d'accélération et de force élevées. La demande sur le corps est donc très élevée. Il est donc très important que vous soyez bien préparé pour faire face à chacun des entraînements. L'échauffement à utiliser est le même pour chaque entraînement de la semaine. Il est divisé en deux parties, la préparation articulaire et la préparation musculaire.

Préparation articulaire

L'objectif de cette partie de l'entraînement est de préparer votre corps et vos articulations à atteindre les différentes positions requises par les mouvements olympiques. Vous allez utiliser uniquement la barre pour ces exercices. Cette portion d'entraînement comprend quatre exercices. Faites tous ces exercices en succession, ne vous reposez pas plus de 15 secondes.

A. Étirement en position arraché

Ce mouvement est relativement simple. Vous prenez la barre avec une prise comme pour un arraché (prise large) et vous vous accroupissez. Pendant que vous êtes en position basse, vous placez la barre sur vos quadriceps et poussez vers le bas. Tentez de maintenir la région lombaire arquée. Maintenez cette position pendant 30 secondes.

B. Rotation en position arraché

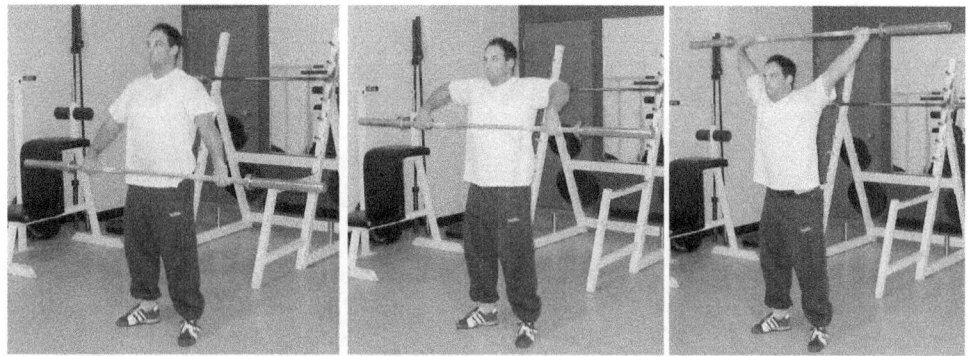

Cet exercice ressemble énormément à la bonne vieille presse cubaine. Prenez la barre avec une prise large, faites un tirage vertical jusqu'à ce que vos bras soient parallèles au plancher, ensuite pivotez la barre jusqu'en position finale de l'arraché. Faites cet exercice pour 2 séries de 6 répétitions avec une barre vide.

C. Presse de l'arraché

Cet exercice est simplement un levé militaire derrière la nuque avec une barre vide. Concentrez-vous sur le fait de pousser la barre en ligne droite au dessus de la tête, la barre ne devrait pas avancer pendant le mouvement. Encore une fois, faites 2 séries de 6 répétitions avec une barre vide.

D. Accroupissements barre au-dessus de la tête

Parfait, maintenant nous allons voir jusqu'à quel point vous êtes réellement flexible! Cet exercice semble simple, mais il peut être décourageant pour certains gars costauds qui auront de la difficulté avec une seule barre vide! Alors que la barre est tenue au-dessus de la tête en position finale de l'arraché, accroupissez-vous en ligne droite. Les épaules ne bougent pas, la barre devrait rester en place sans glisser vers l'avant et le tronc doit demeurer droit. Plusieurs d'entre vous auront de la difficulté à descendre bas dans cet exercice. Ne vous découragez pas. Allez aussi bas que vous le pouvez tout en gardant une bonne technique. En pratiquant, vous allez pouvoir atteindre la position basse d'un accroupissement complet. Encore une fois, faites 2 séries de 6 répétitions avec la barre vide.

Préparation musculaire

Maintenant, vos articulations sont prêtes à l'effort qui va suivre. Vous devez maintenant embrayer vos muscles! Cette phase utilise le *complexe Javorek* créé par l'entraîneur en haltérophilie Istvan Javorek. Il est composé de cinq exercices à être exécutés en super série, sans repos entre les exercices! Une seule super série est exécutée. Gardez la charge légère, l'objectif est de vous préparer pour l'action et non pas de vous clouer au plancher! Ce complexe vous procurera beaucoup de gains musculaires et vous aidera à apprendre les mouvements olympiques. Normalement, mes athlètes commencent avec 30-40 kg et ajustent la charge à partir de là.

A. Tir en puissance avec prise de l'arraché

En utilisant une prise d'arraché, commencez en tenant la barre légèrement au-dessus des genoux. En utilisant votre corps en entier, amenez la barre jusqu'à votre sternum. Notez comment la barre est maintenue près du corps et comme le corps est en extension complète. Faites 6 répétitions de cet exercice.

B. Tir en puissance avec prise de l'épaulé

Cet exercice est exactement comme le tir en puissance avec prise de l'arraché à l'exception que vous utilisez la prise légèrement plus étroite de l'épaulé. Vous utilisez toujours votre corps en entier et finissez en complète extension. Faites aussi 6 répétitions de cet exercice.

C. *Squat press*

Cet exercice est un hybride. Il combine l'accroupissement complet régulier avec un levé militaire derrière la nuque. Utilisez une prise intermédiaire (entre l'épaulé et l'arraché). Faites 6 répétitions de ce mouvement.

D. *Goodmorning* jambes tendues

Tenez-vous debout comme vous le feriez au début d'un *squat* et utilisez une prise intermédiaire. Tout en gardant les jambes droites, fléchissez le tronc vers l'avant en poussant les hanches vers l'arrière. Faites 6 répétitions de cet exercice.

E. Tirage vertical buste penché

Ceci est le dernier exercice du complexe. Placez la barre au sol et tirez-la jusqu'aux abdominaux. Le dos devrait demeurer droit pendant tout le mouvement et la tête devrait être alignée avec la colonne vertébrale (ne regardez pas vers l'avant, ce qui provoquerait une hyperextension du cou). Faites 6 répétitions de ce dernier exercice.

Apprenez à maîtriser ces exercices d'échauffement, puisqu'ils feront partie de vos entraînements pour les 12 prochaines semaines. En plus d'être une routine d'échauffement complète et spécifique, elle améliorera votre flexibilité dynamique et vous aidera à apprendre plus rapidement les bonnes techniques pour les mouvements olympiques.

Entraînements principaux

Cette section inclut la prescription d'exercices pour tout le mois. Chaque jour d'entraînement sera décrit individuellement et tous les exercices seront expliqués et illustrés.

Première phase d'entraînement : Introduction (4 Semaines)

Lundi (emphase sur l'arraché)

Objectifs :

1. *Apprendre et maîtriser la phase explosive de l'arraché*
2. *Renforcer les muscles impliqués dans l'arraché*
3. *Augmenter la flexibilité dynamique dans les positions spécifiques à l'arraché*

A. Arraché à partir de blocs

L'arraché à partir de blocs est un des exercices que je préfère pour enseigner à un athlète à « exploser ». Puisque la barre est placée sur des blocs dans la position de départ (légèrement au-dessus des genoux), le mouvement est techniquement plus facile (vous pouvez donc vous concentrer sur l'explosion) et l'amplitude d'accélération est courte (vous *devez* donc exploser pour compléter le mouvement). Soulever à partir des blocs à également l'avantage de placer les segments corporels dans une position de tir optimale.

Position de départ :

1. Les pieds sont placés à la largeur des hanches, orteils légèrement vers l'extérieur
2. Jambes légèrement fléchies aux genoux (environ 130-140 degrés)
3. Le tronc est fléchi, le dos est arqué et tendu
4. Les épaules sont devant la barre
5. Les bras sont tendus
6. Les trapèzes sont étirés
7. Le regard est vers l'avant

Tir :

1. Explosez vers le haut avec une extension puissante des jambes et du dos
2. La barre devrait être gardée près du corps en tout temps
3. Les trapèzes contractent avec force pour accélérer la barre davantage
4. Ni plus ni moins, nous tentons de faire un arc avec le corps (hanches devant, dos et jambes en extension)

Attrapé :

1. Attrapez la barre avec une *légère* flexion de genoux (ne l'attrapez pas avec les jambes tendues, apprenez à entrer sous la barre)
2. Attrapez la barre avec les bras tendus, ne poussez pas sur la charge
3. Gardez les trapèzes tendus pour aider à stabiliser la barre

Les paramètres de surcharge pour l'arraché à partir de blocs sont comme suit :

Semaine 1 : 1 x 5, 1 x 4, 1 x 3, 1 x 5
Semaine 2 : 1 x 5, 1 x 4, 1 x 3, 1 x 5, 1 x 4
Semaine 3 : 1 x 5, 1 x 4, 1 x 3, 1 x 5, 1 x 4, 1 x 3
Semaine 4 : 3 x 3

Note : Vous remarquerez que je n'ai pas prescrit de pourcentage ni de charge à utiliser. Puisque la plupart d'entre vous n'a jamais fait d'arraché auparavant, il serait un peu inutile d'utiliser un pourcentage pour planifier votre surcharge! Souvenez-vous simplement que les séries de 5 sont légères, les séries de 4 un peu plus lourdes et les séries de 3 modérément lourdes. Ne cherchez pas à utiliser de grosses charges pendant cette phase. Concentrez-vous sur l'apprentissage de la technique correcte ainsi que sur l'explosion, les grosses charges suivront!

B. Soulevé de terre avec prise d'arraché

Le soulevé de terre avec prise d'arraché est utile pour apprendre les mouvements olympiques. Il renforce les muscles impliqués dans l'arraché et enseigne le bon positionnement corporel pour ce mouvement. Il n'est pas propre à l'arraché en ce sens que c'est un mouvement plus lent. Cependant, il augmente la force dans la position de départ pour l'arraché, ce qui peut être utile quand l'athlète se concentre sur les mouvements à partir des blocs.

Position de départ :

1. Les pieds sont placés à la largeur des épaules, les orteils légèrement tournés vers l'extérieur
2. La prise est large (approximativement deux fois la largeur des épaules)
3. Les genoux sont légèrement fléchis (environ 100-110 degrés)
4. Le tronc est fléchi, le dos est arqué et tendu
5. Les épaules sont devant la barre
6. Les bras sont tendus
7. Les trapèzes sont étirés
8. Le regard est vers l'avant et le bas

Tir :

1. Du plancher aux genoux, la barre est soulevée à partir d'une extension des genoux, l'angle du dos demeure le même
2. Le dos demeure arqué et tendu
3. Les bras demeurent tendus et gardent la barre près du corps
4. À partir des genoux, et ce, jusqu'à la position debout, la barre est soulevée avec une extension combinée des genoux et du dos
5. Le dos demeure tendu
6. Les bras demeurent tendus
7. Le mouvement est complété quand vous vous redressez complètement

Les paramètres de surcharge pour le soulevé de terre avec prise d'arraché sont comme suit :

Semaine 1 : 1 x 5, 1 x 4, 1 x 3, 1 x 5
Semaine 2 : 1 x 5, 1 x 4, 1 x 3, 1 x 5, 1 x 4
Semaine 3 : 1 x 5, 1 x 4, 1 x 3, 1 x 5, 1 x 4, 1 x 3
Semaine 4 : 3 x 3

Encore une fois, je ne spécifie pas de pourcentage, quoiqu'un bon point de départ soit 50 % de votre soulevé de terre ou accroupissement réguliers.

Ne tentez pas d'utiliser des charges trop lourdes pour cet exercice. L'objectif est d'apprendre la bonne séquence de tir à l'arraché (extension des genoux suivie par une extension combinée des genoux et du dos) et de développer la capacité de maintenir la tension du dos pendant tout le mouvement. Ajoutez du poids pour les séries de 4. Pour les séries de 3, vous pouvez utiliser des charges relativement lourdes SI vous pouvez maintenir la bonne séquence de tir ainsi que la bonne position du dos. Il ne s'agit pas d'une compétition de soulevé de terre, ne sacrifiez donc pas la technique en faveur de la charge. Il vaut beaucoup mieux tenter de soulever la charge plus rapidement plutôt que de l'augmenter.

C. *Overhead squat*

Ceci est un excellent exercice pour tout athlète et est capital au développement d'un haltérophile olympique. Il est génial pour augmenter la flexibilité dynamique au niveau des hanches, genoux et chevilles et aide réellement à apprendre comment utiliser le corps en entier simultanément! Pour bien faire cet exercice, vos membres inférieurs doivent demeurer détendus et flexibles tout en utilisant le haut de votre corps pour « gainer » la position, votre tronc, vos épaules, le haut de votre dos et vos trapèzes devraient être tendus pour garder la barre bien en place. Le haut de votre corps doit devenir une seule et même unité. La barre doit être gardée au-dessus des oreilles pendant tout le mouvement, ne laissez pas la barre glisser vers l'avant.

Position de départ :

1. Tenez-vous en position finale, debout comme à la fin d'un arraché
2. Les pieds sont légèrement plus larges que les hanches, les orteils légèrement pointés vers l'extérieur
3. Le tronc est rigide, les trapèzes contractés
4. Les bras sont solides, tentant de tirer vers l'extérieur (comme si vous tentiez de séparer la barre). Ceci aidera à garder vos épaules et vos bras tendus.

Accroupissement :

1. Amorcez la descente, le corps devrait descendre suivant une ligne droite
2. Évitez la flexion du tronc, si vous commencez à pencher vers l'avant vous allez perdre la barre
3. Tout en descendant, tentez de pousser la barre vers le haut avec vos bras (pour contracter les trapèzes et stabiliser la barre)
4. Les talons doivent demeurer en contact avec le plancher
5. Quand vous atteignez la position la plus basse, remontez en ligne droite en évitant tout mouvement excessif du tronc

Note : Certains auront des difficultés au début, surtout en matière de flexibilité. Certains ne pourront pas descendre davantage que le quart de l'amplitude complète sans pencher excessivement vers l'avant ou que leurs talons ne décollent du plancher. Allez seulement aussi bas que vous le pouvez tout en maintenant une bonne technique. Cependant, à chaque entraînement, tentez d'aller un peu plus bas.

Les paramètres de surcharge pour l'accroupissement avec la barre au dessus de la tête sont comme suit :

Semaine 1 : 4 x 5
Semaine 2 : 3 x 5
Semaine 3 : 2 x 5
Semaine 4 : 4 x 5

Idéalement, vous devriez pouvoir faire vos séries de 5 avec la même charge que vous avez utilisée pour l'arraché à partir de blocs. Cependant, peu de gens pourront faire ceci dès le départ. Commencez avec une charge légère, la barre vide si besoin est, jusqu'à ce que vous vous sentiez confortable avec le mouvement. À la fin du mois, vous devriez pouvoir utiliser la même charge (ou plus) pour les accroupissements avec la barre audessus de la tête que pour l'arraché à partir de blocs.

D. Haussement d'épaules barre au dessus de la tête

Le haussement d'épaules barre au dessus de la tête est un exercice fantastique pour ajouter du muscle aux trapèzes et une excellente façon d'augmenter votre capacité de soutenir une charge à bout de bras.

Position de départ :
1. Tenez la barre au-dessus de la tête (prise intermédiaire) comme si vous veniez de compléter un *shoulder press*
2. Étirez vos trapèzes en ramenant vos épaules vers le bas. Gardez les bras tendus et la barre au dessus de la tête
3. Le tronc doit demeurer tendu

Haussement d'épaules :
1. Tout en gardant une posture rigide, soulevez les épaules en contractant les trapèzes, les épaules doivent monter en ligne droite
2. Tenez la position haute pour 2 secondes

Les paramètres de surcharge pour le haussement d'épaules avec la barre au dessus de la tête sont comme suit :

Semaine 1 : 4 x 5
Semaine 2 : 3 x 5
Semaine 3 : 2 x 5
Semaine 4 : 4 x 5

Commencez avec une charge vous permettant de pousser la barre confortablement au-dessus de votre tête. La charge n'est pas tellement importante ici puisque vous sentirez les effets de cet exercice même avec des charges légères à modérées. En plus d'être un bon exercice pour développer les trapèzes, cet exercice est fantastique pour développer la capacité à stabiliser le tronc dans des conditions de surcharge.

E. Presse cubaine arrachée

Cet exercice est très efficace pour développer les épaules. Il augmentera la force des trois chefs des deltoïdes et développera par le fait même vos coiffes des rotateurs. Cet exercice est une excellente police d'assurance pour vos épaules!

Position de départ :
1. Tenez-vous debout, un haltère dans chaque main, bras le long du corps
2. Ayez une bonne posture et regardez droit devant

Haussement d'épaules :
1. Le mouvement initial est un demi-tirage vertical contractez les bras et les trapèzes

Rotation :
1. Faites pivoter vos épaules de sorte que vos bras finissent au-dessus de votre tête, pointant vers le haut et vers l'extérieur
2. Tenez cette position pendant 2 secondes

Les paramètres de surcharge pour la presse cubaine arrachée sont comme suit :

Semaine 1 : 2 x 15
Semaine 2 : 2 x 15
Semaine 3 : 1 x 15
Semaine 4 : 2 x 15

Mardi (accent mis sur le jeté)

Objectifs :
1. *Apprendre à maîtriser la phase explosive du jeté*
2. *Renforcer les muscles impliqués dans le jeté*
3. *Augmenter la flexibilité dynamique dans les positions propres au jeté*

A. Jeté poussé

Le jeté poussé est un autre de mes exercices préférés. C'est un exercice de renforcement du haut du corps absolument génial! Il aide réellement à apprendre à synchroniser l'explosivité du bas du corps et du haut du corps en une seule action puissante.

Position de départ :
1. Prenez la barre de ses supports
2. Placez-la sur vos clavicules
3. La prise doit être intermédiaire ou comme dans un épaulé
4. Tenez la barre avec une main pleine, pas seulement le bout des doigts
5. Les coudes pointent vers l'avant et vers le bas, pas seulement vers le bas
6. Le corps est droit et tendu

La descente :
1. Rabaissez le corps en une ligne droite (imaginez que votre dos glisse le long d'un mur)
2. La descente est contrôlée, mais pas trop lente
3. Vous descendez jusqu'à un quart de squat, mais pas d'avantage

L'explosion :
1. Quand vous avez complété la descente, renversez rapidement le mouvement et explosez vers le haut
2. Vous devriez pousser extrêmement fort avec les jambes (afin que la barre quitte vos épaules en haut, en fin de course)
3. Comme vous terminez la poussée vers le haut avec vos jambes, poussez avec vos mains aussi rapidement que possible
4. Tentez de « lancer » la barre vers le haut, et non pas de la pousser lentement

L'attraper :
1. Tout comme pour l'arraché à partir de blocs, attrapez la barre avec un léger accroupissement sous la barre
2. Le tronc demeure tendu
3. Les bras sont immédiatement barrés (vous recevez la barre avec les bras barrés, il n'y à pas de poussée sur la barre)

Les paramètres de surcharge pour le jeté poussé sont :

Semaine 1 : 1 x 5, 1 x 4, 1 x 3, 1 x 5
Semaine 2 : 1 x 5, 1 x 4, 1 x 3, 1 x 5, 1 x 4
Semaine 3 : 1 x 5, 1 x 4, 1 x 3, 1 x 5, 1 x 4, 1 x 3
Semaine 4 : 3 x 3

Commencez de façon conservatrice jusqu'à ce que vous appreniez à synchroniser l'explosion du bas et du haut du corps. Une charge semblable à celle que vous utilisez pour le *shoulder press* est adéquate au départ. À mesure que vous vous sentez plus confortable avec le mouvement, vous pouvez augmenter la charge (dans la mesure où la technique demeure adéquate et que l'explosion soit maintenue).

B. *Bradford press*

Le *Bradford press* tire son nom d'un ancien champion d'haltérophilie américain du nom de Jim Bradford. Cet exercice n'a pas d'égal pour bâtir les épaules et aidera à entraîner la poussée initiale des bras au jeté.

Position de départ :

1. La barre est maintenue sur les trapèzes avec une prise intermédiaire, similaire à celle d'un squat.

Exécution :

1. Poussez la barre jusqu'à ce qu'elle soit au-dessus de la tête, en utilisant uniquement les bras
2. Amenez la barre sur le devant de vos épaules
3. Poussez la barre jusqu'à ce qu'elle soit au-dessus de la tête, en utilisant uniquement les bras
4. Amenez la barre sur vos épaules derrière votre nuque

Les paramètres de surcharge pour le *Bradford press* sont :

Semaine 1 : 4 x 5 (5 devant, 5 derrière)
Semaine 2 : 3 x 5 (5 devant, 5 derrière)
Semaine 3 : 2 x 5 (5 devant, 5 derrière)
Semaine 4 : 4 x 5 (5 devant, 5 derrière)

Vous pouvez charger relativement lourd avec ce mouvement. Commencez avec une charge que vous utiliseriez normalement au levé militaire et voyez ensuite. Utilisez une charge aussi lourde que possible sans tricher avec vos jambes.

C. Accroupissement sauté avec charge (*Loaded jump squat*)

Cet exercice aide réellement à développer une poussée puissante avec les jambes, poussée qui est requise lors du jeté ! C'est également une façon très efficace de développer ses capacités en saut vertical.

Position de départ :
1. Commencez avec la barre sur vos épaules derrière la nuque
2. Une boîte (50-70cm) est placée à environ 1 pied devant vous

Exécution:
1. Descendez jusqu'à un quart de squat et explosez vers le haut
2. Sautez sur la boîte

Note : Vous n'êtes pas obligé d'utiliser une boîte, vous pouvez simplement sauter et atterrir au sol. Cependant, utiliser une boîte réduira le stress placé sur votre dos et vos genoux (puisqu'il y aura moins d'énergie cinétique accumulée lors de la descente).

Les paramètres de surcharge pour le *loaded jump squat* sont :

Semaine 1 : 3 x 5
Semaine 2 : 4 x 5
Semaine 3 : 5 x 5
Semaine 4 : 2 x 5

La charge à utiliser est approximativement 15 % de votre meilleure charge au *squat* régulier. Certains individus très explosifs peuvent utiliser jusqu'à 20 %. Ceux qui ont un squat très bas peuvent commencer avec 65 lb sur cet exercice.

D. Accroupissement sauté avec barre (*Bar jump squat*)

Cet exercice ressemble beaucoup au précédent, excepté que la charge est minimale. Comme la charge est plus petite vous pourrez donner plus d'accélération a la barre et ainsi améliorer une autre partie de la courbe force-vélocité. C'est également une excellente façon d'augmenter la capacité de saut vertical.
Position de départ :

1. Se tenir debout avec la barre sur vos épaules.

Exécution :

1. Descendez jusqu'à la position d'un quart de squat et explosez vers le haut
2. À l'atterrissage, fléchissez les jambes pour absorber le choc

Les paramètres de surcharge pour le *bar jump squat* sont :

Semaine 1 : 4 x 6
Semaine 2 : 3 x 6
Semaine 3 : 2 x 6
Semaine 4 : 4 x 6

Les charges suivantes sont appropriées :

Squat de 500lb + : 55lbs
Squat de 300-500 lb : 45lbs (la barre seulement)
Squat de 200-300 lb : 35lbs (barre plus petite)
Squat de 100-200 lb : 25lbs (barre encore plus petite)

La charge demeure constante pendant tout le cycle. L'objectif est d'augmenter la hauteur du saut et non pas la charge utilisée.

Jeudi (accent mis sur l'épaulé)

Objectifs :
1. *Apprendre et maîtriser la phase d'explosion de l'épaulé*
2. *Renforcer les muscles impliqués dans l'épaulé*
3. *Augmenter la flexibilité dynamique dans les différentes positions propres à l'épaulé.*

A. Épaulé à partir de blocs

Eh oui ! Voici l'un des exercices de base pour tous les athlètes ! L'épaulé à partir de blocs est pratiquement intouchable pour développer la puissance de tir. Puisque la barre est placée sur des blocs à la position de départ (légèrement au-dessus des genoux) le mouvement devient plus facile au niveau technique (vous pouvez ainsi vous concentrer sur l'explosion) et l'amplitude d'accélération est courte (vous *devez* donc exploser pour compléter le mouvement). Faire le mouvement à partir de blocs comporte aussi l'avantage de lacer votre corps dans une position de tir optimale.

Position de départ :

1. Les pieds sont placés à la largeur des épaules, les orteils légèrement tournés vers l'extérieur
2. Les genoux sont légèrement fléchis (environ 140-150 degrés)
3. Le tronc est fléchi, le dos est légèrement arqué
4. Les épaules sont devant la barre
5. Les bras sont tendus et droits
6. Les trapèzes sont étirés
7. Le regard se porte vers l'avant

Tir :

1. Explosez vers le haut avec une extension puissante du dos et des jambes
2. La barre devait être maintenue près du corps en tout temps
3. Les trapèzes contractent avec force pour donner encore plus d'accélération à la barre
4. À la base, nous tentons de faire un arc avec le corps (hanches devant, dos et jambes en extension)

Attrapé :

1. Attrapez la barre avec une légère flexion dans les jambes (n'attrapez pas la barre avec les jambes tendues, apprenez a vous accroupir en dessous)
2. Attrapez la barre avec vos épaules et enroulez vos bras autour afin que vos coudes pointent vers l'avant, et non pas vers le bas

Les paramètres de surcharge pour l'épaulé à partir de blocs sont comme suit :

Semaine 1 : 1 x 5, 1 x 4, 1 x 3, 1 x 5
Semaine 2 : 1 x 5, 1 x 4, 1 x 3, 1 x 5, 1 x 4
Semaine 3 : 1 x 5, 1 x 4, 1 x 3, 1 x 5, 1 x 4, 1 x 3
Semaine 4 : 3 x 3

Note : Vous constaterez que je ne donne pas de pourcentage ni de charge à utiliser. Puisque la plupart d'entre vous n'a jamais fait d'épaulé auparavant, il serait futile de vous prescrire un pourcentage pour planifier votre charge de travail !

Souvenez-vous simplement que les séries de 5 sont légères, les séries de 4 sont un peu plus lourdes, et les séries de 3 sont de charges modérément lourdes. Nous ne voulons pas utiliser de grosses charges pendant cette phase, concentrez-vous sur l'apprentissage de la technique et de l'explosion, et les charges lourdes suivront!

B. Soulevé de terre prise épaulé

Le soulevé de terre prise épaulé est utile lorsqu'un athlète apprend les mouvements olympiques. Il renforce les muscles impliqués lors de l'épaulé et aide à apprendre la bonne position pour ce mouvement. Il n'est pas propre à l'épaulé en ce sens qu'il s'agit d'un mouvement plus lent. Cependant, il augmente la force dans la position de départ, ce qui peut être utile lorsque l'athlète se concentre sur les mouvements faits sur des blocs. Souvenez-vous qu'il ne s'agit pas d'un soulevé de terre de dynamophilie. L'objectif n'est pas d'utiliser une charge max pendant ce mouvement, mais bien d'utiliser la même technique de tir et séquence de mouvement que pendant l'épaulé.

Position de départ :

1. Les pieds sont placés à la largeur des hanches, les orteils pointés légèrement vers l'extérieur
2. La prise est étroite (environ à la largeur des épaules)
3. Les jambes sont fléchies légèrement (environ 110-120 degrés)
4. Le tronc est fléchi, le dos est tendu et arqué
5. Les épaules sont devant la barre
6. Les bras sont droits et tendus, les trapèzes sont étirés
7. Le regard est vers l'avant et vers le bas

Tir :

1. Du sol jusqu'aux genoux, la barre est soulevée à partir d'une extension des genoux, l'angle du dos demeure le même
2. Le dos demeure tendu et arqué
3. Les bras demeurent droits et tendus et gardent la barre près du corps
4. À partir des genoux, et ce, jusqu'à la position debout, la barre est soulevée avec une combinaison d'extension du dos et des genoux
5. Le dos demeure tendu
6. Les bras demeurent droits et tendus
7. Le mouvement est complet lorsque vous vous êtes complètement redressé

Les paramètres de surcharge pour le soulevé de terre prise arraché sont comme suit :

Semaine 1 : 1 x 5, 1 x 4, 1 x 3, 1 x 5
Semaine 2 : 1 x 5, 1 x 4, 1 x 3, 1 x 5, 1 x 4
Semaine 3 : 1 x 5, 1 x 4, 1 x 3, 1 x 5, 1 x 4, 1 x 3
Semaine 4 : 3 x 3

J'aimerais rappeler une fois de plus que l'objectif n'est pas de soulever le plus de poids possible, mais bien d'apprendre la bonne technique des mouvements olympiques. Ceci étant dit, vous devriez tout de même tenter d'augmenter votre charge de travail chaque semaine.

C. Épaulé contrôlé

Cet exercice n'est pas tellement utilisé pour le développement de la technique de l'épaulé puisqu'il en est très différent. Cependant, il est parfaitement convenable comme exercice de renforcement des épaules, avant-bras et trapèzes, tous impliqués dans l'épaulé. De plus, il aide à apprendre un détail technique : celui de garder la barre près du corps.

Position de départ :
1. Tenez-vous debout, en tenant la barre avec une prise d'épaulé
2. Gardez les jambes droites

Tir :
1. Faites un tirage vertical
2. Gardez les coudes hauts et la barre près de votre corps

Attrapé :
1. Une fois que la barre atteint le point le plus haut dans le tirage vertical, accroupissez-vous sous la barre pour compléter le mouvement.

Les paramètres de surcharge pour l'épaulé contrôlé sont comme suit :

Semaine 1 : 4 x 5
Semaine 2 : 3 x 5
Semaine 3 : 2 x 5
Semaine 4 : 4 x 5

Vus n'avez pas à utiliser une charge très lourde pour rendre cet exercice difficile ! Commencez avec une charge que vous pouvez manipuler avec une bonne technique pour 5 à 8 répétitions et ajustez la charge à partir de là. Vous pouvez utiliser une charge aussi lourde que vous pouvez, tant que vous pouvez compléter le mouvement sans tricher. Fléchir le dos vers l'arrière et utiliser vos jambes pendant le tir est considéré comme de la triche.

Vendredi (exercices correctifs)

Objectifs :
   1. Renforcement général des muscles impliqués dans les mouvements olympiques.

A. Développé couché avec haltères

Cet exercice augmentera la force de vos épaules et triceps, qui sont très utiles pendant que vous soutenez des jetés ou des arrachés lourds. Je préfère utiliser des haltères plutôt que la barre parce que l'amplitude de mouvement est plus grande. Pour les mouvements olympiques, vous devez avoir une bonne mobilité au niveau des articulations, alors les exercices avec une bonne amplitude de mouvement devraient être priorisés.

Je déduis que vous savez déjà comment faire ce mouvement puisqu'il est relativement commun dans la plupart des gyms, alors je n'élaborerai pas davantage sur sa technique.

Les paramètres de surcharge pour le développé couché avec haltères sont :

Semaine 1 : 3 x 5
Semaine 2 : 4 x 5
Semaine 3 : 5 x 5
Semaine 4 : 2 x 5

Utilisez des charges lourdes pour cet exercice, mais ne diminuez pas votre amplitude de mouvement. Visez à obtenir un bon étirement du pectoral en position basse. Ceci vous aidera à améliorer la mobilité de vos épaules lors d'arrachés et de jetés.

B. Levé militaire

Cet exercice est un autre excellent exercice pour renforcer les épaules et les triceps. Bien exécuté, il se fait avec les jambes droites et sans triche pour soulever la barre. Comme les autres mouvements au dessus de la tête, le levé militaire est un excellent outil pour développer les capacités de stabilisation des muscles du tronc. Encore une fois, nul besoin de décrire cet exercice en détail, il est très commun dans la plupart des gyms.

Les paramètres de surcharge pour le levé militaire sont :

Semaine 1 : 3 x 5
Semaine 2 : 4 x 5
Semaine 3 : 5 x 5
Semaine 4 : 2 x 3

C. Curl inversé

Je ne suis pas un fanatique des exercices de biceps, mais le *curl* inversé possède ses avantages puisque c'est un excellent outil pour renforcer les avants bras et la force de poigne, qui sont tous deux utiles pour les haltérophiles. Attention cependant; n'utilisez pas un mouvement de *curl* inversé pendant vos exercices d'épaulé!

Les paramètres de surcharge pour le *curl* inversé sont :

Semaine 1 : 4 x 5
Semaine 2 : 3 x 5
Semaine 3 : 2 x 5
Semaine 4 : 4 x 5

D. Accroupissements complets

Le *squat* est probablement le meilleur exercice d'assistance pour les mouvements olympiques. Il s'agit de la meilleure façon d'augmenter la force des jambes et des fessiers. Lorsqu'exécuté convenablement, il est aussi très efficace comme exercice de flexibilité du bas du corps et est un puissant stimulus pour les stabilisateurs du tronc.

Je conseille toujours d'aller aussi bas que possible tant que les talons restent en contact avec le sol et que le bas du dos est arqué.

Position de départ :
1. Debout, la barre placée sur la portion basse des trapèzes (prise intermédiaire)
2. Les pieds sont à la largeur des épaules et pointent légèrement vers l'extérieur
3. La poitrine est ressortie, la tête est droite et le regard est vers l'avant

Accroupissement :

1. Accroupissement sous contrôle
2. Garder le tronc droit pendant tout le mouvement
3. Garder le haut et le bas du dos bien tendus
4. Descendez aussi bas que possible tout en maintenant une bonne technique

Remontée :

1. Ne faites pas de pause en position basse, remontez immédiatement
2. Tentez d'accélérer la barre en vous relevant
3. Évitez de pencher ves l'avant, utilisez vos jambes pour vous tenir debout et non pas votre dos.

Les paramètres de surcharge pour l'accroupissement complet sont :

Semaine 1 : 3 x 5
Semaine 2 : 4 x 5
Semaine 3 : 5 x 5
Semaine 4 : 2 x 3

Vous pouvez essayer de soulever des charges lourdes, mais vous devez toujours le faire en gardant une bonne technique. Il n'y a as de demi-squat en haltérophilie olympique!

Seconde phase d'entraînement : apprentissage technique (4 Semaines)

Lundi (accent sur l'arraché)

Objectifs :

1. Apprendre la séquence complète de l'arraché
2. Renforcer les muscles impliqués dans l'arraché
3. Augmenter la flexibilité dynamique dans les positions propres à l'arraché

A. Arraché en *demi-squat* à partir du plancher

Voici la première étape dans l'apprentissage de l'arraché de compétition. Vous débutez en intégrant la première partie techniquement difficile du mouvement, soit la transition entre le dessous des genoux (tir lent et contrôlé) et au-dessus des genoux (explosion). Vous allez attraper la barre en faisant un *demi-squat* pour vous habituer à glisser sous la barre.

Position de départ :

1. Les pieds sont à la largeur des épaules, les orteils pointés légèrement vers l'extérieur
2. Les genoux sont fléchis (environ 90-100 degrés)
3. Le tronc est fléchi, mais le bas du dos est arqué et tendu
4. Les épaules sont devant la barre
5. Les bras sont tendus
6. Les trapèzes sont étirés
7. La tête est droite et le regard vers l'avant

Tir :

1. Depuis le sol jusqu'aux genoux, le tir est contrôlé, l'angle du dos demeure le même, la barre est soulevée uniquement par l'extension des jambes.
2. Quand la barre passe les genoux, explosez vers le haut avec une extension puissante du dos et des jambes
3. La barre devait être maintenue près du corps en tout temps
4. Les trapèzes contractent avec force pour donner encore plus d'accélération à la barre
5. À la base, nous tentons de faire un arc avec le corps (hanches devant, dos et jambes en extension)

Attrapé :
        1. Attrapez la barre en position de *demi-squat*
        2. Attrapez la barre avec les bras tendus, ne poussez pas la charge
        3. Gardez les trapèzes tendus afin d'aider à maintenir la barre

Les paramètres de surcharge pour le l'arraché en *demi-squat* à partir du plancher sont comme suit : :

Semaine 1 : 2 x 4, 2 x 3
Semaine 2 : 3 x 4, 3 x 3, 1 x 2
Semaine 3 : 1 x 3, 1 x 2, 1 x 1, 1 x 3, 1 x 2, 1 x 1
Semaine 4 : 3 x 3

<u>**Note :**</u> Vous constaterez que je ne donne pas de pourcentage ni de charge à utiliser. Puisque la plupart d'entre vous n'a jamais fait d'arraché auparavant, il serait futile de vous prescrire un pourcentage pour planifier votre charge de travail ! Cependant, après la première phase d'entraînement vous aurez une bonne idée de la quantité de poids que vous pouvez manipuler.

Cela dit, après la première phase d'entraînement, vous devriez avoir une bonne idée de la charge que vous pourrez manipuler. Commencez avec une charge équivalente à ce que vous pouvez utiliser pour l'arraché à partir de blocs.

B. Tir de l'arraché

Le tir de l'arraché est la progression logique du soulevé de terre avec une prise arraché. Idéalement, utilisez le même mouvement de tir que durant l'arraché en position *demi-squat*. Concentrez-vous à vous monter sur la pointe des pieds et à contracter les trapèzes simultanément.

Les paramètres de surcharge pour le tir de l'arraché sont comme suit :

Semaine 1 : 2 x 4, 2 x 3
Semaine 2 : 3 x 4, 3 x 3, 1 x 2
Semaine 3 : 1 x 3, 1 x 2, 1 x 1, 1 x 3, 1 x 2, 1 x 1
Semaine 4 : 3 x 3

Idéalement, vous devriez utiliser la même charge que vous utilisiez à l'arraché en position *demi-squat*, ou tout au plus une charge de 10 % supérieure. Plusieurs font l'erreur d'utiliser des charges beaucoup trop lourdes sur les tirs. Si la charge est plus grande que celle utilisée pendant un arraché, il n'y aura pas de transfert entre les deux.

C. L'arraché « en descente »

Tout comme le tir de l'arraché est la progression logique du soulevé de terre avec prise de l'arraché, l'arraché « en descente » est la progression logique du squat avec barre au-dessus de la tête. Cet exercice apporte les mêmes bénéfices que le squat avec barre au-dessus de la tête, mais il enseigne également a l'athlète à se « laisser tomber » sous la barre.

Position de départ :

    1. Debout avec la barre sur les épaules, avec une prise comme pour un arraché
    2. Pieds légèrement plus larges que les hanches, les orteils pointés légèrement vers l'extérieur
    3. Le tronc et le dos sont tendus
    4. Les coudes pointent vers le bas

Descente :

1. Vous devez vous laisser tomber directement sous la barre, faites en sorte que la barre descende le moins possible. La clé consiste à barrer les bras pendant la descente. Vous devez descendre très rapidement pour contrer la gravité qui agit sur la barre
2. Évitez de fléchir le tronc. Si vous commencez à pencher vers l'avant, vous allez échapper la barre
3. Pendant que vous descendez, tentez de pousser la barre vers le haut (pour contracter les trapèzes et stabiliser la barre)
4. Les talons doivent demeurer en contact avec le plancher
5. Quand vous arriverez à la position la plus basse, relevez-vous en ligne droite, évitez le mouvement excessif du tronc

Les paramètres de surcharge pour l'arraché « en descente » sont comme suit :

Semaine 1 : 2 x 5
Semaine 2 : 5 x 5
Semaine 3 : 3 x 3, 1 x 2
Semaine 4 : 3 x 5

Au début cet exercice sera très difficile puisque vous n'êtes pas habitués de vous laisser tomber sous la barre. Vous voudrez donc débuter avec des charges très légères. Normalement, vous devez avoir développé suffisamment de flexibilité maintenant pour faire un accroupissement avec barre au-dessus de la tête et un bon objectif est d'être capable d'utiliser la même charge à l'arraché « en descente » que vous avez utilisée pour l'accroupissement avec la barre au dessus de la tête. Ce n'est pas une tâche facile, mais nous avons tous besoin de défi!

D. Arraché basse vitesse

Cet exercice est un exercice de base d'Alexeyev. Ensuite il fut utilisé è grande échelle par les haltérophiles super lourds Soviétiques. C'est un bon exercice pour développer la force des trapèzes, des bras et des épaules. De plus, c'est un bon outil pour apprendre le combo accroupissement arraché (*full squat snatch*).

L'exercice est exécuté similairement à un arraché en position *demi-squat* régulier, mis à part que vous soulevez la barre lentement, avec contrôle et une fois arrivé au sternum vous vous laissez tomber rapidement sous la barre (comme avec un arraché « descente »).

Les paramètres de surcharge pour l'arraché basse vitesse sont comme suit :

Semaine 1 : 3 x 3
Semaine 2 : 5 x 3
Semaine 3 : 2 x 3, 2 x 2
Semaine 4 : 2 x 3

La charge n'est pas réellement importante pour cet exercice. Un bon point de départ est d'utiliser la moitié de ce que vous utilisez à l'arraché en position *demi-squat*. Concentrez-vous sur le tir lent et une descente très rapide sous la barre.

Mardi (emphase sur le jeté)

Objectifs :
1. Apprendre le jeté
2. Renforcer les muscles impliqués dans le jeté
3. Apprendre à augmenter la flexibilité dynamique dans les positions propres au jeté

A. Jeté poussé

Le jeté est, à la base, le même mouvement que le jeté poussé, que j'ai déjà couvert. La seule différence est que quand vous faites un jeté avec la barre et qu'elle repose sur vos épaules, vous vous laissez tomber sous la barre pendant que vous faites le *split* (une jambe devant, l'autre derrière).

Position de départ :

1. Soulevez la barre de ses supports
2. Placez la barre sur vos clavicules et épaules
3. La barre est tenue avec une prise d'épaulé ou une prise intermédiaire
4. Tenez la barre avec toute votre main, pas seulement le bout des doigts
5. Les coudes pointent vers l'avant et le bas, pas uniquement vers le bas
6. Le corps est droit et tendu

La descente :

1. Descendez votre corps en ligne droite (imaginez que votre dos glisse le long d'un mur)
2. La descente est contrôlée, mais pas trop lente
3. Vous descendez jusqu'à un quart de squat, pas d'avantage

L'explosion :

1. Quand vous terminez la descente, renversez rapidement la vapeur et explosez vers le haut!
2. Vous devriez pousser très fortement avec les jambes (afin que la barre quitte vos épaules une fois arrivée en position debout)
3. En arrivant à la position debout, poussez les mains vers le haut aussi rapidement que possible
4. Tentez de « lancer » la barre vers le haut et non pas de la pousser.

L'attraper :

1. Attrapez la barre avec une jambe vers l'avant et une jambe ves l'arrière. Expérimentez afin de voir quelle jambe se place le plus naturellement en avant
2. Le tronc demeure tendu
3. Barrez les bras immédiatement (vous recevez la barre avec les bras tendus et barrés, ne poussez pas la barre)

Les paramètres de surcharge pour le jeté sont :

Semaine 1 : 2 x 4, 2 x 3
Semaine 2 : 3 x 4, 3 x 3, 1 x 2
Semaine 3 : 1 x 3, 1 x 2, 1 x 1, 1 x 3, 1 x 2, 1 x 1
Semaine 4 : 3 x 3

Au début, utilisez la même charge que vous utilisiez pour le jeté poussé. Cependant, au fur et à mesure que vous devenez plus confortable avec le *split*, vous devriez pouvoir utiliser des charges légèrement plus lourdes que pendant un jeté poussé.

B. *Push press*

Le *push press* se définit comme un levé militaire triché. Poussez légèrement avec les jambes pour amorcer le mouvement de la barre qui repose sur les épaules, mais ce sont les bras qui vont faire la plus grande partie du travail. Ceci est différent du jeté poussé pendant lequel les jambes font la plus grande partie du travail.

Les paramètres de surcharge pour le *push press* sont :

Semaine 1 : 2 x 5
Semaine 2 : 5 x 5
Semaine 3 : 3 x 3, 1 x 2
Semaine 4 : 2 x 3

Vous pouvez y aller assez lourd avec ce mouvement. Commencez avec une charge que vous pourriez normalement utiliser pendant un levé militaire et progressez à partir de là. Utilisez un poids aussi lourd que vous pouvez toujours en n'utilisant qu'une légère poussée des jambes (ne transformez pas l'exercice en jeté poussé).

¼ d'accroupissement avant

L'objectif de cet exercice est de renforcer les muscles des jambes tout en vous accoutumant à supporter de lourdes charges sur vos épaules, vous préparant ainsi au jeté. Très souvent, un jeté est raté parce que la charge semble lourde et que l'athlète abandonne. Eh bien, en pratiquant l'accroupissement avant, vous vous habituerez à soutenir des charges bien plus lourdes que ce que vous pourriez jeter normalement. Ceci aura un impact psychologique profond sur vos entraînements.

Je recommande de faire cet exercice dans la cage à *squat* avec la barre reposant à la même hauteur que la fin de votre phase de descente au jeté. Veillez à ce que le tronc demeure droit pendant ce mouvement puisque nous voulons simuler le mouvement du jeté autant que possible.

Les paramètres de surcharge pour le *front squat* sont :

Semaine 1 : 2 x 5
Semaine 2 : 5 x 5
Semaine 3 : 3 x 3, 1 x 2
Semaine 4 : 2 x 3

Puisque c'est un exercice dont l'amplitude de mouvement est limitée, vous pourrez utiliser des charges passablement lourdes. Je suggère de débuter avec votre max de *squat* et d'ajuster la charge à partir de là.

D. Accroupissement sauté avec barre (*Bar jump squat*)

Cet exercice ressemble beaucoup au précédent, excepté que la charge est minimale. De ce fait, vous pourrez accélérer la barre davantage et ainsi développer une portion différente de la courbe force-vélocité. C'est également une excellente façon d'augmenter les capacités au saut vertical.

Position de départ :

      1. Debout avec la barre sur les épaules, derrière la nuque

Exécution :

      1. Descendez en un ¼ *squat* et explosez vers le haut
      2. Atterrissez au sol, fléchissez les jambes pour absorber le choc

Les paramètres de surcharge pour le *bar jump squat* sont :

Semaine 1 : 2 x 10
Semaine 2 : 5 x 10
Semaine 3 : 3 x 6
Semaine 4 : 2 x 6

Les charges suivantes sont appropriées :

Squat de 500lbs+ : 55lbs
Squat de 300-500lbs : 45lbs (barre seulement)
Squat de 200-300lbs : 35lbs (barre plus petite)
Squat de 100-200lbs : 25lbs (barre encore plus petite)

La charge demeure constante pendant tout le cycle. L'objectif est d'augmenter la hauteur du saut, non pas la charge utilisée.

Jeudi (emphase sur l'épaulé)

Objectifs :
1. *Apprendre la bonne séquence de l'épaulé*
2. *Renforcer les muscles impliqués dans l'épaulé*
3. *Augmenter la flexibilité dynamique dans les positions propres à l'épaulé*

A. Épaulé en demi-accroupissement à partir du plancher (*Half-squat clean from floor*)

Ceci ressemble beaucoup à l'arraché en *demi-squat* puisqu'il s'agit de la même séquence que celle d'un épaulé en *full squat* compétitif. Encore une fois, vous soulevez la charge avec contrôle jusqu'aux genoux pour ensuite... exploser! Attrapez la barre en demi-*squat* pour vous habituer à vous glisser sous la barre.

Position de départ :
1. Jambes légèrement fléchies aux genoux (100-120 degrés)
2. Tronc fléchi, dos arqué et tendu
3. Épaules devant la barre
5. Bras droits
6. Trapèzes étirés
7. Tête droite devant, regard vers l'avant

Tir :
1. Du sol aux genoux, soulever la barre en gardant l'angle du tronc identique
2. À partir des genoux, exploser vers le haut avec une extension puissante des genoux et du dos
3. La barre devrait être tenue près du tronc en tout temps
4. Les trapèzes contractent avec force pour accélérer la barre davantage

Attrapé :
        1. Attrapper la barre en demi-accroupissement
        2. Attraper la barre sur les épaules en pointant les coudes ver l'avant et non pas vers le bas

Les paramètres de surcharge pour le *half-squat clean from floor* sont comme suit :

Semaine 1 : 2 x 4, 2 x 3
Semaine 2 : 3 x 4, 3 x 3, 1 x 2
Semaine 3 : 1 x 3, 1 x 2, 1 x 1, 1 x 3, 1 x 2, 1 x 1
Semaine 4 : 3 x 3

Note : Vous constaterez que je ne donne pas de pourcentage ni de charge à utiliser. Puisque la plupart d'entre vous n'a jamais fait d'épaulé auparavant, il serait futile de vous prescrire un pourcentage pour planifier votre charge de travail ! Cependant, après la première phase d'entraînement vous aurez une bonne idée de la quantité de poids que vous pouvez manipuler. Commencez avec une charge équivalente à celle que vous utilisez pour l'épaulé aux blocs.

B. Tir de l'épaulé (*Clean pull*)

Le tir de l'épaulé est la progression logique du soulevé de terre avec prise de l'épaulé. Idéalement, utilisez le même mouvement de tir que lors de l'arraché en demi-accroupissement. Concentrez-vous à vous monter sur la pointe des pieds et à contracter les épaules simultanément.

Les paramètres de surcharge pour le tir de l'épaulé sont comme suit :

Semaine 1 : 2 x 4, 2 x 3
Semaine 2 : 3 x 4, 3 x 3, 1 x 2

Semaine 3 : 1 x 3, 1 x 2, 1 x 1, 1 x 3, 1 x 2, 1 x 1
Semaine 4 : 3 x 3

C. Soulevé de terre roumain

La différence principale entre le soulevé de terre roumain et les autres types de soulevés de terre est que la position de départ est la position finale des autres soulevés de terre; donc debout. De cette position vous descendez la barre avec une flexion des genoux et une flexion du tronc (dos arqué) et la soulevez ensuite pour compléter la répétition.

Position de départ : Pieds à la largeur des hanches, orteils pointant droit vers l'avant. La prise est étroite (approximativement à la largeur des épaules). Les jambes sont fléchies légèrement et le tronc est en extension complète. Le dos est arqué et tendu. Les épaules sont rejetées vers l'arrière (position « de plage »). Les bras sont droits, les trapèzes sont étirés. La tête est droite et le regard vers l'avant.

Descente : Descendre la barre jusqu'à 2 "-3 " sous les genoux. Les genoux sont fléchis légèrement plus que dans la position de départ, le dos devient parallèle au sol et les hanches sont reculées. Le dos demeure arqué. Les bras demeurent tendus.

Tir : Ramenez la barre dans la trajectoire inverse; principalement par une extension du tronc avec une légère extension des genoux. Le dos demeure arqué et tendu. Les bras demeurent tendus. Le mouvement est complété quand vous vous revenez à la position redressée complète.

Les paramètres de surcharge pour le soulevé de terre roumain sont :

Semaine 1 : 2 x 5
Semaine 2 : 5 x 5
Semaine 3 : 3 x 3, 1 x 2
Semaine 4 : 2 x 3

D. ½ soulevé de terre

Ceci consiste en un soulevé de terre partiel donc la barre se trouve à égalité ou légèrement au dessus des genoux. Vous pouvez utiliser des charges vraiment lourdes pour cet exercice, ce qui fera des merveilles pour la force dynamique de vos lombaires et la force isométrique de vos trapèzes et de votre dos. Pour les haltérophiles de compétition, ceci peut réellement vous aider à développer votre force en fin de mouvement.

Position de départ : La barre est installée sur des barres de sûreté (ou des blocs) afin qu'elle se trouve à hauteur des genoux ou légèrement au dessus. La prise est étroite (approximativement à la largeur des épaules). Les jambes sont légèrement fléchies. Le tronc est fléchi et le dos est arqué. Les épaules sont devant la barre. Les bras sont tendus et les trapèzes étirés. La tête est droite et le regard est vers l'avant.

Tir : À partir des barres de sûreté et jusqu'à la position debout, la barre est soulevée avec une combinaison d'extension du dos et des genoux. Le dos demeure tendu et arqué. Les bras demeurent tendus. Le mouvement est complété quand vous êtes complètement redressé.

Les paramètres de surcharge pour le 1/2 soulevé de terre sont :

Semaine 1 : 2 x 5
Semaine 2 : 5 x 5
Semaine 3 : 3 x 3, 1 x 2
Semaine 4 : 2 x 3

Vendredi (Exercices correctifs)

Objectif :

        1. Renforcement général des muscles impliqués dans les mouvements

A. Développé couché

Cet exercice augmentera la force des triceps et des épaules, qui est très utile pour soutenir des jetés ou arrachés lourds.

Je prends pour acquis que vous savez déjà comment exécuter ce mouvement puisqu'il est assez commun dans la plupart des gyms, je n'expliquerai donc pas la technique correcte de ce mouvement en détail.

Les paramètres de surcharge pour le développé couché sont :

Semaine 1 : 2 x 5
Semaine 2 : 5 x 5
Semaine 3 : 3 x 3, 1 x 2
Semaine 4 : 3 x 3

Utilisez des charges lourdes pour cet exercice, mais pas au point d'amputer votre amplitude de mouvement. Touchez la poitrine et explosez vers le haut!

B. Levé militaire

Le levé militaire est un autre exercice de renforcement extraordinaire pour les épaules et les triceps. Un levé militaire bien exécuté se fait avec les jambes tendues et sans triche pour soulever la barre. Comme pour les autres mouvements où l'on soulève la barre au-dessus de la tête, le levé militaire est une autre excellente façon de développer les muscles stabilisateurs du tronc. Encore une fois, il n'est pas nécessaire d'expliquer cet exercice en détail puisqu'il est assez commun dans la plupart des gyms.

Les paramètres de surcharge pour le levé militaire sont :

Semaine 1 : 2 x 5
Semaine 2 : 5 x 5
Semaine 3 : 3 x 5
Semaine 4 : 2 x 3

C. *Zottman curl*

Soulevez la charge avec les paumes vers le haut et descendez-la avec les paumes vers le bas, faisant ainsi travailler les muscles au maximum en concentrique et en eccentrique. Ce mouvement renforcera tous les muscles fléchisseurs du bras. Quoique ce mouvement ne revêt pas une importance capitale en haltérophilie, la réalité est qu'une chaîne se brisera là où se trouve son maillon le plus faible.

Les paramètres de surcharge pour le *Zottman curl* sont :

Semaine 1 : 2 x 5
Semaine 2 : 5 x 5
Semaine 3 : 3 x 5
Semaine 4 : 2 x 5

D. Accroupissement avant (*front squat*)

L'accroupissement avant est un mouvement fantastique pour développer les quadriceps et les fessiers. Il apporte de grands bénéfices pour préparer un athlète à recevoir la barre lors d'un épaulé en accroupissement complet. Je suggère toujours d'aller aussi bas que possible tant que les talons demeurent en contact avec le sol et que le bas du dos demeure tendu et arqué.

Position de départ :

    1. Position debout, la barre sur les clavicules, coudes élevés
    2. Pieds à la largeur des épaules et les orteils pointant légèrement vers l'extérieur
    3. La poitrine est ressortie, la tête est droite et le regard vers l'avant.

Descente :

    1. Descente sous contrôle
    2. Garder le tronc droit pendant tout le mouvement
    3. Garder le haut du dos et le bas du dos tendus
    4. Aller aussi bas que possible tout en maintenant une bonne technique

Redressement :
> 1. Ne faites pas de pause à la position accroupie, relevez-vous immédiatement
> 2. Tentez d'accélérer la barre alors que vous vous redressez
> 3. Évitez de vous pencher vers l'avant, utilisez vos jambes pour vous relever et non pas votre dos

Les paramètres de surcharge pour l'accroupissement avant sont :

Semaine 1 : 2 x 5
Semaine 2 : 5 x 5
Semaine 3 : 3 x 3, 1 x 2
Semaine 4 : 3 x 3

Vous pouvez tenter de soulever des charges lourdes au *front squat*, mais vous devez le faire avec une bonne technique et en allant aussi bas que possible. Ceci vous donnera beaucoup de confiance lorsque le moment sera venu de faire des épaulés en *squat* complet.

Troisième phase de l'entraînement ; maîtrise technique (4 semaines)

Lundi (emphase sur l'arraché)

Objectifs :
> *1. Apprendre la séquence complète de l'arraché*
> *2. Renforcer les muscles impliqués dans l'arraché*
> *3. Développer une technique efficace*

A. Arraché en demi-accroupissement à partir du plancher (*Half-squat snatch from floor*)

Il s'agit de la première étape dans l'apprentissage d'un arraché compétitif complet. Vous commencez à intégrer la première partie technique difficile du mouvement, la transition entre le dessous des genoux (tir contrôlé et lent) jusqu'au dessus des genoux (explosion). Vous attraperez la barre en position de demi-accroupissement, pour vous habituer à vous glisser sous celle-ci.

Position de départ :

1. Les pieds sont à la largeur des hanches, les orteils tournés vers l'extérieur
2. Les jambes sont fléchies aux genoux (environ 90-100 degrés)
3. Le tronc est fléchi et le dos est
4. Les épaules sont devant la barre
5. Les bras sont droits
6. Les trapèzes sont étirés
7. La tête est droite et le regard est vers l'avant

Tir :

1. Du sol jusqu'aux genoux, le tir est contrôlé, l'angle du dos demeure stable, la barre est soulevée uniquement par l'extension des jambes
2. Une fois que la barre dépasse la hauteur des genoux, explosez vers le haut avec une puissante extension du dos et des jambes
3. La barre doit être gardée près du corps se en tout temps
4. Les trapèzes se contractent avec force afin de donner davantage d'accélération à la barre.
5. Ni plus ni moins, nous tentons de faire un arc avec le corps (hanches devant, dos et jambes en extension)

Attrapé :

1. Attrapez la barre en position de demi-accroupissement
2. Attrapez la barre avec les bras tendus, ne poussez pas sur la charge
3. Gardez les trapèzes tendus pour tenir la barre

Les paramètres de surcharge pour l'arraché en demi-accroupissement à partir du plancher sont :

Semaine 1 : 2 x 3, 2 x 2
Semaine 2 : 2 x 3, 2 x 2, 1 x 1
Semaine 3 : 1 x 3, 1 x 2, 2 x 1,
Semaine 4 : 2 x 2

Note : Vous constaterez que je ne donne pas de pourcentage ni de charge à utiliser. Puisque la plupart d'entre vous n'a jamais fait d'arraché auparavant, il serait futile de vous prescrire un pourcentage pour planifier votre charge de travail!

Cependant, après la première et seconde phase d'entraînement vous aurez une bonne idée de la quantité de poids que vous pouvez manipuler et votre technique devrait maintenant être adéquate, alors vous pouvez commencer à utiliser des charges intéressantes.

B. Arraché en accroupissement complet à partir du plancher (*Full-squat snatch from floor*)

Les huit premières semaines d'entraînement nous ont toutes mené à ceci, le test optimal de la force fonctionnelle! Vous devriez maintenant être assez efficace à la partie tirée de l'arraché et être assez à l'aise avec la position de l'accroupissement avec la barre au-dessus de la tête.

Vous avez également appris à recevoir la barre en position *full squat*. Il est maintenant temps de tout combiner en un seul mouvement fluide, mais explosif!

Position de départ :
       1. Les pieds sont à la largeur des épaules et les orteils légèrement pointés vers l'extérieur
       2. Les genoux sont fléchis (environ 90-100 degrés)
       3. Le tronc est fléchi, le dos est tendu et arqué
       4. Les épaules sont devant la barre
       5. Les bras sont tendus
       6. Les trapèzes sont étirés
       7. La tête est droite et le regard est vers l'avant.

Tir :

1. Du sol jusqu'aux genoux, le tir est contrôlé, l'angle du dos demeure stable, la barre est soulevée uniquement par l'extension des jambes
2. Une fois que la barre dépasse la hauteur des genoux, explosez vers le haut avec une puissante extension du dos et des jambes
3. La barre doit être gardée près du corps en tout temps
4. Les trapèzes se contractent avec force afin de donner davantage d'accélération à la barre
5. Ni plus ni moins, nous tentons de faire un arc avec le corps (hanches devant, dos et jambes en extension)

Attrapé :

1. Attrapez la barre en position de demi-accroupissement
2. Attrapez la barre avec les bras tendus, ne poussez pas sur la charge
3. Gardez les trapèzes tendus pour tenir la barre

Les paramètres de surcharge pour l'arraché en accroupissement complet sont :

Semaine 1 : 2 x 3, 2 x 2
Semaine 2 : 2 x 3, 2 x 2, 1 x 1
Semaine 3 : 1 x 3, 1 x 2, 2 x 1,
Semaine 4 : 2 x 2

Note : Au départ, utilisez la même charge que vous utiliseriez en arraché en demi-accroupissement. À mesure que vous vous sentez plus confortable avec l'arraché complet, vous devriez pouvoir utiliser 10-20 % de plus pour cet exercice.

C. Tir de l'arraché

Le tir de l'arraché est la progression logique du soulevé de terre avec prise de l'arraché. Idéalement, vous devriez pouvoir utiliser le même mouvement de tir que lors d'un arraché en demi-accroupissement. Concentrez-vous à vous soulever sur le bout de vos orteils et à contracter les trapèzes simultanément.

Les paramètres de surcharge pour le tir de l'arraché sont :

Semaine 1 : 2 x 4, 2 x 3
Semaine 2 : 3 x 4, 3 x 3, 1 x 2
Semaine 3 : 1 x 3, 1 x 2, 1 x 1
Semaine 4 : 3 x 3

Dans cette phase, utilisez la même charge que vous utilisiez pour l'arraché en accroupissement complet, ou un maximum de 10 % de plus. Plusieurs font l'erreur de charger beaucoup trop avec les tirs. Si la charge est significativement plus grande que lors d'un arraché, il n'y aura pas de transfert positif.

D. Arraché « en descente » (*drop snatch*)

Tout comme le tir de l'arraché est la progression logique du soulevé de terre avec prise de l'arraché, l'arraché « en descente » est la progression logique de l'accroupissement avec barre au dessus de la tête. Cet exercice apporte les mêmes bénéfices que l'accroupissement avec barre au-dessus de la tête, mais il enseigne également à se glisser sous la barre.

Position de départ :
    1. Debout, la barre sur les épaules avec une prise d'arraché
    2. Les pieds sont légèrement plus larges que les hanches, les orteils légèrement pointés vers l'extérieur
    3. Le tronc est solide, le dos est tendu
    4. Les coudes pointent vers le bas

Descente :
    1. Vous devez glisser directement sous la barre, essayez de ne pas la laisser tomber énormément. La clé est de barrer les bras pendant la descente. Vous devez battre la gravité qui attire la barre vers le bas
    2. Évitez la flexion du tronc, si vous commencez à fléchir vers l'avant, vous allez échapper la barre
    3. En descendant pendant le squat, tentez de pousser la barre vers le haut (en contractant les trapèzes et en stabilisant la barre)
    4. Les talons doivent demeurer au sol
    5. Quand vous arrivez à la position la plus basse, relevez-vous en ligne droite, évitez les mouvements du tronc excessifs

Les paramètres de surcharge pour l'arraché « en descente » sont :

Semaine 1 : 2 x 5
Semaine 2 : 5 x 5
Semaine 3 : 3 x 3, 1 x 2
Semaine 4 : 3 x 5

Vous devez encore utiliser cet exercice extraordinaire parce que maintenant vous devez réellement être rapide et stable sous la barre! Vous devriez maintenant pouvoir utiliser des charges relativement lourdes pour cet exercice.

Mardi (Accent sur le jeté)

Objectifs :
    1. Apprendre le jeté
    2. Renforcer les muscles impliqués dans le jeté
    3. Augmenter la maîtrise du jeté

A. ¼ d'accroupissement avant

Vous allez maintenant utiliser cet exercice avant le jeté afin de bénéficier au maximum de ces effets psychologiques sur le jeté. Encore une fois, assurez-vous de garder votre dos aussi droit au possible en exécutant ce mouvement, nous désirons imiter le mouvement du jeté autant que possible.

Les paramètres de surcharge pour le ¼ front squat sont :

Semaine 1 : 2 x 3
Semaine 2 : 5 x 3
Semaine 3 : 3 x 3, 1 x 2
Semaine 4 : 2 x 2

B. Jeté

Le jeté est, à la base, pratiquement le même mouvement que le jeté poussé, que j'ai déjà décrit. La seule différence ici est que quand vous jetez, un pied glisse devant, l'autre derrière, et vous faites un *split* (une jambe devant l'autre derrière).

Position de départ :

1. Soulevez la barre de ses supports
2. Placez-la sur vos clavicules
3. La barre est tenue avec une prise de l'épaulé ou une prise intermédiaire
4. Tenez la barre avec une main pleine, pas uniquement avec le bout des doigts.
5. Les coudes pointent vers l'avant et vers le bas, non uniquement vers le bas.
6. Le corps demeure droit et tendu

Descente :

1. Descendez votre corps en ligne droite (imaginez que votre dos glisse le long d'un mur)
2. La descente est contrôlée, mais pas trop lente
3. Descendez en un quart de squat, pas d'avantage

L'explosion :

1. Quand vous complétez la descente, renversez la vapeur rapidement et explosez vers le haut !
2. Vous devriez pousser très fort avec les jambes (afin que la barre quitte vos épaules en fin de course)
3. En arrivant à la position debout, poussez fermement sur la barre vers le haut aussi rapidement que possible
4. Tentez de lancer la barre vers le haut, ne pas la pousser avec contrôle

L'attrapé :

1. Vous attrapez la barre avec une jambe placée à l'avant l'autre vers l'arrière. Expérimentez afin de découvrir quelle jambe semble le plus confortable en avant
2. Le tronc demeure tendu
3. Les bras sont barrés immédiatement (vous recevez la barre avec les bras tendus, ne poussez pas sur la charge)

Les paramètres de surcharge pour le jeté sont :

Semaine 1 : 2 x 3, 2 x 2
Semaine 2 : 2 x 3, 3 x 2, 1 x 1
Semaine 3 : 1 x 3, 1 x 2, 2 x 1
Semaine 4 : 3 x 2

C. Jeté poussé

Ajouter le *push press* à cette phase d'entraînement complète le virage d'un entraînement à dominante force vers un entraînement à dominante puissance. Attendez-vous à des gains impressionnants dans les mouvements au-dessus de la tête à partir de maintenant!

Position de départ :

1. Soulevez la barre de ses supports
2. Placez-la sur vos clavicules
3. La barre est tenue avec la prise de l'épaulé ou une prise intermédiaire
4. Tenez la barre avec une main pleine, pas uniquement avec le bout des doigts.
5. Les coudes pointent vers l'avant et vers le bas, non uniquement vers le bas.
6. Le corps demeure droit et tendu

La descente :

1. Descendez votre corps en ligne droite (imaginez que votre dos glisse le long d'un mur)
2. La descente est contrôlée, mais pas trop lente
3. Descendez en un quart de squat, pas d'avantage

L'explosion :

1. Quand vous complétez la descente, renversez la vapeur rapidement et explosez vers le haut !
2. Vous devriez pousser très fort avec les jambes (afin que la barre quitte vos épaules en fin de course)
3. En arrivant à la position debout, poussez fermement sur la barre vers le haut aussi rapidement que possible
4. Tentez de lancer la barre vers le haut, ne pas la pousser avec contrôle

L'attrapé :

1. Attrapez la barre avec un *léger* accroupissement sous la barre
2. Le tronc demeure tendu
3. Les bras sont barrés immédiatement (vous recevez la barre avec les bras tendus, ne poussez pas sur la charge)

Les paramètres de surcharge pour le jeté poussé sont :

Semaine 1 : 2 x 3, 2 x 2
Semaine 2 : 2 x 3, 1 x 2, 1 x 1
Semaine 3 : 1 x 3, 1 x 2, 1 x 1
Semaine 4 : 3 x 2

D. Accroupissement sauté avec la barre (*Bar jump squat*)

Nous conservons cet excellent mouvement de puissance pour nous assurer que vous conservez un haut potentiel de production de puissance pendant cette phase d'entraînement.

Position de départ :
>1. Debout avec la barre sur les épaules derrière le cou

Exécution :
>1. Descendez en un quart de squat et explosez vers le haut
>2. Atterrissez sur le plancher, fléchissez vos genoux pour absorber le choc.

Les paramètres de surcharge pour l'accroupissement sauté avec charge (*loaded jump squat*) sont :

Semaine 1 : 2 x 10
Semaine 2 : 5 x 10
Semaine 3 : 3 x 6
Semaine 4 : 2 x 6

Les charges suivantes sont appropriées :

Squat de 500lbs+ : 55lbs
Squat de 300-500lbs : 45lbs (barre seulement)
Squat de 200-300lbs : 35lbs (plus petite barre)
Squat de 100-200lbs : 25lbs (encore plus petite barre)

La charge est gardée identique pendant tout le cycle. Le but est d'augmenter la hauteur du saut, non pas la charge utilisée.

Jeudi (emphase sur l'épaulé)

Objectifs :
>*1. Apprendre la bonne séquence de l'épaulé*
>*2. Renforcer les muscles impliqués dans l'épaulé*
>*3. Augmenter la maîtrise technique de l'épaulé*

A. Épaulé en demi-accroupissement à partir du plancher

Ceci ressemble beaucoup à l'arraché en demi-accroupissement en ce sens qu'il utilise la même séquence que lors d'un squat épaulé de compétition complet. Encore une fois, soulevez la charge sous contrôle jusqu'aux genoux, ensuite explosez ! Attrapez la barre en demi-accroupissement afin de vous habituer à vous glisser sous la barre.

Position de départ :

1. Les pieds sont à la largeur des épaules, les orteils pointés légèrement vers l'extérieur
2. Les genoux sont fléchis (environ 90-100 degrés)
3. Le tronc est fléchi, mais le bas du dos est arqué et tendu
4. Les épaules sont devant la barre
5. Les bras sont tendus
6. Les trapèzes sont étirés
7. La tête est droite et le regard vers l'avant

Tir :

1. Du sol aux genoux, la barre est soulevée avec contrôle alors que l'angle du tronc demeure stable
2. Arrivé aux genoux, explosez vers le haut avec une extension puissante des jambes et du dos
3. La barre devrait être gardée près du corps en tout temps
4. Les trapèzes contractent avec force pour donner davantage d'accélération à la barre

Attrapé :

1. Attrapez la barre en demi-accroupissement
2. Attrapez la barre sur vos épaules et placez vos bras de façon à ce que les coudes pointent vers l'avant, non pas vers le bas

Les paramètres de surcharge pour l'épaulé en demi-accroupissement à partir du plancher sont comme suit :

Semaine 1 : 2 x 3, 2 x 2
Semaine 2 : 2 x 3, 2 x 2, 1 x 1
Semaine 3 : 1 x 3, 1 x 2, 2 x 1,
Semaine 4 : 2 x 2

Note : Vous constaterez que je ne donne pas de pourcentage ni de charge à utiliser. Puisque la plupart d'entre vous n'a jamais fait d'épaulé auparavant, il serait futile de vous prescrire un pourcentage pour planifier votre charge de travail ! Cependant, après la première et seconde phase d'entraînement vous aurez une bonne idée de la quantité de poids que vous pouvez.

B. Épaulé en accroupissement complet à partir du plancher (*full squat clean from floor*)

Nous suivrons la même logique avec l'épaulé en accroupissement complet que nous avons suivie pour le *full squat* arraché. Vous devez maintenant combiner un tir puissant avec une descente rapide en position d'accroupissement complet.

Tout comme l'arraché en accroupissement complet, commencez avec la même charge que vous utilisiez pour l'arraché en demi-accroupissement. Avec de la pratique vous pourrez utiliser 10-20 % plus lourd pour cet exercice.

Les paramètres de surcharge pour l'épaulé en accroupissement complet à partir du plancher sont :

Semaine 1 : 2 x 3, 2 x 2
Semaine 2 : 2 x 3, 2 x 2, 1 x 1
Semaine 3 : 1 x 3, 1 x 2, 2 x 1,
Semaine 4 : 2 x 2

C. Tir de l'épaulé

Le tir de l'épaulé est la progression logique du soulevé de terre avec prise de l'épaulé. Idéalement, vous devriez utiliser le même mouvement de tir que lors d'un arraché en demi-accroupissement. Concentrez-vous à vous soulever sur le bout de vos orteils et à contracter les trapèzes simultanément.

Les paramètres de surcharge pour le tir de l'arraché sont :

Semaine 1 : 2 x 4, 2 x 3
Semaine 2 : 3 x 4, 3 x 3, 1 x 2
Semaine 3 : 1 x 3, 1 x 2, 1 x 1
Semaine 4 : 3 x 2

D. Accroupissement avant

Vous utiliserez maintenant deux exercices de squat par semaine pour raffiner la force de vos jambes et développer un certain confort dans la position de l'épaulé en accroupissement complet.

Les paramètres de surcharge pour l'accroupissement avant sont :

Semaine 1 : 2 x 5
Semaine 2 : 5 x 5
Semaine 3 : 3 x 3. 1 x 2
Semaine 4 : 2 x 3

Vendredi (Exercices correctifs)

Objectif :

> *1.Renforcement général des muscles impliqués dans les mouvements olympiques*

A. Développé couché.

Nous continuerons d'utiliser le développé couché afin que vous puissiez continuer de maintenir une bonne force de poussée pour le haut du corps. Cependant, vous pouvez inclure le développé couché incliné si vous voulez avoir un peu de variété.

Les paramètres de surcharge pour le développé couché sont :

Semaine 1 : 2 x 5
Semaine 2 : 5 x 5
Semaine 3 : 3 x 3, 1 x 2
Semaine 4 : 3 x 3

Utilisez de grosses charges pour cet exercice, mais ne diminuez pas votre amplitude de mouvement. Touchez la poitrine et explosez vers le haut!

B. Accroupissement

Nous réincorporons cet exercice dans notre programme afin de survolter la force de nos jambes. En maîtrisant la technique des mouvements olympiques complets, vous deviendrez de plus en plus aptes à utiliser la force de vos jambes, d'où le besoin de se concentrer sur la force des jambes maintenant.

Les paramètres de surcharge pour l'accroupissement sont :

Semaine 1 : 2 x 5
Semaine 2 : 5 x 5
Semaine 3 : 3 x 5
Semaine 4 : 2 x 3

C. *Zottman curl*

Vous soulevez la charge avec les paumes vers le haut et l'abaissez avec les paumes vers le bas, faisant ainsi travailler les muscles plus intensément en concentrique et en eccentrique. Cet exercice renforcera tous les muscles fléchisseurs du bras. Quoique n'étant pas d'une importance capitale en haltérophilie olympique, il faut tout de même garder en tête qu'une chaîne se brisera à son maillon le plus faible.

Les paramètres de surcharge pour le *Zottman curl* sont :

Semaine 1 : 2 x 5
Semaine 2 : 5 x 5
Semaine 3 : 3 x 5
Semaine 4 : 2 x 5

CHAPTER 14
Thèmes brefs

Dans ce chapitre...

— Nutrition pré - et post - entraînement pour maximiser l'effet d'entraînement

— La pratique de poses pour devenir plus défini et améliorer son contrôle musculaire

— Activation post tétanique

— Courir pour perdre : 3 stratégies de perte de gras efficaces

— Se *swinger* en condition

Ce chapitre inclut des thèmes que j'ai délibérément omis du livre, ou ceux qui n'exigent pas un chapitre complet à eux seuls, mais qui sont tout de même dignes de mention. C'est également une façon plus facile de terminer cet ouvrage, ce qui vous donnera je l'espère une vision positive de tout ceci. Je couvrirai beaucoup de sujets qui ne sembleront pas nécessairement avoir de liens entre eux, mais ceux qui aiment les choses concises trouveront ce chapitre très rafraîchissant.

Nutrition pré - et post - entraînement pour maximiser l'effet d'entraînement

J'admets volontiers que les stratégies alimentaires que j'utilise présentement sont basées sur le travail du très génial nutritionniste de performance et de l'illustre *aimant à nanas* international, John Berardi. En toute honnêteté, ses recommandations en regard à la nutrition pré et post entraînement (que je vais vous révéler) ont eu des effets presque dignes de ceux qui prennent des anabolisants sur ma propre performance ainsi que sur celles de mes athlètes. En fait, j'ai personnellement gagné le double de poids en utilisant les stratégies établies par JB, et je suis convaincu que vous en tirerez de grands profits également !

Le repas post entraînement est reconnu depuis longtemps pour potentialiser l'effet d'entraînement et pour améliorer la récupération après un entraînement particulièrement difficile. Ceci amena plusieurs entraîneurs (incluant moi à un certain moment) à recommander d'énormes quantités de nutriments post entraînement pour tirer le maximum de cette absorption facilitée pour les muscles suivant un entraînement en résistance. La stratégie était certainement un pas dans la bonne direction, mais la recherche récente et l'expérience nous démontre que de diviser le repas post entraînement, en deux plus petites portions pré — et post — entraînement, est une approche bien plus efficace. Elle réduit la dégradation musculaire, améliore l'absorption d'acides aminés par les muscles et accélère la resynthèse du glycogène. En termes simples, vous prenez du muscle, rapidement!

Le plan de Berardi prescrit une boisson frappée immédiatement avant chaque entraînement pour charger le sang d'acides aminés et de glucose, ainsi qu'une boisson frappée post entraînement pour survolter le processus de récupération.

La façon la plus simple de faire les choses est de prendre une portion de Surge de Biotest et une autre portion après l'entraînement. Ceci est une solution idéale puisque le Surge possède tous les bons ingrédients en une seule formule, mais vous pouvez toujours vous fabriquer une version « maison » en utilisant de la protéine de lactosérum, de la maltodextrine et de la créatine. Si vous choisissez cette approche, voici les proportions adéquates :

Protéine: 25-35g
Glucides : 35-45g
Créatine : 5-10g

Ajoutez des acides aminés à branches ramifiés (Branched-Chain Amino Acids: BCAA) ferait probablement des merveilles aussi.

Selon votre objectif, vous pouvez changer la composition des boissons.

Si vous voulez maximiser vos gains musculaires (et n'êtes pas trop préoccupé par la perte de gras)

Protéines : 25-35g
Glucides : 60-70g
Créatine : 5-10g

Si vous voulez maximiser la perte de gras rapidement (et n'êtes pas trop préoccupé par le fait de ne pas prendre énormément de muscle)

Protéines : 35-45g
Glucides : 25-35g
Créatine : 5-10g

Si vous utilisez la formule pré mélangée Surge et que vous voulez utiliser l'option 1 (gains musculaires), ajoutez simplement une portion de Gatorade à chaque boisson. Si vous voulez utiliser l'option 2 (perte de gras), diminuez la quantité de Surge en deux et ajoutez une mesure de protéine (préférablement le Grow! faible en glucides).

Augmenter sa définition et sa densité musculaire par le *posing*

Je me souviens vaguement, ayant été un frêle garçon de 14 ans et étant presque perdu dans le gym, avoir entendu un jour un culturiste très massif dire à voix haute : « Hé les gars! Aujourd'hui c'est l'entraînement au miroir. » Pour ces gars, qui étaient des culturistes de compétition, « l'entraînement au miroir », ou la pratique de poses, était important puisqu'il pouvait influencer leur performance le soir de leur concours.

L'une des choses que j'ai remarquées est que quand ils se pratiquaient pour poser, ils semblaient augmenter leur densité musculaire ainsi que leur niveau de définition musculaire à une vitesse beaucoup plus rapide que normalement. Ceci m'intriguait au plus haut point. La pratique des poses implique un bon contrôle musculaire ainsi que des contractions statiques et quasi statiques maximales. Quoiqu'insuffisantes pour provoquer des gains en hypertrophie, ce genre de contractions peut aider à augmenter la dépense énergétique ainsi qu'à améliorer l'activation neurale des muscles (améliorant ainsi le tonus au repos).

Comprenez-moi bien, je ne recommande pas de passer toute une journée au gym à la pratique de pose. Cependant, si votre objectif est de devenir aussi défini et dense que possible, incorporer une séance de *posing* hebdomadaire de 30-45 minutes (lorsque vous êtes seul à la maison de préférence !) peut réellement faire une différence sur votre apparence. Je recommande de pratiquer chacune des poses obligatoires en culturisme (au nombre de 7, 8 si vous comptez la « *most muscular* »), de maintenir chacune d'elle pendant 60 secondes et de répéter le cycle deux ou trois fois. Appliquez-vous à contracter au maximum tous les muscles et en tout temps. Les contractions doivent être maximales.

Ces conseils peuvent apparaître vaniteux et narcissiques, mais ils sont réellement fondés sur des bases scientifiques ! Le contrôle musculaire est réellement amélioré ainsi que le tonus musculaire au repos. Ceci vous donnera un look plus dense, plus musculaire et contribuera positivement à vos performances dans le gym. Et maintenant, un peu « d'entraînement au miroir » ?

Facilitation post tétanique (pardon ?)

L'entraîneur Charles Poliqui à introduit ce concept dans l'un de ses articles (*The 1-6 principle*, disponible sur T-Mag.com) Poliquin explique ce phénomène en disant que l'exécution d'un exercice avec une charge lourde vous permettra de mieux performer dans le gym sur les séries subséquentes. Voici comment Poliquin l'explique :

« *En gros, si vous faites une série de 6RM (la charge maximale que vous pouvez soulever pour 6 répétitions) 3 à 10 minutes après avoir fait une répétition maximale, vous pourrez utiliser une charge plus grande pour votre série de 6 RM que si vous n'aviez pas fait la répétition maximale.* »

Ceci est très vrai, et très efficace aussi. Récemment, plusieurs gens se sont demandé ce qu'était cette facilitation post tétanique. Eh bien ! la voici !

1. Potentialisation

Une activité physique/musculaire peut avoir un effet sur des activités subséquentes. L'activité première peut diminuer la performance de la seconde (phénomène causé principalement par la fatigue musculaire) ou elle peut l'améliorer (Abbate et coll. 2000).

Dans le second exemple, la performance est améliorée par le biais de ce qui s'appelle la potentialisation. Ceci fait référence à une augmentation de la production de force résultant d'une activation musculaire préalable (Abbate et coll. 2000). Il existe plusieurs types de potentialisation, les deux plus connues le sont sous les noms de potentialisation post tétanique et potentialisation à impulsion initiale à haute fréquence.

2. Potentialisation post tétanique

Le tétanos fait référence à un état d'activation musculaire se produisant soit pendant une contraction musculaire prolongée (apportée par une fatigue musculaire) ou par une contraction très intense (apportée par une contraction maximale). Le tétanos peut s'expliquer comme la sommation des unités motrices disponibles.

On a découvert que la force de contraction d'une fibre musculaire est plus importante après qu'avant un bref tétanos. Cet effet est même présent 5 minutes après le tétanos (O'Leary et coll. 1997). En fait, pendant un tétanos de 7 secondes, la capacité d'appliquer une force est diminuée de 15 % alors qu'elle est augmentée de 28 % après une minute, 33 % après 2 minutes et 25 % après 5 minutes (O'Leary et coll. 1997). Il semble donc que la capacité de produire de la force soit plus grande 2-3 minutes après la cessation de l'effort tétanique.

Cette augmentation dans la capacité de produire de la force après une certaine stimulation est appelée facilitation post tétanique (FPT). La façon la plus efficace de favoriser une grande FPT est de placer une stimulation intense sur un muscle par le biais d'une contraction/effort maximal pour une période de 5-10 secondes (Brown et von Euler, 1938, Vetervoort et al. 1983).

La FPT peut augmenter la force de contraction, surtout dans le cas des fibres à contraction rapide (Bowman et coll. 1969, Steteart, 1964). La FPT améliore également le taux de développement de la force (Abbate et coll, 2000).

La FTP fonctionne en augmentant la phosphorylation des filaments de myosine, ce qui rend l'actine-myosine plus sensible au calcium dans les contractions subséquentes (Grange et coll. 1993, Palmer et Moore 1989, O'Leary et coll. 1997). Ceci n'est pas d'une importance capitale, mais vous pouvez, si vous le désirez, vous familiariser avec la théorie des filaments d'actine et de myosine dans la contraction musculaire afin de voir comment elle augmente la capacité de produire de la force.

3. Potentialisation à impulsion initiale à haute fréquence

Bien que ce phénomène dépasse l'objectif de cet article, comprenez que la potentialisation à impulsion initiale à haute fréquence (PIIHF) se produit au début d'un mouvement balistique (Abbate et coll. 2000) et qu'elle augmente la production de puissance, le taux de développement de force, ainsi que la force maximale (Mardsen et coll. 1971, Burke et coll. 1981, Hennig et Lomo, 1985).

4. Facilitation post tétanique (ou potentialisation post tétanique)

La facilitation post tétanique (FPT) est simplement un autre terme pour désigner la potentialisation post tétanique (PPT). Les deux termes font référence au même phénomène. La FPT signifie que le tétanos facilite un effort subséquent, alors que la PPT signifie que le potentiel pour un effort subséquent est augmenté.

Il s'agit donc de sémantique pour dire la même chose! Simplement pour vous donner une idée, il existe un autre terme pour désigner le même phénomène appelé la potentialisation post activation (PPA). Les termes sont complexes, mais ne les laissez pas vous intimider… le principe de base est simple :

Une contraction ou un effort musculaire maximal ou presque maximal augmente la capacité de production de force et de puissance pour jusqu'à 5-10 minutes, avec un pic se produisant à 2-3 minutes après l'effort maximal.

5. Applications de la PPT

Le coach Poliquin nous donne une excellente façon d'utiliser la PPT pour augmenter la masse et la force musculaire avec son entraînement 1-6. Il nous donne également une bonne façon de l'utiliser pour augmenter la force avec son approche de surcharge en vague (*wave loading*). Cela dit, la PPT peut être utilisée à d'autres fins.

Par exemple, vous pouvez, à la suite d'une série d'effort maximal, faire une série explosive (puisque la PPT augmente le taux de développement de force). Par exemple, vous pourriez faire un soulevé de terre lourd, vous reposer 3 minutes, et faire une série d'épaulés en puissance. En comprenant le principe de base de la PPT, vous serez en mesure de trouver vos propres applications de ce phénomène dans vos propres entraînements!

Courir pour perdre

Afin d'obtenir une excellente définition musculaire, vous devez mettre de l'ordre dans presque tous les départements : Diète, récupération, entraînement… Quoiqu'un programme de force bien conçu vous aidera à augmenter votre définition musculaire, il est assez difficile d'obtenir un niveau de définition de haut calibre dans un peu de travail « sur route ». Comme plusieurs d'entre vous savent déjà, je ne suis pas un fanatique du cardio de faible intensité. Quoiqu'efficace pour la perte de gras, je crois qu'il peut avoir un impact négatif sur la force et, subséquemment, sur la masse musculaire. Je crois que l'entraînement en intervalle et/ou les sprints de longue distance sont optimaux pour maximiser la perte de gras tout en préservant la masse musculaire. Je vais vous présenter ici trois méthodes pour améliorer votre définition : **courses de 400m, courses à intervalles** et ma méthode favorite, **la course à intervalles croissants** (*interval build-up running* ou **IBUR**).

Courses de 400m

J'ai découvert le fort potentiel de lipolyse des sprints de 400m sans réellement le chercher. J'utilise cette méthode régulièrement avec mes joueurs de hockey, principalement parce qu'elle développe la filière énergétique dont ils ont besoin pendant une partie.

Cependant, j'ai rapidement découvert à quel point leur définition musculaire s'améliorait peu de temps après avoir commencé ces courses de 400m. Non seulement devenaient-ils plus définis, mais ils devenaient également plus forts!

J'ai ensuite expérimenté avec des courses de 400m spécifiquement pour la perte de gras corporel et j'ai découvert jusqu'à quel point cette approche était réellement efficace. À ce jour, je crois encore que très peu de méthodes peuvent rivaliser avec les courses de 400m pour la perte de tissu adipeux. La table suivante vous donne un bon point de départ. Ne faites qu'un seul entraînement de course de 400m par semaine.

Condition physique	Semaine 1	Semaine 2	Semaine 3	Semaine 4	Semaine 5	Semaine 6	Semaine 7	Semaine 8
Mauvaise	2 x 400m 120 sec. R*	3 x 400m 120 sec. R	4 x 400m 120 sec. R	3 x 400m 120 sec. R	4 x 400m 90 sec. R	5 x 400m 90 sec. R	6 x 400m 90 sec. R	4 x 400m 90 sec. R
Moyenne	3 x 400m 120 sec. R*	4 x 400m 120 sec. R	5 x 400m 120 sec. R	4 x 400m 120 sec. R	5 x 400m 90 sec. R	6 x 400m 90 sec. R	7 x 400m 90 sec. R	5 x 400m 90 sec. R
Bonne	3 x 400m 90 sec. R*	4 x 400m 90 sec. R	5 x 400m 90 sec. R	4 x 400m 90 sec. R	5 x 400m 70 sec. R	6 x 400m 70 sec. R	7 x 400m 70 sec. R	5 x 400m 70 sec. R
Excellente	4 x 400m 90 sec. R*	5 x 400m 90 sec. R	6 x 400m 90 sec. R	5 x 400m 90 sec. R	6 x 400m 70 sec. R	7 x 400m 70 sec. R	8 x 400m 70 sec. R	6 x 400m 70 sec. R
Élite	5 x 400m 90 sec. R*	6 x 400m 90 sec. R	7 x 400m 90 sec. R	6 x 400m 90 sec. R	7 x 400m 60 sec. R	8 x 400m 60 sec. R	9 x 400m 60 sec. R	7 x 400m 60 sec. R

*R : Repos

Courses à intervalles

La course à intervalles est une autre excellente façon de diminuer le gras corporel sans compromettre vos gains en masse musculaire et en force. Elle combine le travail en haute et basse intensité pour un effet de lipolyse très prononcé. En gros, vous alternez entre des périodes de course lente (jogging lent) et de course rapide (sprint).

Un bon programme est illustré dans la table suivante

Condition physique	Semaine 1	Semaine 2	Semaine 3	Semaine 4	Semaine 5	Semaine 6	Semaine 7	Semaine 8
Mauvaise	60 s. jog 15 s. sprint x 5	60 s. jog 15 s. sprint x 6	60 s. jog 15 s. sprint x 7	60 s. jog 15 s. sprint x 6	60 s. jog 15 s. sprint x 7	60 s. jog 15 s. sprint x 8	60 s. jog 15 s. sprint x 9	60 s. jog 15 s. sprint x 6
Moyenne	60 s. jog 15 s. sprint x 6	60 s. jog 15 s. sprint x 7	60 s. jog 15 s. sprint x 8	60 s. jog 15 s. sprint x 7	60 s. jog 15 s. sprint x 8	60 s. jog 15 s. sprint x 9	60 s. jog 15 s. sprint x 10	60 s. jog 15 s. sprint x 7
Bonne	60 s. jog 30 s. sprint x 5	60 s. jog 30 s. sprint x 6	60 s. jog 30 s. sprint x 7	60 s. jog 30 s. sprint x 6	60 s. jog 30 s. sprint x 7	60 s. jog 30 s. sprint x 8	60 s. jog 30 s. sprint x 9	60 s. jog 30 s. sprint x 6
Excellente	60 s. jog 45 s. sprint x 6	60 s. jog 45 s. sprint x 7	60 s. jog 45 s. sprint x 8	60 s. jog 45 s. sprint x 7	60 s. jog 45 s. sprint x 8	60 s. jog 45 s. sprint x 9	60 s. jog 45 s. sprint x 10	60 s. jog 45 s. sprint x 7
Élite	60 s. jog 45 s. sprint x 7	60 s. jog 45 s. sprint x 8	60 s. jog 45 s. sprint x 9	60 s. jog 45 s. sprint x 8	60 s. jog 45 s. sprint x 9	60 s. jog 45 s. sprint x 10	60 s. jog 45 s. sprint x 11	60 s. jog 45 s. sprint x 8

Course à intervalles croissants (Interval build-up running ou IBUR)

Ceci est ma stratégie préférée pour brûler les graisses. L'IBUR est basé sur les mêmes principes que la course à intervalles réguliers, mais où la durée des sprints et des jogs augmente à chaque cycle (ou chaque intervalle).

Voici un exemple :

Intervalle	Vitesse	Durée
1a	Jog	30 secondes
1b	Sprint	20 secondes
2a	Jog	60 secondes
2b	Sprint	30 secondes
3a	Jog	90 secondes
3b	Sprint	40 secondes
4a	Jog	120 secondes
4b	Sprint	50 secondes
5a	Jog	150 secondes
5c	Sprint	60 secondes
6a	Jog	180 secondes
6b	Sprint	70 secondes
Total		**15 minutes**

Ceci est l'entraînement que j'ai moi-même utilisé. Je l'ai fait 3 fois par semaine et cela m'a mené à une diminution de gras corporel marquée. Il ne s'agit peut-être pas de la méthode la plus spécifique si vous êtes un athlète, mais si vous n'êtes intéressé que par la perte de ras corporel, essayez l'IBUR, vous ne le regretterez pas !

Swigner sa condition

Il n'y a que quatre choses que je considère des vérités universelles, quatre choses qui me rappellent que, peu importe ce qui se passe dans ma vie, j'ai au moins quelque chose de solide sur quoi poser les pieds :

1. Quand je me réveille le matin, une nouvelle journée commence
2. J'apprécie particulièrement les demoiselles aux grosses poitrines
3. Un entraînement solide se construit principalement avec des exercices multi-articulaires
4. La Préparation Physique Générale (PPG) est l'une des clés du succès d'un athlète

C'est tout ! Peu importe ce qui se passe dans ma vie, je peux garder ma tête hors de l'eau en me souvenant que ces choses ne changeront jamais, qu'elles sont solides comme le roc.

J'aimerais prendre un peu de temps pour présenter la quatrième « vérité », puisqu'il s'agit probablement du concept le plus difficile à comprendre et à visualiser.

Laissez-moi d'abord vous dire que, peu importe la quantité de travail spécialisé que vous faites, si vous n'êtes pas en bonne condition physique générale vous ne pourrez pas offrir de performance optimale. Ceci est vrai, peu importe quel est votre sport ou activité de prédilection. L'objectif de n'importe quel programme d'entraînement est de vous amener au pic de votre condition. Eh bien, il est à peu près impossible d'arriver à ce pic sans une bonne base solide comme le roc sur laquelle construire le reste.

De plus, le travail en PPG peut vous aider à récupérer et à développer des qualités spécifiques requises dans votre sport. Parmi les formes les plus populaires et les plus récentes de PPG se trouvent le tir du traîneau, le transport d'objets, la brouette, la marche du fermier, les sprints inclinés, etc. Ces formes d'entraînement ainsi que leurs bénéfices sont bien documentés, mais une forme de PPG a été complètement oubliée. Pourtant, il s'agit d'une des meilleures façons de développer la performance sportive, la flexibilité, la force et la puissance. Je ne vous ferai pas languir plus longtemps, cette forme 'spéciale' de PPG n'est nul autre que le *swinging* !

Par *swiging*, je ne parle pas de ce à quoi les anglophones réfèrent, soit d'aller dans des boîtes de nuit spéciales où vous pouvez louer votre conjoint à un autre individu qui, pour vous remercier, vous laissera utiliser la sienne en échange. Bon, d'accord, cette forme d'activité pourrait également être une forme de PPG, mais je m'éloigne de mon sujet...

Swinging fait ici référence au balancement des bras et du tronc tout en tenant une source externe de résistance. La source de résistance et les exercices que je vais démontrer incluent :

   a. Bâtons indiens (Indian clubs)
   b. Masse de construction
   c. Kettlebells ou haltères

L'objectif est de balancer un de ces objets pour une période de temps spécifique (3-15 minutes dépendamment de votre niveau de condition physique). Ces mouvements peuvent vous aider à développer énormément de force endurance, de force rotative, de force de votre tronc et de puissance corporelle générale. De plus, ceci constitue une forme d'entraînement en flexibilité dynamique (l'entraînement ET le style de vie en *swinging* s'appliquent à ce dernier point).

Routine de PPG avec clubbells (*Indian clubs*)

Un clubbell est un bâton ressemblant à une grosse quille de *bowling*. Il peut peser entre 2 et 20 lb (certains sont même plus lourds). Ces bâtons ont été utilisés pendant longtemps pour développer la musculature du haut du corps, la flexibilité et la stabilité des épaules. Les exercices utilisés étaient des formes variées de cercles décrits avec les bras tout en tenant ces bâtons dans les mains.

Il existe encore de ces bâtons, et vous pouvez en acheter sur le Web. Cependant, ils sont plutôt onéreux. Pour nos besoins en PPG, je suggère plutôt de remplacer ces Indian clubs par de bons vieux bâtons de base-ball en bois (plus ils sont lourds mieux c'est), ou même une paire d'haltères (5-10 lb).

La routine à utiliser est de structure similaire à celle du programme de corde à sauter de John Davies, c'est-à-dire que vous faites 4 exercices, chacun pendant 30-60 secondes, et vous les répétez tour à tour jusqu'à arriver au total du temps requis pour une PPG.

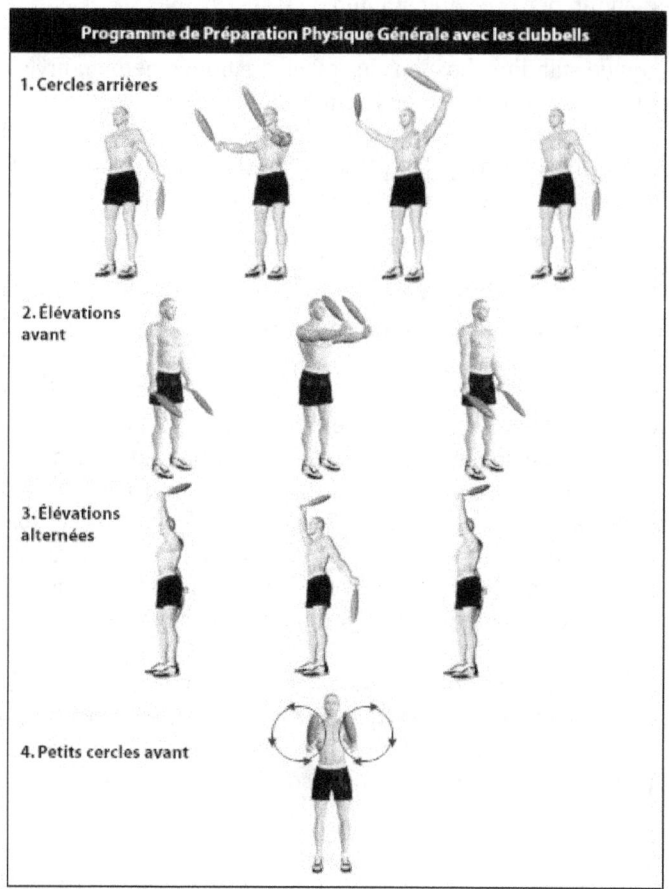

Paramètres d'exercices avec des clubbells		
Exercice	Durée	Commentaires
Cercles arrière	30 secondes	Aller autant que possible vers l'arrière, garder le tronc stable
Élévations avant	30 secondes	Fléchir le poignet à la fin du mouvement
Élévations alternées	30 secondes	Mettre l'emphase sur la pleine amplitude de mouvement, lentement
Petits cercles avant	30 secondes	Cercles rapides, garder les bras en pleine extension

Chacun des cycles de 4 exercices dure 2 minutes. Les débutants devraient tenter de compléter 3 cycles sans repos (temps total de 6 minutes). Un athlète mieux entraîné (et en meilleure condition physique) devrait viser à terminer 8 cycles complets sans repos (un total de 16 minutes). Ceci est une tâche **très difficile**. Ne laissez pas la simplicité ou facilité apparente de ces exercices vous confondre en erreur. Ce programme vous donnera :

1. Des épaules d'acier
2. De la force-endurance hors du commun dans les épaules
3. De la flexibilité dynamique dans l'articulation de l'épaule
4. Une plus grande stabilité dans tous les plans de mouvement au niveau des épaules
5. Une force incroyable au niveau de la coiffe des rotateurs

Pour ces raisons, je crois que **tous les athlètes** pratiquant un sport où l'incidence de blessure à la coiffe des rotateurs est élevée devraient utiliser ce type d'entraînement en PPG.

Programme d'entraînement en PPG avec une masse

Je dois donner du crédit au Dr. Mike Hartle pour cette idée de PPG. Le bon doc a écrit un article en 7 parties sur la façon d'utiliser une masse pour de la PPG. J'ai tout de suite aimé ce concept et j'ai immédiatement contacté Mike pour lui dire comment son idée était géniale. Le principe de base du travail avec une masse est que dans le gym, nous développons souvent la capacité d'appliquer la force de façon verticale, mais très rarement de façon horizontale ou diagonale. Le travail avec une masse peut compléter brillamment les entraînements en force conventionnels en mettant l'accent sur la force horizontale et rotative, les deux étant très importantes dans plusieurs sports.

De plus, ce genre d'entraînement vous aidera à développer une poigne de fer et les avant-bras d'un ours ! Je vais vous donner quelques exemples de base sur l'entraînement avec une masse, mais vous devriez aussi trouver vos propres idées. Dr. Hartle recommande d'utiliser de gros pneus comme « cible » pour absorber les chocs sans se briser.

Paramètres d'exercices avec une masse de construction		
Exercice	Durée	Commentaires
Coup vers le bas	4 minutes	Amorcez le coup vers le bas avec une flexion du tronc
Coup vers la droite	3 minutes	Menez avec la main droite, la main gauche aide simplement à soulever la masse
Coup vers la gauche	3 minutes	Menez avec la main gauche, la main droite aide simplement à soulever la masse

Un cycle complet de ces trois exercices durera 10 minutes. Si vous pouvez faire 2 cycles complets sans aucune période de repos, il est temps d'augmenter le poids de votre masse ou la densité des coups. L'objectif est de donner autant de coups que possible pendant la période de temps prescrite.

L'entraînement avec une masse vous procurera les bénéfices suivants :

1. Développement d'un tronc solide comme le roc
2. Développe tous les muscles de la sangle abdominale de façon optimale
3. Augmente la force des bras et du torse
4. Augmente la force des mains

Programme de PPG avec *kettlebell* ou avec haltères

Une *kettlebell* est un équipement d'entraînement de la vieille Russie. Elle ressemble à une petite boule de quille avec une poignée en métal. C'est une des précurseures de l'haltère moderne.

Le balancement de *kettlebell* à gagné en popularité grâce au travail de Pavel Tsatsouline et du *coach* John Davies. Les deux sont de fervents défenseurs des *kettlebells*. Je suis personnellement un grand fanatique des EXERCICES de *kettlebells*, cependant je ne crois pas nécessairement que de les faire avec des *kettlebells* apporte nécessairement d'avantage particulier comparativement aux mêmes exercices faits avec des haltères.

En fait, le seul inconvénient des *kettlebells*, s'il en existe un, c'est de n'être disponible qu'en gradation de certains poids (9,18, 36, 53, 71 et 88 lb). De plus, compte tenu de leur coût élevé, rare sont les gens qui peuvent s'en permettre une, encore moins un ensemble complet.

Je disais que la principale raison du succès des kettlebells est qu'ils sont différents des équipements communs dans les gyms, peur procurant ainsi un certain mysticisme qui est assez séduisant.

Je crois qu'un programme de PPG conçu avec le balancement de *kettlebells*/haltères est très efficace pour bâtir de l'endurance et de la masse musculaire. Cependant, vous n'avez pas à utiliser des *kettlebells* uniquement ; des haltères feront très bien l'affaire.

Paramètre des exercices avec haltère/kettlebell.		
Exercice	Répétitions	Commentaires
Balancement à deux bras	30	Soulever avec les hanches, puis avec les épaules
Balancement du bras gauche	10	Avancez la jambe gauche
Balancement du bras droit	10	Avancez la jambe droite

Ces trois exercices sont faits l'un après l'autre, pour constituer une série géante (sans repos entre les exercices). <u>Ceci vous donnera des épaules comme des boulets de canon et des trapèzes bien en muscle comme aucun autre exercice ne pourra le faire, POINT!</u> Utilisez la même charge pour tous les exercices. Pour les balancements à un bras, commencez avec votre bras le plus faible.

Pour la plupart des individus, je recommande une seule série géante par séance d'entraînement, vous découvrirez assez rapidement à quel point c'est difficile ! Pour les masochistes et ceux avec de bonnes capacités de récupération, vous pouvez vous rendre jusqu'à trois séries géantes par entraînement.

Incorporer le *swinging* dans un entraînement hebdomadaire

Quelqu'un désirant inclure le *swinging* dans ses entraînements dispose de trois options :

1. Sélectionnez chacune des trois méthodes et faites chacune d'elle une fois par semaine à des jours différents. Vous pouvez ajouter le tir du traîneau une quatrième journée.

2. N'utiliser qu'une seule de ces méthodes 2 ou 3 fois par semaine après vos entraînements réguliers.

3. Sélectionnez les trois méthodes et utilisez-les toutes au cours d'une journée spéciale de PPG ; journée pendant laquelle vous ne faites que du travail en PPG.

Ces trois options fonctionnent bien. Il s'agit simplement de trouver laquelle convient le mieux à vos besoins. La seconde option s'applique mieux aux individus désirant se spécialiser davantage à un type de PPG spécifique, alors que la troisième option convient mieux aux individus désirant développer une bonne condition physique générale tout en gagnant autant de force que possible.

Cela dit, le point important à se rappeler est que la PPG fera de vous un meilleur athlète et fera des merveilles pour vous aider à prévenir les blessures. Je vous le garantis!

CHAPITRE 15
D'autres exemples de programmes

Dans ce chapitre…
- Programmes débutants
- Programmes intermédiaires
- Programmes avancés

PROGRAMMES D'ENTRAÎNEMENT POUR DÉBUTANTS

Voici quelques exemples de programmes d'entraînement pour des débutants désirant développer leur masse musculaire. Souvenez-vous que sans nutrition, récupération, efforts et supplémentation adéquats, même les meilleurs programmes n'arriveront pas à livrer la masse musculaire tant convoitée. Vous remarquerez que les programmes de niveau débutant sont quelque peu simplistes. Ils n'utilisent pas vraiment de techniques avancées. La raison en est simple : un débutant n'a pas besoin de programmes avancés pour croître. En fait, l'utilisation de méthodes avancées de façon prématurée peut limiter les gains futurs. Utilisez toujours le moins de méthodes avancées possible pour obtenir le maximum de résultats possibles et, quand vos gains ralentiront, augmentez graduellement le niveau du programme d'entraînement.

Programme débutant niveau 1.

Division de l'entraînement

Lundi : Mouvements de base pour tout le corps
Mardi : Abdominaux
Mercredi : Mouvements d'isolation pour tout le corps
Jeudi : Repos
Vendredi : Mouvements de base pour tout le corps
Samedi : Abdominaux
Dimanche : Repos

Lundi

Exercice	Nom	Séries	Répétitions	Méthode	Tempo	Repos
A1.	Accroupissements	4	15\12\10\8	Alternée	Contrôlé	45 secs
A2.	Soulevé de terre roumain	4	15\12\10\8	Alternée	Contrôlé	120 secs
B1.	Développé couché	4	12\12\10\10	Alternée	Contrôlé	45 secs
B2.	Tirage horizontal à la poulie	4	12\12\10\10	Alternée	Contrôlé	120 secs
C1.	Levé militaire	4	12\12\10\10	Alternée	Contrôlé	45 secs
C2.	Tirage vertical à la poulie basse	4	12\12\10\10	Alternée	Contrôlé	120 secs

Mardi

Exercice	Nom	Séries	Répétitions	Méthode	Tempo	Repos
A1.	*Serratus crunch*	5	12-15	Série triple	Contrôlé	Aucun
A2.	*Crunch* à genoux à la poulie	5	12-15	Série triple	Contrôlé	Aucun
A3.	*Crunch* au ballon d'exercice	5	maximum	Série triple	Contrôlé	90 secs

Mercredi

Exercice	Nom	Séries	Répétitions	Méthode	Tempo	Repos
A.	Accroupissement bulgare	5	15\12\10\12\15	Normale	Contrôlé	90 secs
B.	Flexion des jambes	5	15\12\10\12\15	Normale	Contrôlé	60 secs
C.	Développé couché incliné aux haltères	5	12\10\8\10\12	Normale	Contrôlé	90 secs
D.	*Pullover* bras tendus à la poulie haute	5	12\10\8\10\12	Normale	Contrôlé	60 secs
E.	Flexion des bras à la barre	3	10-12	Normale	Contrôlé	45 secs
F.	Extension des triceps à la poulie	3	10-12	Normale	Contrôlé	45 secs
G.	Élévations latérales	3	12-15	Normale	Contrôlé	30 secs
F.	Élévations latérales buste penché	3	12-15	Normale	Contrôlé	30 secs

Vendredi

Exercice	Nom	Séries	Répétitions	Méthode	Tempo	Repos
A.	Presse à jambes	4	12\12\15\15	Normale	Contrôlé	120 secs
B.	Goodmorning	4	12\12\15\15	Normale	Contrôlé	90 secs
C.	Développé couché incliné	4	10\10\12\12	Normale	Contrôlé	90 secs
D.	Tirage vertical à la barre buste penché	4	10\10\12\12	Normale	Contrôlé	90 secs
E.	Presse pour épaules en position assise avec haltères	4	12\12\15\15	Normale	Contrôlé	90 secs
F.	Tirage vertical à la barre debout	4	12\12\15\15	Normale	Contrôlé	60 secs

Samedi

Exercice	Nom	Séries	Répétitions	Méthode	Tempo	Repos
A.	*Crunch* avec charge	3	10-12	Normale	Contrôlé	60 secs
B.	Flexion latérale (*Flexion latérale*)	3	10-12 par côté	Normale	Contrôlé	60 secs
C.	*Pullover crunch*	3	12-15	Normale	Contrôlé	45 secs
D.	Twist russe sur ballon	3	12-15 par côté	Normale	Contrôlé	45 secs
E.	*Jacknife* assis	3	Maximum	Normale	Contrôlé	30 secs
F.	*Crunch* double	3	Maximum	Normale	Contrôlé	30 secs

Programme débutant niveau 2.

Division de l'entraînement

Lundi : Bas du corps
Mardi : Abdominaux
Mercredi : Haut du corps
Jeudi : Repos
Vendredi : Mouvements de base pour tout le corps
Samedi : Abdominaux
Dimanche : Repos

Lundi

Exercice	Nom	Séries	Répétitions	Méthode	Tempo	Repos
A1.	Accroupissement en *split* (1 pied en avant, 1 pied en arrière)	3	8-10 par côté	Postfatigue	Contrôlé	Aucun
A2.	Accroupissement bulgare	3	12-15 par jambe	Postfatigue	Contrôlé	120 secs
B1.	Soulevé de terre roumain	4	8-10	Postfatigue	Contrôlé	Aucun
B2.	Flexion des jambes (*Leg curl*)	4	12-15	Postfatigue	Contrôlé	120 secs
C1.	Presse à jambes	2	12-15	Postfatigue	Contrôlé	Aucun
C2.	Extension des jambes	2	15-20	Postfatigue	Contrôlé	120 secs

Mardi

Exercice	Nom	Séries	Répétitions	Méthode	Tempo	Repos
A.	*Crunch* à genoux à la poulie	4	12-6-6*	*Série descendante	Contrôlé	90 secs
B.	*Crunch* assis à la poulie haute	4	12-15	Iso dynamique	Tenir 3 secs.	60 secs.
C.	*Crunch* au ballon d'exercice	3	maximum	Normale	Contrôlé	45 secs

Mercredi

Exercice	Nom	Séries	Répétitions	Méthode	Tempo	Repos
A1.	Développé couché incliné aux haltères	3	8-10	Postfatigue	Contrôlé	Aucun
A2.	Écarté couché au câble	3	12-15	Postfatigue	Contrôlé	90 secs
B1.	Tirage horizontal à la poulie	3	8-10	Postfatigue	Contrôlé	Aucun
B2.	Tirage vertical à 1 bras avec haltère	3	12-15 par bras	Postfatigue	Contrôlé	90 secs
C1.	Presse pour épaules en position assise avec haltères	3	8-10	Postfatigue	Contrôlé	Aucun
C2.	Élévations latérales	3	12-15	Postfatigue	Contrôlé	90 secs
D1.	Flexion des bras au banc Scott	3	12-15	Alternée	Contrôlé	Aucun
D2.	Extension des triceps couché avec haltère	3	12-15	Alternée	Contrôlé	60 secs.

Vendredi

Exercice	Nom	Séries	Répétitions	Méthode	Tempo	Repos
A.	Accroupissements	6	10\10\8\8\12\12	Normale	Contrôlé	120 secs
B.	Développé couché	6	10\10\8\8\12\12	Normale	Contrôlé	120 secs
C.	Tirage vertical à la barre buste penché	6	10\10\8\8\12\12	Normale	Contrôlé	120 secs

Samedi

Exercice	Nom	Séries	Répétitions	Méthode	Tempo	Repos
A.	*Serratus crunch*	4	10-12	Normale	Contrôlé	90 secs
B.	*Crunch* à la poulie debout	4	12-15	Iso dynamique	Tenir 3 secs.	60 secs.
C.	Twist russe sur ballon d'exercice	4	12-15 par côté	Normale	Contrôlé	45 secs

Programme débutant niveau 3.

Division de l'entraînement

Lundi : Bas du corps (charge)
Mardi : Haut du corps (charge)
Mercredi : abdos (charge)
Jeudi : Bas du corps (densité)
Vendredi : Haut du corps (densité)
Samedi : abdos (densité)
Dimanche : Repos

Lundi

Exercice	Nom	Séries	Répétitions	Méthode	Tempo	Repos
A.	Accroupissements	6	6-8	Normale	Contrôlé	150 secs
B.	Soulevé de terre sumo	6	6-8	Normale	Contrôlé	150 secs
C.	Presse à jambes	3	8-10	Normale	Contrôlé	90 secs
D.	*Goodmorning*	3	8-10	Normale	Contrôlé	90 secs
E.	Extension des jambes	2	12-15	Normale	Contrôlé	60 secs
F.	Flexion des jambes	2	10-12	Normale	Contrôlé	60 secs

Mardi

Exercice	Nom	Séries	Répétitions	Méthode	Tempo	Repos
A.	Développé couché décliné à la barre	6	6-8	Normale	Contrôlé	150 secs
B.	Tirage vertical à la barre en coin	6	6-8	Normale	Contrôlé	150 secs
C.	Développé couché incliné à la barre	3	8-10	Normale	Contrôlé	90 secs
D.	Tirage horizontal à la poulie	3	8-10	Normale	Contrôlé	90 secs
E.	Levé militaire	2	12-15	Normale	Contrôlé	60 secs
F.	Tirage vertical debout à la poulie	2	10-12	Normale	Contrôlé	60 secs

Mercredi

Exercice	Nom	Séries	Répétitions	Méthode	Tempo	Repos
A.	*Crunch* assis à la poulie haute	6	6-8	*Série descendante	Contrôlé	90 secs
B.	*Serratus crunch*	4	8-10	Iso dynamique	Tenir 3 secs.	60 secs.
C.	Flexion latérale	4	8-10 par côté	Normale	Contrôlé	45 secs

Jeudi

Exercice	Nom	Séries	Répétitions	Méthode	Tempo	Repos
A1.	Accroupissement avant	3	6-8	Série triple	Contrôlé	Aucun
A2.	*Hack squat*	3	10-12	Série triple	Contrôlé	Aucun
A3.	Extension des jambes	3	15-20	Série triple	Contrôlé	180 secs
B1.	Soulevé de terre	4	6-8	Postfatigue	Contrôlé	Aucun
B2.	Flexion des jambes	4	12-15	Postfatigue	Contrôlé	180 secs

<u>Vendredi</u>

Exercice	Nom	Séries	Répétitions	Méthode	Tempo	Repos
A1.	Écarté debout au câble (*cable crossover*)	3	12-15	Pre\post	Contrôlé	Aucun
A2.	Développé couché avec haltères	3	6-8	Pre\post	Contrôlé	Aucun
A3.	Extension des triceps à la poulie	3	12-15	Pre\post	Contrôlé	120 secs
B1.	*Pullover* bras tendus à la poulie haute	3	12-15	Pre\post	Contrôlé	Aucun
B2.	Tirage vertical à la barre buste penché	3	6-8	Pre\post	Contrôlé	Aucun
B3.	Flexion des bras à la barre EZ	3	12-15	Pre\post	Contrôlé	120 secs

<u>Samedi</u>

Exercice	Nom	Séries	Répétitions	Méthode	Tempo	Repos
A1.	*Crunch* assis à la poulie haute	4	6-8	Circuit	Contrôlé	Aucun
A2.	*Crunch* avec charge	4	8-10	Circuit	Contrôlé	Aucun
A3.	Flexion latérale	4	8-10 par côté	Circuit	Contrôlé	Aucun
A4.	*Crunch* au ballon d'exercice	4	Maximum	Circuit	Contrôlé	Aucun
A5.	*Jacknife* assis	4	Maximum	Circuit	Contrôlé	120 secs

PROGRAMMES INTERMÉDIAIRES

Nous poursuivons maintenant notre quête vers la gloire musculaire avec 3 autres programmes d'un niveau de difficulté légèrement supérieur. Je veux que ce soit clair pour tous que pour la plupart des gens, même ceux qui s'adonnent à l'entraînement depuis quelque temps, que les programmes débutants ci-haut seront très efficaces. Les trois programmes suivants ont le potentiel de vous donner encore plus de résultats, mais seulement si vous avez déjà construit une bonne base musculaire et une bonne capacité de récupération.

Programme intermédiaire niveau 1.

<u>Division de l'entraînement</u>

Lundi : Bas du corps (charge)
Mardi : Haut du corps (charge)
Mercredi : Abdominaux (charge)
Jeudi : Bas du corps (densité)
Vendredi : Haut du corps (densité)
Samedi : REPOS
Dimanche : REPOS

Lundi

Exercice	Nom	Séries	Répétitions	Méthode	Tempo	Repos
A.	Accroupissements	5	5 x 1*	*Groupées (*Cluster*)	Contrôlé	120 secs
B.	Soulevé de terre roumain	5	5 x 1*	*Groupées (*Cluster*)	Contrôlé	120 secs
C.	*Hack squat*	4	5 -3 -1*	*5 étendues	Contrôlé	120 secs
D.	Presse à jambes ; pieds hauts sur la plateforme	4	5 -3 -1*	*5 étendues	Contrôlé	120 secs

Mardi

Exercice	Nom	Séries	Répétitions	Méthode	Tempo	Repos
A.	Développé couché	5	5 x 1*	*Groupées (*Cluster*)	Contrôlé	120 secs
B.	Tirage vertical à la barre buste penché	5	5 x 1*	*Groupées (*Cluster*)	Contrôlé	120 secs
C.	Levé militaire	4	5 -3 -1*	*5 étendues	Contrôlé	120 secs
D.	Tirage vertical à la poulie	4	5 -3 -1*	*5 étendues	Contrôlé	120 secs

Mercredi

Exercice	Nom	Séries	Répétitions	Méthode	Tempo	Repos
A.	*Crunch* assis à la poulie haute	6	10\7\5\10\7\5	Normale	Contrôlé	90 secs
B.	*Serratus crunch*	6	10\7\5\10\7\5	Normale	Contrôlé	90 secs
C.	Flexion latérale	6	10\7\5\10\7\5	Normale	Contrôlé	90 secs

Jeudi

Exercice	Nom	Séries	Répétitions	Méthode	Tempo	Repos
A1.	Accroupissement avant	4	4-6	Postfatigue	Contrôlé	Aucun
A2.	Accroupissement bulgare	4	12-15	Postfatigue	Contrôlé	90 secs.
B1.	*Goodmorning*	4	4-6	Postfatigue	Contrôlé	Aucun
B2.	Flexion des jambes	4	12-15	Postfatigue	Contrôlé	90 secs.
C1.	Mollets debout	4	6-8	Postfatigue	Contrôlé	Aucun
C2.	Mollets assis	4	6-8	Postfatigue	Contrôlé	60 secs

Vendredi

Exercice	Nom	Séries	Répétitions	Méthode	Tempo	Repos
A1.	Développé couché décliné	4	4-6	Postfatigue	Contrôlé	Aucun
A2.	Écarté couché au câble	4	12-15	Postfatigue	Contrôlé	90 secs.
B1.	Tirage horizontal à la poulie	4	4-6	Postfatigue	Contrôlé	Aucun
B2.	Tirage vertical buste penché avec haltère (1 bras)	4	12-15	Postfatigue	Contrôlé	90 secs.
C1.	Flexion des bras prise renversée	4	6-8	Postfatigue	Contrôlé	Aucun
C2.	Eextension des triceps à la bare (*Nosebreaker*)	4	6-8	Postfatigue	Contrôlé	60 secs

Programme intermédiaire niveau 2

Division de l'entraînement

Lundi : Bas du corps (charge & puissance)
Mardi : Haut du corps (charge & puissance)
Mercredi : abdos (charge)
Jeudi : Bas du corps (densité)
Vendredi : Haut du corps (densité)
Samedi : Repos
Dimanche : Repos

Lundi

Exercice	Nom	Séries	Répétitions	Méthode	Tempo	Repos
A.	Épaulé à partir de la position debout	6	7\5\3\7\5\3	Vague	Explosive	120 secs
B.	Accroupissements	6	7\5\3\7\5\3	Vague	Contrôlé	120 secs
C.	Soulevé de terre jambes tendues	5	5	Iso dynamique	Pause 3 secs.	120 secs
D.	Fentes	4	6	Iso dynamique	Pause 3 secs.	120 secs

Mardi

Exercice	Nom	Séries	Répétitions	Méthode	Tempo	Repos
A.	*Push press*	6	7\5\3\7\5\3	Vague	Explosive	120 secs
B.	Développé couché	6	7\5\3\7\5\3	Vague	Contrôlé	120 secs
C.	Tirage vertical avec barre en coin	5	5	Iso dynamique	Pause 3 secs.	120 secs
D.	Tirage vertical à la poulie	4	6	Iso dynamique	Pause 3 secs.	120 secs

Mercredi

Exercice	Nom	Séries	Répétitions	Méthode	Tempo	Repos
A.	*Crunch* à genoux à la poulie	10	10	Normale	Contrôlé	60 secs
B.	*Serratus crunch*	5	8	Iso dynamique	Pause 3 secs.	90 secs
C.	*Crunch* au ballon d'exercice	5	maximum	Iso dynamique	Pause 3 secs.	60 secs
D.	Flexion latérale	4	6	Eccentrique lente	Eccentrique 9 secs.	90 secs

Jeudi

Exercice	Nom	Séries	Répétitions	Méthode	Tempo	Repos
A1.	Accroupissement avant	4	4-6	Série triple	Contrôlé	Aucun
A2.	Fentes	4	12-15	Série triple	Contrôlé	Aucun
A3.	Accroupissements (poids de corps)	4	maximum	Série triple	Lent	120 secs
B1.	Soulevé de terre sumo	4	4-6	Série triple	Contrôlé	Aucun
B2.	*Goodmorning*	4	12-15	Série triple	Contrôlé	Aucun
B3.	Flexion des jambes	4	20-30	Série triple	Contrôlé	120 secs
C2.	Mollets assis	4	20-30	Normale	Contrôlé	60 secs

Vendredi

Exercice	Nom	Séries	Répétitions	Méthode	Tempo	Repos
A1.	*Dips*	4	4-6	Série triple	Contrôlé	Aucun
A2.	Développé couché incliné aux haltères	4	12-15	Série triple	Contrôlé	Aucun
A3.	Écarté debout au câble (*cable crossover*)	4	20-30	Série triple	Contrôlé	120 secs
B1.	Tirage vertical à la barre buste penché	4	4-6	Série triple	Contrôlé	Aucun
B2.	Tirage horizontal à la poulie	4	12-15	Série triple	Contrôlé	Aucun
B3.	*Pullover* bras tendus à la poulie haute	4	20-30	Série triple	Contrôlé	120 secs
C1.	Flexion des bras au banc Scott	3	15-20	Super série	Contrôlé	Aucun
C2.	Extension des triceps à la poulie	3	12-15	Super série	Contrôlé	60 secs

Programme intermédiaire niveau 3

Division de l'entraînement

Lundi : Poitrine (presse)\Dos (horizontal)\Épaules (élévation)
Mardi : Quadriceps (exercices de base)\ ischiojambiers (isolation) \ Bras
Mercredi : abdos (charge)
Jeudi : Poitrine (adduction)\ Dos (vertical) \ Épaules (presse)
Vendredi : Ischiojambiers (exercices de base)\ Quadriceps (isolation) \ Bas
Samedi & dimanche : Repos

Lundi

Exercice	Nom	Séries	Répétitions	Méthode	Tempo	Repos
A1.	Développé couché	6	8\6\4\6\4\6	Alternée	Contrôlé	90 secs
A2.	Tirage vertical à la barre buste penché	6	8\6\4\6\4\6	Alternée	Contrôlé	120 secs
B1.	Développé couché incliné aux haltères	4	8-10	Alternée	Contrôlé	90 secs
B2.	Tirage vertical assis au cou à la poulie basse	4	12-15	Alternée	Contrôlé	120 secs
C1.	Élévations latérales	3	12-15	Alternée	Contrôlé	90 secs
C2.	Élévations latérales buste penché	3	12-15	Alternée	Contrôlé	120 secs

Mardi

Exercice	Nom	Séries	Répétitions	Méthode	Tempo	Repos
A1.	Accroupissements	6	8\6\4\6\4\6	Alternée	Contrôlé	90 secs
A2.	Flexion des jambes	6	8\6\4\6\4\6	Alternée	Contrôlé	120 secs
B1.	Presse à jambes	4	8-10	Alternée	Contrôlé	90 secs
B2.	Flexion des jambes (1 jambe)	4	8-10	Alternée	Contrôlé	120 secs
C1.	*Zottman curl*	3	12-15	Alternée	Contrôlé	90 secs
C2.	Extension des triceps à la barre (*Nosebreaker*)	3	12-15	Alternée	Contrôlé	120 secs

Mercredi

Exercice	Nom	Séries	Répétitions	Méthode	Tempo	Repos
A.	*Crunch* à genoux à la poulie	10	10	Normale	Contrôlé	60 secs
B.	*Serratus crunch*	5	8	Iso dynamique	3 secs. pause	90 secs
C.	*Crunch* au ballon d'exercice	5	maximum	Iso dynamique	3 secs. pause	60 secs
D.	Flexion latérale	4	6	Eccentrique lente	Eccentrique 9 secs.	90 secs

Jeudi

Exercice	Nom	Séries	Répétitions	Méthode	Tempo	Repos
A1.	Écarté couché au câble	6	12-15	Alternée	Contrôlé	90 secs
A2.	Tirage vertical à la poulie	6	8-10	Alternée	Contrôlé	120 secs
B1.	Écarté debout au câble (*cable crossover*)	4	12-15	Alternée	Contrôlé	90 secs
B2.	Tirage vertical à la poulie (poignée en V)	4	8-10	Alternée	Contrôlé	120 secs
C1.	Levé militaire	3	6-8	Alternée	Contrôlé	90 secs
C2.	Tirage vertical à la barre debout	3	8-10	Alternée	Contrôlé	120 secs

Vendredi

Exercice	Nom	Séries	Répétitions	Méthode	Tempo	Repos
A1.	Soulevé de terre roumain	6	8\6\4\6\4\6	Alternée	Contrôlé	90 secs
A2.	Accroupissement bulgare	6	8-10	Alternée	Contrôlé	120 secs
B1.	*Goodmorning*	4	12-15	Alternée	Contrôlé	90 secs
B2.	Extension des jambes	4	8-10	Alternée	Contrôlé	120 secs
C1.	Flexion des bras prise renversée	3	8-10	Alternée	Contrôlé	90 secs
C2.	Extension des triceps couché avec haltères	3	6-8	Alternée	Contrôlé	120 secs

PROGRAMMES AVANCÉS

Ces athlètes sont plus près d'être des buffles plutôt que des êtres humains! Leur développement musculaire surpasse grandement celle de leurs collègues et leur puissance rivalise avec celle de machineries lourdes! En tant que spécimens de la nature, ils ont besoin de méthodes qui provoquent beaucoup d'irritation aux muscles afin de réussir à stimuler la croissance musculaire. Ils doivent également changer de programme plus souvent que les débutants et intermédiaires. Les débutants peuvent conserver le même programme pendant environ 6 à 8 semaines et continuer de faire des progrès, les athlètes intermédiaires peuvent faire un programme pendant environ 4 semaines alors que les athlètes avancés devront changer leurs programmes aussi souvent que toutes les deux semaines, dans certains cas!

Changer un programme d'entraînement ne veut pas nécessairement dire d'utiliser un programme complètement différent. Vous pouvez modifier un programme en changeant simplement l'une des 9 variables aiguës d'entraînement du programme. Vous remarquerez également que chaque partie est entraînée de façon moins fréquente. Ceci est dû au fait que chacun des entraînements est plus exigeant, et qu'ainsi les muscles ont besoin d'un temps de récupération plus long.

Fréquence optimale de variation du programme					
Débutant		Intermédiaire		Avancé	
Force	Hypertrophie	Force	Hypertrophie	Force	Hypertrophie
4-6 Semaines	6-8 Semaines	3-4 Semaines	4-6 Semaines	1-2 Semaines	2-4 Semaines

Programme avancé niveau 1

Division de l'entraînement

Lundi : Quadriceps\Ishio jambier
Mardi : Poitrine\Dos
Mercredi : Repos
Jeudi : Biceps\Triceps
Vendredi : Abdominaux
Samedi : Épaules
Dimanche : Repos

Lundi

Exercice	Nom	Séries	Répétitions	Méthode	Tempo	Repos
A.	Accroupissements	5	5 x 1*	*Groupées (Cluster)	Contrôlé	120 secs
B.	Soulevé de terre	5	5 x 1*	*Groupées (Cluster)	Contrôlé	120 secs
C.	Presse à jambes	4	5 -3 -2	5 étendues	Contrôlé	120 secs
D.	*Goodmorning*	4	5 -3 -2	5 étendues	Contrôlé	120 secs
E1.	Extension des jambes	3	15-20	Super série	Contrôlé	Aucun
E2.	Flexion des jambes (*Leg curl*)	3	6-8	Super série	Contrôlé	120 secs

Mardi

Exercice	Nom	Séries	Répétitions	Méthode	Tempo	Repos
A.	Développé couché	5	5 x 1*	*Groupées (Cluster)	Contrôlé	120 secs
B.	Tirage vertical à la barre buste penché	5	5 x 1*	*Groupées (Cluster)	Contrôlé	120 secs
C.	Développé couché décliné	4	5 -3 -2	5 étendues	Contrôlé	120 secs
D.	Tirage horizontal à la poulie	4	5 -3 -2	5 étendues	Contrôlé	120 secs
E1.	Écarté debout au câble (*cable crossover*)	3	15-20	Super série	Contraction de 2 secs.	Aucun
E2.	Tirage vertical à la poulie	3	6-8	Super série	Tenir 3 secs.	120 secs

Jeudi

Exercice	Nom	Séries	Répétitions	Méthode	Tempo	Repos
A.	Développé couché prise étroite	5	5 x 1*	*Groupées (Cluster)	Contrôlé	120 secs
B.	Flexion des bras à la barre	5	5 x 1*	*Groupées (Cluster)	Contrôlé	120 secs
C.	Extension des triceps avec haltères	4	5 – 3 -2	5 étendues	Contrôlé	120 secs
D.	Flexion des bras au banc Scott	4	5 -3 -2	5 étendues	Contrôlé	120 secs
E1.	Extension des triceps à la poulie	3	8-12	Super série	Contrôlé	Aucun
E2.	Flexion des bras prise inversée au banc Scott	3	8-12	Super série	Contrôlé	120 secs

Vendredi

Exercice	Nom	Séries	Répétitions	Méthode	Tempo	Repos
A.	*Serratus crunch*	5	8 -4 -2	Série descendante	Contrôlé	60 secs
B.	*Crunch* assis à la poulie haute	5	8 -4 -2	Série descendante	Contrôlé	60 secs
C.	Flexion latérale	4	8-12	Normale	Contrôlé	60 secs
D.	*Crunch* avec charge	4	8-12	Normale	Contrôlé	60 secs
E1.	*Crunch* au ballon d'exercice	3	maximum	Super série	Contrôlé	Aucun
E2.	Élévation des genoux en position assise.	3	maximum	Super série	Contrôlé	90 secs

Samedi

Exercice	Nom	Séries	Répétitions	Méthode	Tempo	Repos
A.	*Push press*	5	5 x 1*	*Groupées (Cluster)	Explosive	120 secs
B.	Épaulé à partir de blocs	5	5 x 1*	*Groupées (Cluster)	Explosive	120 secs
C.	Presse pour épaules en position assise avec haltères	4	5 -3 -2	5 étendues	Contrôlé	120 secs
D.	Élévation des épaules à la barre (*Barbell shrugs*)	4	5 -3 -2	5 étendues	Contrôlé	120 secs
E1.	Élévations latérales	3	8-12	Super série	Contrôlé	Aucun
E2.	Élévations latérales buste penché	3	8-12	Super série	Contrôlé	120 secs

Programme avancé niveau 2

Division de l'entraînement

Lundi : Quadriceps\ischiojambiers
Mardi : Poitrine\Dos
Mercredi : Repos
Jeudi : Biceps\Triceps
Vendredi : Abdominaux
Samedi : Épaules
Dimanche : Repos

Lundi

Exercice	Nom	Séries	Répétitions	Méthode	Tempo	Repos
A.	Accroupissement avant 1 ½ *	5	5	*1 ½	Contrôlé	120 secs
B.	Soulevé de terre roumain 1 ½	5	5	*1 ½	Contrôlé	120 secs
C.	Hack squat	3	8	Contraste tempo**	Voir note	120 secs
D.	Presse à jambes pieds hauts sur la plateforme	3	8	Contraste tempo**	Voir note	120 secs
E.	Extension des jambes (1 jambe)	3	6x4***	*Rest-pause*	Contrôlé	90 secs.
F.	Flexion des jambes (1 jambe)	3	6x4***	*Rest-pause*	Contrôlé	90 secs.

* 1 ½ = faire une demi-répétition suivie par une répétition complète. Ceci est UNE répétition.

** Contraste tempo = 2 répétitions très lentes ; 2 répétitions très rapides ; 2 répétitions très lentes ; 2 répétitions très rapides…

*** *Rest-pause* à 1 jambe = Chaque série comporte 6 « mini séries » de 4 répétitions chacune. Faites 4 répétitions avec une jambe, puis 4 avec l'autre jambe, puis 4 pour la première jambe… Faites ceci 6 fois (total de 24 répétitions par jambe). Utilisez une charge que vous pouvez soulever 8-10 fois.

Mardi

Exercice	Nom	Séries	Répétitions	Méthode	Tempo	Repos
A.	Développé couché avec haltères	5	5	*1 ½	Contrôlé	120 secs
B.	Tirage vertical à la barre buste penché	5	5	Iso dynamique	Tenir 3 secs.	120 secs
C.	Développé couché décliné	3	8	Contraste tempo**	Voir note	120 secs
D.	Tirage vertical à la poulie	3	8	Iso dynamique	Tenir 3 secs.	120 secs
E.	Développé couché à faible inclinaison aux haltères	3	5 -3 -2	5 étendues	Contrôlé	90 secs.
F.	Tirage vertical buste penché avec haltère (1 bras)	3	6x4***	*Rest-pause*	Contrôlé	90 secs.

* 1 ½ = faire une demi-répétition suivie par une répétition complète. Ceci est UNE répétition.

** Contraste tempo = 2 répétitions très lentes ; 2 répétitions très rapides ; 2 répétitions très lentes ; 2 répétitions très rapides…

*** *Rest-pause* à 1 bras = Chaque série comporte 6 « mini séries » de 4 répétitions chacune. Faites 4 répétitions avec un bras, puis 4 avec l'autre bras, puis 4 pour le premier bras… Faites ceci 6 fois (total de 24 répétitions par jambe). Utilisez une charge que vous pouvez soulever 8-10 fois.

Jeudi

Exercice	Nom	Séries	Répétitions	Méthode	Tempo	Repos
A.	Extension des triceps couché à la barre (*Nosebreaker*)	5	5	*1 ½	Contrôlé	120 secs
B.	Flexion des bras à la barre	5	5	*1 ½	Contrôlé	120 secs
C.	Extension des triceps couché avec haltères	3	8	Contraste tempo**	Voir note	120 secs
D.	Flexion des bras prise marteau	3	8	Contraste tempo**	Voir note	120 secs
E.	Extension des triceps au câble (1 bras)	3	6x4***	*Rest-pause*	Contrôlé	90 secs.
F.	Flexion des bras à la machine (1 bras)	3	6x4***	*Rest-pause*	Contrôlé	90 secs.

* 1 ½ = faire une demi-répétition suivie par une répétition complète. Ceci est UNE répétition.

** Contraste tempo = 2 répétitions très lentes ; 2 répétitions très rapides ; 2 répétitions très lentes ; 2 répétitions très rapides…

*** *Rest-pause* à 1 bras = Chaque série comporte 6 « mini séries » de 4 répétitions chacune. Faites 4 répétitions avec un bras, puis 4 avec l'autre bras, puis 4 pour le premier bras… Faites ceci 6 fois (total de 24 répétitions par jambe). Utilisez une charge que vous pouvez soulever 8-10 fois.

Vendredi

Exercice	Nom	Séries	Répétitions	Méthode	Tempo	Repos
A.	*Serratus crunch*	5	8 -4 -2	Série descendante	Contrôlé	60 secs
B.	*Crunch* à genoux à la poulie haute	5	8 -4 -2	Série descendante	Contrôlé	60 secs
C.	Flexion latérale	4	8-12	Normale	Contrôlé	60 secs
D.	*Crunch* avec charge	4	8-12	Normale	Contrôlé	60 secs
E1.	*Crunch* au ballon d'exercice	3	maximum	Super série	Contrôlé	Aucun
E2.	Élévation des genoux assis	3	maximum	Super série	Contrôlé	90 secs

Samedi

Exercice	Nom	Séries	Répétitions	Méthode	Tempo	Repos
A.	Levé militaire	5	5	*1 ½	Contrôlé	120 secs
B.	Tirage vertical debout au câble	5	5	Iso dynamique	Tenir 3 secs.	120 secs
C.	Presse pour épaules en position assise avec haltères	3	8	Contraste tempo**	Voir note	120 secs
D.	Tirage horizontal assis au cou à la poulie basse	3	8	Iso dynamique	Tenir 3 secs.	120 secs
E.	Élévation latérale 1 bras	3	6x4***	*Rest-pause*	Contrôlé	90 secs.
F.	Élévations latérales buste penché	3	6x4***	*Rest-pause*	Contrôlé	90 secs.

* 1 = faire une demi-répétition suivie par une répétition complète. Ceci est UNE répétition.

** Contraste tempo = 2 répétitions très lentes ; 2 répétitions très rapides ; 2 répétitions très lentes ; 2 répétitions très rapides…

*** *Rest-pause* à 1 bras = Chaque série comporte 6 « mini séries » de 4 répétitions chacune. Faites 4 répétitions avec un bras, puis 4 avec l'autre bras, puis 4 pour le premier bras… Faites ceci 6 fois (total de 24 répétitions par jambe). Utilisez une charge que vous pouvez soulever 8-10 fois.

Programme avancé niveau 3

Division de l'entraînement

Lundi : Quadriceps\ischiojambiers
Mardi : Poitrine\Dos
Mercredi : Repos
Jeudi : Biceps\Triceps
Vendredi : Abdominaux
Samedi : Épaules
Dimanche : Repos

Lundi

Exercice	Nom	Séries	Répétitions	Méthode	Tempo	Repos
A.	Accroupissements	6	5\4\3\5\4\3	Normale	Contrôlé	120 secs
B.	Soulevé de terre sumo	6	5\4\3\5\4\3	Normale	Contrôlé	120 secs
C1.	Presse à jambes 2\1	5	4 par jambe	Technique 2\1*	Voir note	Aucun
C2.	Flexion des jambes 2\1	5	4 par jambe	Technique 2\1*	Voir note	120 secs

* Technique 2\1 = Soulever de façon explosive avec 2 bras (ou jambes) et redescendre lentement la charge (5 secondes) avec 1 bras (jambe).

Mardi

Exercice	Nom	Séries	Répétitions	Méthode	Tempo	Repos
A.	Développé couché	6	5\4\3\5\4\3	Normale	Contrôlé	120 secs
B.	Tirage vertical à la barre buste penché	6	5\4\3\5\4\3	Normale	Contrôlé	120 secs
C1.	Développé couché avec haltères à inclinaison variable*	5	8 -8 -8	Inclinaison variée *	Contrôlé	Aucun
C2.	Tirage horizontal à la poulie 2\1	5	4 par bras	Technique 2\1**	Voir note	120 secs

* Inclinaison variable = 8 répétitions à inclinaison élevée, 8 répétitions à inclinaison faible, 8 répétitions à inclinaison nulle (sans repos entre les mini séries)

* Technique 2\1 = Soulever de façon explosive avec 2 bras (ou jambes) et redescendre lentement la charge (5 - secondes) avec 1 bras (jambe).

Jeudi

Exercice	Nom	Séries	Répétitions	Méthode	Tempo	Repos
A.	Développé couché prise étroite	6	5\4\3\5\4\3	Normale	Contrôlé	120 secs
B.	Flexion des bras à la barre	6	5\4\3\5\4\3	Normale	Contrôlé	120 secs
C1.	Extension des triceps 2\1	5	4 par bras	Technique 2\1*	Voir note	Aucun
C2.	Flexion des bras à la machine 2\1	5	4 par bras	Technique 2\1*	Voir note	120 secs

* Technique 2\1 = Soulever de façon explosive avec 2 bras (ou jambes) et redescendre lentement la charge (5 - secondes) avec 1 bras (jambe).

Vendredi

Exercice	Nom	Séries	Répétitions	Méthode	Tempo	Repos
A.	*Serratus crunch*	10	10	Normale	Contrôlé	60 secs
B.	*Crunch* assis à la poulie haute	6	5 -3 -2	5 étendues	Contrôlé	60 secs

Vendredi

Exercice	Nom	Séries	Répétitions	Méthode	Tempo	Repos
A.	*Push press*	6	5\4\3\5\4\3	Normale	Explosive	120 secs
B.	Élévation des épaules è la barre (*Barbell shrugs*)	6	5\4\3\5\4\3	Normale	Explosive	120 secs
C1.	Élévations latérales	5	6-8	Normale	Contrôlé	Aucun
C2.	*Hise shrugs* modifiés	5	6-8	Normale	Contrôlé	90 secs

www.ingramcontent.com/pod-product-compliance
Lightning Source LLC
Chambersburg PA
CBHW080728230426
43665CB00020B/2656